U0936195

珍藏本
纪念版

汉译世界学术名著丛书

苏鲁支语录

〔德〕尼采 著

徐梵澄 译

SINCE 1897 商務印書館 The Commercial Press

2017年·北京

Friedrich Nietzsche

ALSO SPRACH ZARATHUSTRA

尼 采 像

汉译世界学术名著丛书
（120 年纪念版·珍藏本）
出版说明

2017 年 2 月 11 日，商务印书馆迎来 120 岁的生日。120 年前，商务印书馆前贤怀揣文化救国的理想，抱持“昌明教育，开启民智”的使命，立足本土，放眼寰宇，以出版为津梁，沟通中西，为中国、为世界提供最富智慧的思想文化成果。无论世事白云苍狗，潮流左右激荡，甚至战火硝烟弥漫，始终践行学术报国之志，无改初心。

逐译世界各国学术名著，即其一端。早在 20 世纪初年便出版《原富》《天演论》等影响至今的代表性著作，1950 年代后更致力于外国哲学和社会科学经典的译介，及至 1980 年代，辑为“汉译世界学术名著丛书”，汇涓为流，蔚为大观。丛书自 1981 年开始出版，历时三十余年，迄今已推出七百种，是我国现代出版史上规模最大、最为重要的学术翻译工程。

丛书所选之书，立场观点不囿于一派，学科领域不限于一门，皆为文明开启以来，各时代、各国家、各民族的思想与文化精粹，代表着人类已经到达过的精神境界。丛书系统译介世界学术经典，引领时代思想，为本土原创学术的发展提供丰富的文化滋养，为推动中国现代学术和现代化进程做出了突出的贡献。

为纪念商务印书馆成立120周年，我们整体推出“汉译世界学术名著丛书”120年纪念版的珍藏本，寄望既利于文化积累，又便于研读查考，同时向长期支持丛书出版的译者、编者和读者致以敬意。

两甲子后的今天，商务印书馆又站在了一个新的历史时间节点上。我们不仅要铭记先辈的身影和足迹，更须让我们的步伐充满新的时代精神。这是商务人代代相传的事业，更是与国家和民族的命运始终紧密相连的事业。我们责无旁贷，必须做好我们这代人的传承与创造，让我们的努力和成果不仅凝聚成民族文化的记忆，还能成为后来人可以接续的事业。唯此，才能不负前贤，无愧来者。

商务印书馆编辑部

2017年10月

目　录

缀　言

这世纪初，中国大举吸收了西方思想。其功效是显而易见的。马克思列宁主义给介绍了进来，竟是开辟了一新时代。今兹建国，以之为主导思想。前于此，或同时，若干西方文教菁华，亦经介入，而最影响中国思想的，是德国的这位诗人—哲学家，尼采。可谓为新时代的先驱之一。

尼采的一部主要著作，便是这《苏鲁支语录》，甚为鲁迅所欣赏。鲁迅最初加以翻译，用的是文言，题曰《察罗堵斯德罗绪言》，是第一卷《序言》的前三节。那译笔古奥得很，似乎是拟《庄子》或《列子》。以原著的思想及文采而论，实有类乎我国古代的"子书"。宋五"子"尚不在其列。这是华文第一译。后下鲁迅再度翻译，用的是白话，从新开始，止于《序言》的前九节，题曰《察拉斯忒拉的序言》，后附注解，刊于一九二〇年六月《新潮》杂志第二卷第五期。此后有郭沫若的译本，题曰《察拉斯屈拉图如是说》，亦止薄薄一本，似是节译。后下鲁迅嘱徐梵澄将全书四卷译出，交郑振铎出版，时在一九三五。书名乃鲁迅所定，郑振铎还作了一页序言，便是书端这序。郑序中说还有楚曾先生的一译本，当时未便出版两种译本，是以未取。此外另有高岸先生的译本，似乎后下皆已行世。那么，此译之外，至少还有两种译本流传。

事过五十年，周、郭、郑三氏皆先后辞世。独此翻译者无俚，还只是植物似的顽然生活在。这时商务印书馆诸同志，以谓此书毋妨再版，对我国思想界仍有参考价值，便从北京图书馆所存的一册复印出一部，要译者先自己校对一番。——意思说：请你看，你自己曾经做的！

这使我的心情回到少年时代了。倘现在要我翻译这书呢，我必然迟疑而又迟疑，谨慎到不敢轻易下笔了。但少年时代不同，那时仿佛是"笔所未到气已吞"，学肤而气盛。不到半年，便已全部译完。一往求时间经济。每天从早到晚，坐在窗下用毛笔佳纸写正楷小字。慢慢一字一句译出，很少涂改，不再誊钞，便成定稿；一部完了，检阅一过，便发出去。这比起草而再钞写，节省了许多时间。这办法至今仍用，值得介绍给当今写作者。

请你看，你自己所写的！——我自然对读者要负责，这时工作沉重了。于是细细将原文与译文逐字逐句校对了一番，发现几处误译，改正了，凡欠精确处又加修饰。或者，这又微微减损了初译的原形。看来也只能这样，让其过去。

今兹再版，工作必须更加入细者，因为时代改变了。三十年代，着眼在绍介西洋思想入中国，只求大旨明确，不必计较文字细微。今兹不同。青年学德文者，要取原文为进修之助；而且西洋读华文者已多，又要取此译本为学华文进修之工具，便要顾及其华文根柢皆不深，要使其易于了解。那么，一些惯熟的文言词汇，只合改成更浅显的白话常语。譬如鲁迅的文言译本，有些语句，如："如彼莽蠭，屯蜜有盈"，或"一黄耇与一男子，皆辗然矣……，"我真不懂现代青年，将作何解释。——同然，我的译本中也包含许多文言语句，这次有些也换过了。如“赍怒”、“训对”、“牂舸”、“长怀”、“阿芙蓉”、“洎夫兰”……等等，皆换过了，减去一些陈套语。

这里不妨附带略说一个永远讨论不完的问题，便是翻译。据文字记载，我们是自公元前二年已有了西书翻译，到如今也近两千年了，中间在唐代之“新译”、“旧译”，闹过不少纠纷。我现在只想贡献一个意思：一个译本无疵可指，处处精确，仍然可能是坏译本，不堪读。正如为人，“非之无举也，刺之无刺也”，仍往往是“乡愿”，不是“圣人”。这仿佛是一有机的活事物，不是电子机器能操纵的。

当然，初版中有些处所是排字之误，责在手民和校对者。总之，当年郑氏很可能取某译本校对过，至少有楚曾之译本可参看。也许发现此本有些错误或不同的地方，便也让它过去了，和我现在的态度一样。也许将来三版还得再加修改。

此外，有一文字上的小处要向读者说明的：便是这书中“底”“的”两字通用。——大致自北宋以后，中州一带，只用“底”字。在此则“的”字表形况，亦属具有格，“底”字则纯用为形况词。如“美丽底”亦可作“美丽的”，但“我的”、“你的”……等属具有格，必不作“我底”、“你底”……。这是此书之一微小创例。

其次，郑序中有一句过奖之言：“这部译文是……从德文译出的。”——这是事实，我承认。但随着说：“他的译笔，和尼采的作风是那样的相同。”——读者稍研原著，便可知道这话是溢美。我真想改他这句话为疑问语，“和尼采的作风是哪样的相同呢？”那本是不可能的事。

尼采，诗人、哲学家，是以文章自信的。他明通好几种语文。

生平对德国的一切，几乎皆不满意，多贬词，独于其语文，特加认可。尝以谓路德（Martin Luther）与歌德（Goethe）而外，在文字方面还有第三条路是他所履行的，便是他之撰这部《语录》的文章。近代德文，即所谓“新高地德语”者，最先是由路德从拉丁文翻译基督教《圣经》奠定了基础。（其实也得力于其助手弥朗希通（Melanchton），成就了所谓“九月《圣经》”者，是一五二二年九月刊行的。）其次当然是歌德的《浮士德》（*Faust*）。歌德也还有几部名著，但这书和《圣经》几乎无人不读。从十七、八世纪至今，若干作者，如诗人、小说家、戏剧家，以至哲学家，其创作皆助建、增丰、深化、美化、大化了德国语文；而尼采自信他这部著作，当与前二者媲美；有德文之阳刚性、灵活性，与和谐之声。自许其作风有“对称”之妙巧。——所谓“对称”者，略同于华文之“骈俪”，多是一橛一橛词义之平行，或对反，不必定是字句之对偶。成双配对，亦修辞学上之一法，工整则可爱；但在思想上则叔本华尔（Schopenhauer）尝以此攻击康德（Kant）之汇分，说他正误在爱好“对称”上。那是从批判哲学而言，与诗著（Dichtung）不同。——尼采又自夸此作有如舞蹈。说他写作时，有时每一母音皆是经过谨慎选择的。舞蹈，当然是生动活泼，有旋律之美，然亦是经过严格的训练而能。总之，尼采之意，是这部《语录》，当与《圣经》与《浮士德》鼎足而三。后下有批评家（如 Grützmacher），是推许其甚且超过了前二者。客观说，这诚可学德国文学中一大柱石，奠定了弘深底德国文坛。

这是一部散文诗。自来西方读者，于此议论不定。正如尼采的思想，至今亦无定论。有说此为叙事诗或史诗，或为心理叙事诗，或为精神奋斗之叙事诗，或为心灵争自由之英雄史诗，或为神话史诗，或为先知史诗……这样那样品目。但尼采自己，从来未尝说其为史诗或叙事诗。有时称之为“戏剧”，有时称之为“交响乐”而已。我们从体制方面目之为“散文诗”，颇为得体。

单从语文学看，这部书里出现了一些新字，及以二、三字相结合而成新词，皆戛戛独造。全书未尝用一个外国字，以德文论，极为纯洁。有些名词及其铸造，近于文字游戏了，然表现力强，也非常生动，必然是精心出之的。其于鸟、兽、草、木之名，运用不算太丰富；这却是诗之本色。在我国古诗，亦可多识鸟、兽、草、木之名。其所重乃在象征，亦多式多样。如狮表雄猛，鹰表骄傲，孔雀表虚荣，苍蝇表小人，夜蝶表崇敬心理，滚下山的小石子表落后的人，闪电表超人之希望，山峰表造诣之高，大海表视景之广远，……如是等等。新字新词无从见出，象征意义在翻译中稍可推见。

虽然，诗是有韵有律的。——华文与西文结构基本不同，这使译者无从刺手。从华文角度看，这里是叉声与叠韵皆用。用韵是两行或多行末字音同，这在其他西文诗亦然，与华文诗不异。但在遣词或多字连贯中，始以同一声即同一子音（alliteration）[①]，在华文谓之“双声”，亦古诗中常见。这可以三叠，四叠，姑可名之曰“声

① 为研德文者，始举几个例：
Silber und seide　叠 S 声
Wind und Welle　叠 W 声
Schwere schwarze Schlange　三叠 Sch 声
Lebendige Leuchttürme des Lebens　三叠 L 声

头”，与“韵脚”相对。这在印度日耳曼语系中，可算文字之胜处，如迦利大萨（Kalidasa）的梵文诗中，时亦运用这技巧，很动听。而且同此“声头”，又可再见于下一行（Stabreim）①，正是德文古体诗之一律。诗人之匠心独运，于此可见。凡此一加朗诵，声调或刚或柔，有如按谱度曲，睦耳娱心。所以尼采自己，对这作品有“交响乐”之称。但译者的心思运到这里，如追逐敌人到了桑驼海，于此路穷。

在此一著作中，这类“声头”、“韵脚”也不常用，偶因意义恰合而一运用之，异常生色。是诗，无疑，然是散文诗。其文辞的佳胜处亦不止于此。尼采大概吸收了古希腊、罗马的辩士和文章家的技巧，不但在此书亦在其他著作中，其文辞之充沛，有时真如长江大河，雄伟而又深密，实为可惊。但亦有其弱点。即形况词喜用最高格，时复重言之，则失之过强，效果反而降低了。有某无产阶级中人说，“读歌德（的作品）使人感觉温暖，读尼采，简直是灼人！”这话不无道理。——但说罢正面再衬托说一反面，那效果很能增强。我国古之游说士和文章家，多用此术。尼采亦然。尼采往往亦仅作反面叙述，使人懂到正面。此外或化抽象为具体，或以部分代全体，或写别相表通相，或写非生物如有生物，或正语而实反说，或仿一古语而正变此古语原义，尤其是善用拟喻和联合矛盾词。——要之，种种文章技巧，操纵到极为娴熟，近于自然。

---

① Lange, wahrlich, möchten wir warten, Bis dir einer deinen Gott wieder aufweckt.　五叠 W 声

Wer aber nähme dir deine Schwermut von den Schulter

Dazu bin ich zu Schwach.　三叠 Sch 声

技巧精到，进而为艺。纵是美丽文辞之凑合，不足以成为一首好诗。也不足以成为一篇好的散文。这其间，更需一心运用之妙。——尼采研究也已百年了，学者的多方面的探讨亦近于穷尽。有学者曾从艺术观点，——尼采本人是推崇艺术高出宗教与哲学而上的，——分析这部巨制，说明其有绘画性、雕塑性，以及音乐性。绘画重影光明暗尤其是彩色，出之于文字，则赤色热情，黄明思惟，紫红福乐，深紫沉郁，黑色记忆，光明沉默，黄金色小船，阴森柏树……之类。雕塑性即造型性。所描写的人物，如国王，巫师，精神的良知者，以及苏鲁支主角，一一钩出了特点加以模塑，一一栩栩如生，而一一皆能表心灵境界与情绪及其发展与转变。稍可惜者，是全部颇缺建筑性。它不像一弘大精深的建筑，一部分紧接一部分，凡大小梁、柱、门、户、墙、壁、窗、牖，以及一切嵌、雕、镶、饰，皆各如其分，恰当其位，成为一有机底整体。

此一不足之处，恰为另一时间艺术原素所弥补，便是其音乐性，这不止于字句的音节之圆融和美，而是指整体之一往流动，有如复杂之乐奏。其“主导主题”或“主导旋律”(leit-motiv)有二：一“超人”，一“永远回还”。第一主题为正极底弘声和合，为各端思想之出发点以及终点，有时已寂而豫兆或第二主题之将兴，寂然又重新轻响。第二主题准备已久，跃跃欲出，但突然一现而止。旋又再起，又再寂，出之以小音阶，浸欲化为高调。起初支持以忍力，不使大化，终乃使其辉煌腾现，反覆回旋，以讫铿然而止。这是音乐之能事，采纳入文字以成其“鸿裁”，是绝高底艺术。而尼采自许此书为“交响乐”，则已自知。他自己是深明乐理，且善弹钢琴的。

托理想于故事，非徒一往抒情，制作亦颇同小说，然故事简单。

作者本意是求其朴素简单，意在摹拟《圣经》故事。所假借的主角，是古代东方之拜火教主苏鲁支，这三字之名是唐代的音译，则拜火教早已见知于中国。后世这宗教也未尝盛大，尼采不过利用其悠远，幽微，自说其教言，与此历史人物了无关系。以教主身份而出现的人，在尼采是以之与耶稣相比。说教言重简朴，要说最少的话，几乎一句表一真理，一语成一格言。世界上几位大教主，除了释迦牟尼善讲故事，有点老嬷嬷似的唠叨外，皆是如此。这《语录》中多是散行，即是此意。尼采其他著作也多出之散行散段，则亦顺乎当时欧洲流行的自渥尔太（Voltaire）以下的作风。然尼采多讽刺。其讽刺源于辩证和论战，可算一种负极底教言。不同于正极底明白开示，而是使人反过来由此悟彼，因此以成其诙谐。大致除了抒情、辩证、叙事之外，这《语录》中还有戏剧成分，则较明白表现于第四卷。

细观这书的内容，倘先有欧洲文化的普通认识，则更能欣赏。有些微细处，如说“在捕苍蝇”，是古罗马确曾有暴君，终日无所事事，在宫廷里捕苍蝇。如说：“给箫声引入了迷渊”，则出自古希腊《史诗》，航海者因此迷溺。如说“汉士”则是德国民间语，人名，表一愚痴浑沌底青年。说“噫——呀”，是德语“Ja”之长音，即英文之Yes，即答言“是”，开口缓呼，说英语者亦往往用之。如“在橄榄山上”，拟《新约》中耶稣在橄榄山上说教，“七个图印”，亦出自《启示录》。其源出自《旧约》者，近三十处，出自《新的》者，七十余处。这些统计早已有学者做过了。这里删去了一部分，存于副录，以供读者参考。这皆近于我国旧文章中之“用典”，然还不能严格说为“用典”，至多可说是“使事”。尼采之熟习《圣经》，因为父亲是一位牧师，自幼受了宗教氛围的陶染。然不是精研《圣经》的学者，立意也不在传教。总之尼采是深明欧洲文化史的，可惜未甚明了东方。

其次，当略说尼采哲学。

尼采在西方早被认为“诗人—哲学家”(Dichter-Philosoph)。通常哲学家可以无诗，诗人可以无哲学，然亦可以相互有。柏拉图(Plato)在历史上早被目为“诗人—哲学家”，然柏拉图是反对“诗人”的。尼采对“诗人”也大加嘲笑，则是一种自嘲。同时代的赫德苓(Hölderin)，却有其独特见解：“诗，是哲学的始与终。”而且，“终竟一切皆将成为信仰”。则诗人的想象亦为知识之路。这方面且不深论。总之，尼采哲学，在此书是出以诗的形式的。

尼采因病，三十五岁就离开大学教职退休，在某一方面说这是不幸，然正亦因此成就了一位古“哲人”的标格，隐约与古希腊之“哲人”相同，以自由发表其原始理念，成一家之学，则亦是大幸。正如叔本华尔在大学中很少学生听课，然退处之后乃成一家之言。哲人，与哲学家，与哲学教授，其间是颇有分别的。分辨处亦颇微细，总之是是否能自由自主的问题，不完全在于讲学与不讲学。以康德学问之深邃，处世之温恪，而不得不避德皇威廉二世(Friedrich WilhelmII)之怒，受到其教育与宗教部长维耳勒(Wöllner)的警告，按下他的宗教意见不发表了。则古之德国教育界的情形可想。

早几年，尼采的名字在北京某报上出现，被指为“反动派”。——事实是尼采之被目为反动，在中国似乎为时尚浅，在欧西是由来已久。其同时代的一位哲学家，韦兴格(Vaihinger)——

《如是哲学》的著者，——尝分析尼采思想，指出其所反者七：一、反悲观论。二、反基督教。三、反民主制。四、反社会主义。五、反男女平权论。六、反唯智论。七、反道德论。我们还应加上三条：八、反资本主义。九、反国家主义。十、反瓦格勒（音乐家）。

这里应紧接加以说明，此十者，除最后一条反瓦格勒的音乐之宗教色彩，稍见于事实外，余皆是“倾向”，即其思想之趋势，非有任何实际行动，未尝立出标语，走向街头。而此诸“倾向”亦有显有晦。纵使觉得此一哲人在大声疾呼，也皆在纸上。韦兴格用“倾向”这一名词，最为妥善。

综观这十种倾向，皆有可议。若详细分肌擘理，一一论列，有所不能，亦此篇幅之所不许，只合俟诸将来的专家。这里只能择其关系较重大者，略为述说。而译者亦不自以为皆当。要于事实之所明，真理之所在，客观之共是，皆无讳言，乃合于科学底社会主义精神。

先说其反悲观论：叔本华尔是著名的悲观论者。尼采是读过他的《世界之为意志与想象》一大著而表钦重的。也许还受到他的《妇人论》的影响。韦兴格说，尼采的“基本原理”是叔本华尔派哲学，受了达尔文（Darwin）主义的薰染，转到了正面或积极方面”。此派亦有其巨子，如封·哈德曼（Von Hartmann）之流。但尼采的妹妹已反对此受达尔文主义的影响之说。尼采之积极肯定人生，是明确的。教人忠实对待我们生活其上的这土地；在我们中文常语，是入世或持世或保世，不要妄想彼土或虚无缥缈底天国。——这里已透出非是纯粹主观唯心论的消息了。——其常说对远方或彼土之企慕，在此译本中译曰“遥情”，那远方或彼土仍是在此世间,没有由心造出另一界。因此反对悲观与厌世离欲等等出世道的主张。痛苦,人自然希望其立刻过去,消灭;快乐,则希望其常存,所以拟喻其情人为"永久"。那么,这乐观论只是对悲观的反动了。这似乎非常简单。然我们试观印度哲学,几乎无一不是带悲观论的色彩的(印度哲学大师达斯鞠多 Das Gupta 说)。而中国亦早已染上了佛教的人生观,趋于出世或厌世道亦平民中时有者。则其所反对者的势力异常浩大,非独西方基督教的力量而已。可谓简单,然很重要。

再说其反基督教倾向。——尼采是无神论者,其所反对之基督教,是公教与誓反教双摄。但他不反对耶稣,甚至可说还尊重他,如"看那人呀"(Ecce homo!)[①]则甚至以耶稣自比。只悼惜其生年太促,在三十三岁就被钉十字架,——大致虔诚底信徒,必有一大段说耶稣何以当三十三岁而死的道理。然我们若放眼看,倘其生活到七十四、五,如孔子,或八十多,如释迦,那教言必不止于此,也当不同。这似乎是废话,但在历史哲学中亦所不废。

这无神论的来源,是尼采汲之自希腊古典。自来人类的奋斗,可概括曰求进步,无论是在平面或向上。倘在上已有一正极圆满底存在,更无可增上了,则可谓已定立已实现的目标,则亦无需向之追求了,"还有何可创造,设若已有了天神!"然则人类的极限已止于此。这正是古希腊思想。由此尼采结论到:如此便不应当有上帝,因此也没有。但古希腊人结论到,人生的奋斗,求幸福与圆满与进步有其限际,而这限际是不可逾越的。希腊哲人反对多神

① 这书曾由梵澄译成中文,也是鲁迅介绍出版的,即《尼采自传》。

教，已开无神论的先河；而从一神教到无神论，也是顺流归海。其间民俗的信仰与哲人之高见，自是不同。苏格拉底（Socrates）是因无神而被判罪，其前之安那萨戈拉斯（Anaxagoras）也是被目为无神论者的。

反对教理是一事，反对教会另是一事。柏拉图的理想国里，有哲王，其下有战士。苏鲁支的国土里，也有战士。然两者的世界里，皆没有教士或牧师。

大致从教会人士看，尼采是反动派之尤。此《语录》各卷单行后，从一八八五到一八八六年，销行不过六、七十本。其中购买最多的，乃是在德国每两年举行一度的公教会议之教士。是留心这反动巨子，加以提防的。——附带可说：直到两年以后，一八八八年，勃兰兑斯（G. Brandes）在丹麦公开演讲尼采哲学，一时座无虚席，乃风动了欧洲思想界，且在青年中激起了一时的尼采崇拜狂，其著作于是大销行。然其时尼采患病已深，次年医生乃宣告其不可治。

“上帝死掉了！”——这是尼采的呼声。他晨间听到教堂的鸣钟，则诧异说：“这是可能的么？……”从教主怀疑起。东方我们中国恰有类似的一事。朱熹自说他午夜听到佛寺的鸣钟，便觉此心把握不定。那是或许感到异教也有些道理了。于此可见东、西方两哲人的性格不同。中国儒家也有其上帝，根本不能与基督教的上帝相比。佛教也占了东方信仰一大百分数，但不相信上帝；儒与佛皆在“邪教”之列，然仍颇信“神”。至若原始佛教，是道地的无神论。

以上两者，对我们的关系不大。若涉及其反民主制、反社会主义与男女平权，在今时可算反动了。还有反资本主义，反国家主义、反旧道德等，又不算怎样反动。——于此，请向读者贡献一愚见，虽不能说是启开全部尼采思想之钥匙，然亦可能帮助一点了解。便是：尼采思想，出自一个精神渊源，高出普通智识水平一头地。——这“精神”姑可谓双摄其理智与情感。——然也不算高极，绝不是如其自己所云：怎样一足离开了地球，在“人类和时代以外六千尺”。凡其创作，无论是诗歌或大部论著，皆出自此渊源，皆是倾于感兴的，即他自己所谓“灵感”（他自己于“灵感”亦有明确的分析）。如这《语录》的第一卷，便是用十天时间一气呵成。其所倾吐，皆不是方案，不是教科书似的，像其他某些哲学家专凭思智，惨淡经营，严密组织，以成巨制，如康德。皆是源泉混混，流注出之，所谓“混成”。在此一渊源中，有若干质素，皆其学之所积，原不过如同某化合物，在自体本无矛盾，及至写成之后，再加以思想分析，便仿佛有些自相矛盾处了。当然不是完全未曾组织经营，但在其知觉性中这工作已经完成于其发表之先。由“后天”之显已成于其“先天”之隐，由“归纳”之隐以发为“演绎”之显，是他的全部创作过程。而我们所见到的，只是其演绎之“显”而已。而这，淑之以奇特、丰富、美丽的文辞，使人感觉其光焰丈丈，其实亦不过高出普通思想家一头地而已。

这精神渊源，更远是挹自希腊古典，有学者认其思致是狄阿尼修斯式的（Dionysus）。如婚姻观念，目的在于存传种性。正出自希腊。言节庆，言欢乐等，也出自“酒神”（Bacchus）的庆祝会，而此神节之庆祝游行，必在队伍之末有持长竿者上饰 phalloi，乃生殖崇拜象征。——当然，其男女不平等之见，亦承自日耳曼民族之传统。大致此种观念，至二十世纪之今日，犹存留于欧西，亚洲更不必说。那么，对进步思潮，这可算反动，在尼采时代，正以其为当然。

谓其精神中所酝酿者，有自相矛盾者，毋宁谓其为各思绪之层次不同。我们普通只见阳光白色，用三棱镜乃见其色彩层之相异。这里值得研究的，是此贵族化的思想家之反民主与社会主义。可异者，百年来德国社会主义的文字，很少反对尼采，或反对之也未尝留若何深深底痕迹。大致因为他是一精神思想上的伟大革命者，遂忽略了他这方面的倾向。亦因为尼采主张生存之上升，即人生之发扬，由个人之升高，亦可转为一般普通水平之高起，遂仍与以容许而推崇其思想吧。大约在第一次欧战后不久，有人在德国工人阶级中做过调查，结果知道普通工人并不读尼采的作品。其有读之者，某些答复惊人得很。许多推崇之说不必论。如有某矿工人说："对于有远见的人，是经过社会主义，乃达到尼采的个人性的可能。"又有某工人说："人应在尼采和马克思(Marx)的基础上提高文化。"——或："《苏鲁支语录》，不是为无产阶级而是为高出众人者而写的。"——或："应该超上的人，是那可怜的物质环境的奴隶。"——或："群众不能没有高出众人者而存在，但这种人也不能没有群众。"……诸如此类。

姑举一例，涉及民主者。尼采尝贬抑"呆目的民众，不知'精神'为何物者"，然在《前言》中苏鲁支的第一句话，便是向太阳说："伟大底星球！倘若不有为你所照耀之物，你的幸福何有？"——这象征意义似乎很明白了。倘若太阳表真理或主义或人物，"所照耀"者是否可说为民众呢？倘是，则又已开始说教即推许民众的重要了。然则这两个理念是互相冲突了。一般民众的知觉性往往低于个人，这也是事实。虽至上真理亦需要民众之认识或接收，亦复是事实。然则只好说是一为世俗真谛，一为超上原理了。这里只有层次之异。说不上自相矛盾或正动反动。

再举一例：尼采久已被认为个人主义的提倡者，因此为时代所诟病。这由于误解了个人主义为自私自利。这已是旧底譬喻了，个人微小，在社会中有如大机器上一个小螺旋钉。倘若此小钉不充分发挥它的作用，则大机器的运转，不能不受滞碍了。这理由岂不异常浅显？自私自利却不同，是小螺旋钉不自安其为小钉，要化为大杠杆或整个机器，则其害可想。在此《语录》中有这样的话："对群众的兴趣较于自我的兴趣古老：如良心为群众，则恶心为自我。诚然，狡狯底自我，无爱的，于大众的利益中求自己的利益的：这不是群众的起源，却是群众的末路。"——这里群己、公私之辨很清楚。凡人皆有其自我的意志，知觉或不知觉皆是向上求其"生命"之圆成，即完成其有"生"之使"命"。在群众中知觉或不知不觉成为模范、英雄，这是个人主义，不是自私自利。

此外，还应略说一声势浩大的对尼采的误解与责难，尚未在上述十倾向之列。即是他于战斗的理念。他写过这些话："什么是善？勇猛是善；是良好的战斗使事物归于圣善的。"——又："设使长剑交相如殷红点点的长蛇，则我们的祖先乃善对人生了。……一柄剑是要饮血的，跃跃欲试而迸出星星之花。"尼采生涯结束在上世纪末端，这世纪两大战皆不及见，因为德国两次皆战败了，所以要在这两大战祸中求其极因，寻其智识根源，则归咎于尼采哲学。尼采的这些理念，可远溯其由来于古希腊哲人赫拉克莱妥斯

(Heradeitus),因其说过这些话,如"战争为万物之律则,万物之父,万物之王。"历史上的圣人、教主、哲人……很少有绝对底和平主义者。纵使尼采是一绝对和平主义者,或历史上未曾有此一哲人或其他同见的若干哲人,此一世纪中的战祸也未必没有。稍治唯物论的人,便知道帝国主义的形成,及各帝国主义间之冲突,及其战争之起,皆由于许多因素,而且主要是经济因素,很难归罪于一方面或一国,更少能归咎于一人。纵使某方面有野心家,利用某派某人之学说,或曲解,或涂饰,以之为标榜为号召,则其咎不在学说而在利用之人。甚者,其为标榜号召之效果如何,也还属疑问。姑举东方近代一史事:太平天国,近代史家考证其为农民起义,其所崇拜的人物所以号召群众者,为"天父"、"天兄"……,这源于基督教,有浩大声势,但似乎不能归功或归咎耶稣基督。

尼采有指上世纪七十年代战争为"强盗战争"之言,而且因此忧虑德国的将来,十五年后犹说对德国的质素(Wesen)实未能兴起热情,且更不愿说这堂皇底民族纯洁无罪。

"反动派"这名词确不是一好称呼,说"反对者"却好点了。"尼采反瓦格勒",有此一书,那是艺人于音乐的争论,不算反动,互相反对而已,虽两人曾有很好底友谊。至若反对国家或国家主义,当属反动派了。尼采所斥为"新底偶像"的国家,是普鲁士之军国主义之国家,且贬斥其所谓"历史底教育";不是提倡无政府主义或无国家论。二十世纪之两大战祸,为尼采所不及见。俄国沙皇之推翻,德国威廉之被斥逐,皆在十七、八年之后。其所指乃帝国或君主专制国。究竟经过两次大战,欧洲人颇醒悟过来了,国际组织日见增多，渐谋长治久安，越过狭隘封域的范限，成民族间互利互惠之势。国家主义可说过时了。上一世纪的反动思想家，如今亦不怎样被目为反动。

尼采分析欧洲社会，指出国王统治，“小商人”支配，或“小商人统治”。其时欧洲资本主义方兴，尚未达到大资本主义阶段。说：“凡一切仍然发光的，只是有小商人的黄金之处。”——“看呵！看如今各民族所行所为，皆像小商人一样了。他们仍从各个废料堆里，拣取最小底利益。”——这似是预言了现代的情形。商业主义发展为经济侵略，在本身是大并小，对外国是强凌弱，一切皆取决于黄金。这世纪初，买办阶级在中国尚未形成以前，中国的“士大夫”尚有尼采这种观念。于今各国多少在外表总有些物质方面的繁荣，但这外幕后正有无穷底困苦、疾痛、罪恶。这正是二十世纪人类文明之病。尼采未曾深研经济，查出这病源，仍是从症候上攻治。说之为正动或反动，看人取什么据点了。

究竟文明也是进步了。物质条件变换，生活环境改易，民俗习惯也随之更动了。这时必然产生新道德、新礼节、新仪文。尼采之所攻击者，正是旧道德，昔日所视为天经地义的旧伦常观念。有估定然后有价值，则旧价值当一切重新估定。这预告了现代和将来之必然。在一转变或过渡时期，旧者已倾倒而新者未确立，则一切旧社会秩序依旧伦常而保持者，必至天翻地覆。这时便需要一番大弥纶，从新经天纬地。在这方面尼采诚不失为新时代的先驱。为正动为反动，又看人取什么立场为说了。

还有一事是关系较小者，是其反对唯智论。提倡发挥本能，即所谓“良能”。这近于卢梭(Rousseau)之回返自然之说。立意在恢复或充实人之生命力。自来人类的行为不是纯凭理智的,而本能中正自有非思智所及之理存。这是一纯哲学问题,大有可研讨者在;于此也说不上正动或反动。

以上所说,无论其反动或反对倾向为七或为十或更多,皆可谓各依其观点而异。尼采在此著中自有其"主导主题"二:一曰"超人",二曰"永远回还论"。——有学者(Rittelmeyer)考证,"超人"这名词,早见于1683年之《教化书》[①],然似非尼采之所取材。或者取之自歌德之《浮士德》。先于尼采亦尚有用此名之人。要之,非自尼采新创。

关于"超人",自来各家之论纷纭不定。最简单之说,略同于我国旧时所谓"异人",是身、心发展皆为特出的人。然绝不是"仙人"或"圣人",自由思想家的脑筋,不会那么愚妄和庸俗。假定是"后天"环境的培养,——尼采是不信"先天"的,——人的身体发展可以超出寻常,在良好底形体中,力量和技能卓绝,或者出乎现代世界体育明星而上。换言之,是生理底。在心理方面同然,有其超上道德,解脱了普通德素之凝集于"末人"或"最后底人"而阻碍其发展者。当然,必自有其若干心理底力与能,非常人所有。

尼采以这意象多方为说,却未曾描画出一定型。无定型,而仅有依约之形,在思想上为有缺,在艺术上为有余。若善画者画出一绝世美人,轮廓无不鲜明,风神无不具足,美则美矣,亦止如此而已。大致高明之画家,总不肯表现至尽。此"超人"之说亦未尽,使

---

① Erbauungsbuch,或可译曰《精神保育书》,论及"精神之爽快时辰"事。

人感觉其不定;但尼采自己的本意原是正面使之不尽,而其反面的目的已经达到了。譬如革命,只依约指出前途之光明,然充分表出现实之黑暗。至若将来果然造出何种建设,未加、亦不必、尽说。总归人是应当超过的,这是他的主旨。

于是种种讨论皆起了。有说此一思想,是说个人之小我,当没入大全与无限知觉性之海洋中,如是乃成其为"超人"。然反对者说尼采不是说小我之下堕或没落,而是由一更高底自我之优越而上臻,至少是小我与大全之相对。或说尼采反对"同情",以为是引诱苏鲁支犯最后底罪恶者,是利他或博爱主义,为颓废表现,小我之放纵,以"爱怜人"使他个小我得其满足乃有其意义者;而当代之以"爱远者"之"遥情",即对最远者"超人"的照顾。然"爱怜人"与"爱远者"仅有所爱之不同,其为外乎小己而为他不异,因此反对之说不立。这亦复是一可从各方面成不同的立说的问题。大致可说所爱不同,其情必异。尼采此义,没有内中底矛盾。

这类诤论,皆以"超人"为个人,然有多数学者说"超人"表类型,是人类之一新种类。这便牵连到达尔文思想。在十九世纪,达尔文的进化论震荡了全世界。由低等动物进化到猿人最后乃到高等人(homo sapiens)。然则终有一日必至於"超人"类,这是一新理想。于此,论者谓尼采在学术上犯着方法的错误了。科学底进化论,是回溯底,由今返古,就古史之痕迹而建出理论。不是由现在推测未来,作凭空的预言。固然,进化至今,重心总是在本类型以外,要转变,或渐变或突变,然未尝示出有何固定的目标,适者生存,弱者淘汰,所谓"天择",仍属偶然,人类无从知此"天"之意旨;只能知自然界之变,不能知所将变是者为何。——最近时科学上有“遗传工程”的实验，亦不是能预定必产生某一结果的人，合于想象。——而今兹却定出了一目标，名之曰“超人”，是这样那样……！

大致有史以后，人类还只能说是有了“进步”而已，因为有了各种文明，然不能与史前期的若干万年的“进化”相拟。若说到大自然的目标，这里便是精神哲学的一重要转捩点，归到信仰了。信必有“内入作用”(involution)，然后有进化发展(evolution)。信仰有太上者存在，则前进只是转还，进化终极是要与太上合契。这便是今之所谓瑜伽哲学，她超出宗教以上了。譬喻是一条蛇，身体旋转，口可以衔接尾巴。克实说，人之本质或本体，在有史以后，未尝进化到何种程度。所以说婚姻的新目标是生出“超人”，或道德的新目标是培养出“超人”，……皆颇觉渺茫了。

自“超人”之说出，附之以进化思想，一时掀起了全世界思想界的巨潮，对西方宗教之打击是巨大的。上帝是人的极限，如前说，上帝及天国或彼土的信仰，皆动摇了。“人间底，太人间底”(是尼采另一著作之名)，顾名可以思义。在基督教卵翼下的道德，以及庸俗伦理，皆要重经考试，定出新价值，不合此理想者，便当废弃。“超人”与“末人”相对，用常语说，亦是所重在特立独行之人，这里便看出其反社会主义的倾向，与重个人主义的端绪。以譬喻说，只培异花，不植常卉。如可生特种奇花，虽牺牲凡卉亦所不惜。便是这么一个园丁。

这里又当附说言与行之不齐了。如今头在天上而脚在泥土里的教主、教士及精神领袖之流，遍处皆是。皆是教人“行我所说的，莫学我所行的”。由其所说的看去，尼采几乎是一绿林大盗，然考其生平行事、立身处世、待人接物，皆极为温和，有礼，替他人设想，——如在其结婚问题上，反复思考是不是对她有好处？——竟近乎纯利他主义者了。

“超人”不重种种小德，特出某一大德性则掩盖种种寻常德性。其善与恶，罪与罚等，许多观念皆改变了。这些皆值得深加研究。总之此说出后，在全世界思想上生了巨大影响。甚至最近代“超心思论”，“高上心思”……等；以及视社会上的罪恶源于苦痛，不当视为罪恶而当视为疾病；以及为人类准备将来的“正午”之说——因为每个精神领袖必自以为已经“启明”，自处如在一日之“晨”——，以及其他精神哲学上的某些细节，皆有所挹取自这一渊源；他如儿童教育，尼采之论，自属最进步的思想了。

其次，当于“永远回还论”，这书的第二“主导主题”，亦略作提示性底陈述。

通常研究尼采哲学者，分其全部思想为三个时期。其实三时期或亦可说三阶段，皆难明确分辨，因为他的思想当被目为一整体，初期的原素后期中也有，中、后期的种子也在初期中萌芽。第一期着重艺术，尤其是时间艺术，对往者深透入希腊的悲剧精神，憬想一新底更高底文化之创始。第二期则为智识论所范围，重实证科学，在伦理上也持实用论，相信人类可建立纯粹科学文化，在其中见到人生的最高目的。第三期乃神往于强力，有伟大人格如“超人”者的完成。以为人类最雄强底本能，乃是“权力意志”(Der Wille zur Macht)。凡出自强力或增上强力者，便是“善”。凡促进我们的生活向上且增加其动力的知识，便是有价值之知识。主张重新估定一切价值，亦在此期。主子和奴才道德之分，亦辨于此期。以第三期思想为最成熟,以第二期于尼采为最快乐。此"永远回还说",成于一八八一年秋季。重复出现于两年后之此书。同期著作有《朝霞》,与《快乐的知识》两书[①]。——这《语录》第一、二卷皆成于一八八三,第三、四两部则完成于一八八四至一八八五年春季,当归于第三期内。

"看呵,你是'永远底回还'之说教者,——这便是你的命运!

……

看呵,我们知道你所教示的:一切事物永远重还,我们也在其内,而

且我们永始便已存在,并一切事物。

你教说,将有一伟大底转变之年,伟大年之巨物:这必定像一流沙的

时计,不断地从头倒转,以得从新流下,流出:

……

以致我们在每一伟大年中也同于我们自己,在最大处和最小处。"

这便是说,凡生活过的一切瞬间,皆复转回。我们已是无限如此,将来也会是无限如此。尼采似稍偏于将来。如说:"勇猛更是最好底击杀者,——勇猛,攻击着的:也将'死'击杀,因为它说:'这便是人生么?好吧!再来一趟!'"

这宗思想不隶于批判哲学,只是一种信仰。然立刻当说,这与灵魂转生的信仰不同,不是同此一心灵或性灵,过去如此,现在如

① 此两书皆有梵澄译本,商务印书馆出版,在此《语录》之后。

此，将来也无限如此。后者似乎古希腊哲人毕达戈拉斯(Pythagoras)已有。那位哲人相信人生取决于星象，星辰列成某图像，生人便当如何。图像移转至相同之次，生人的一切事像必与前时的相同，因此谓之回还。这种非科学底星数学或神秘天文学，在二十世纪的印度犹存。这又牵连“劫波”的信仰。“劫波”是音翻(梵文Kalpa)，在华文简省称“劫”。劫中一切灭没，劫后一切如故。(《大唐西域记》载有一著名问答是如此。)佛教也承袭此说，而大乘又不相信灵魂或性灵。劫间若干时历必有，恢复如故也必有，此之谓“永远回还”。

尼采在前此的著作中，也间或提到此说，在《悲剧的生产》一书中已提起过，余处也曾说及在历史曾有的，有过一次乃有第二次的可能。但在此《语录》中，出此“永远回还”说以戏剧性底表现。这不能不归之于其个人经验了。

在《快乐的知识》一书的著作时代，有其未发表之笔记，是为此一说寻论据的。大致说：“时”无限，“力”有限。上帝既不存在，则亦无凭其神想以创出新底无限可能之事物者。若世界有内在之“力”常造出或意想出新底无限可能性，则此“力”必自体时时增长。然而“力”，亦如其为“力”而已，不能出乎其自体之外，由是“力”之造出可能性有限。若谓“力”为一无限体，则与“力”之本谊相违。然“时”无限。“力”所创造之可能性既穷，势必重复。于是曾一度发生者，亦必重复至无限度。——这是于此信仰权立出一理论基础。其生时未发表。

后之研究尼采学说者，认此一理论为不立。谓纵使承认力为有限，然此必非单一者而为多种单力之总和。若假定其数只二位，以 x 表力，x=a+b。a 一变，则 b 必相应以一变。则 a-1 相应于 b+1，则其关系一变，而新可能性起。如是种种错综之力，变换可能无限，其结果出之新可能性亦无限。

虽然，理论根据是不必这么确立的。这是一精神经验，原不必求其根据于思智中。主题着眼处在“永远”二字或“常性”。则应研究“时间”这一因素。——“时”与“空”，是否依经验而起，洛克(Locke)则曰“是”，康德则曰“否”。洛克谓“时”之知，乃得自简单理念，起自吾人观省所感觉之短长，连续，为一方程，“空”为另一方程。康德反对此英国派哲学之说，谓“时”与“空”皆先于经验。“时”为一必需理念，说不上事物自体，如“空”。无绝对真实性。非自体存在，非内寓于自体存在者中。而斯宾塞(Spencer)又推论到“时”与“空”皆为不可知。在近代，室利阿罗频多，释宇宙以知觉性。谓“时”乃知觉性的伸展，“空”亦知觉性之舒张。最近太空科学家苏俄之科际列夫(Kozyrev)，又说“时”是一种能力，有其密度，有其流向，有其速率，有其作用……。其说尚未详出，或已公之于世而笔者尚未知。

以上五说，第五纯属唯物论。而以第一与第四说，较能阐明此一“永远回还论”之起源，皆属唯心。主观唯心，以时间为知觉性的经验。推之于往事为过去，伸及于来者为将来，一住于今者谓之现在，延引至无限为永久。其起作用于过去为记忆，于将来为先见，于现在为知识。有时知觉性前移，即感觉现在之境，为过去所曾有。由种种知觉之凑泊或联想，意会，……人到了某地，遇到了某人，感觉从前已至其地，已识其人，其实未尝至其地或识其人，这也是凡人很常有的经验，即西方所谓 déjà vu。知觉性更前移，在某些人士则成为先知，预言者。出离了现在的境界而观照现在的境界，乃感觉到事物之回还。知觉性是一，而在个人中心为多；概括分其层次，这是一较寻常为高的一层知觉性的作用。

这现象并不神秘，在尼采是深心信之，乃托为苏鲁支的教言，而那么猛力出之以戏剧性底陈述。他自己是神志极清明而气性极温和底人。事例：如养病期间他在山谷间徘徊，某次忽然感到心里非常温暖，和悦，转眼一看，原来是一群牛走了近来。其敏感如此。其疯狂是否与此有关系呢？不可得而知。按其著作，皆是清明而深邃的思想之表现，没有什么疯狂的痕迹。他绝不是故意创立一欺世之说，或剿袭一古信仰而诧为自己的新发明。

其实此"永远回还"之说，在现相界当前便可见实例，用不着诧异。如日之升，如月之恒。同此一太阳，一月亮，永远是去了又回来了。苏鲁支自说"堕落"或"没落"，是取譬于太阳的堕落或没落。植物之因果相生，亦可取像。如谷生芽，芽成稻，稻生谷，长川相续，虽第二代的谷粒不即是第一代的种子，其实种性未变，谷亦相同，说之为回还亦可。那么"永远回还"之说，亦所以表宇宙间生生不息之机，取超上义说。

进者，若以学说之效果而定其价值，则此说之价值甚大了。生生不息之现相，足以表生命之动性，之恒常，之永久。这是对人生之一大肯定，学说以"生"为中心，则"死"不过生之一态。——某些宗教以"死"为中心，即尼采所斥为"死的说教者"，则以"生"为不幸，为"死"之一态，"绝对底死"或"涅槃"乃为永久。——所谓勇猛将"死"也击杀了，便是此意。这导致人生之乐观，否定着悲观论。

"死"则诸动皆已,无有去来,说不上回还,何况永久!这永久常回,更增加了人的勇气,以克服人生之困苦,一往趋于乐生,这也给英雄主义作了理论上的一大支柱。

虽然,于此亦颇有理论上的滞塞处:事情由最大以至最小,皆当回复,像现在这样,岂不是"末人"或"最后底人",也当回复,而"超人"也像现在这样只是存为理想或希望?——诚然。回复亦颇同于循环,但没有注定这轨道有多么长,或圆周有多么大。到某一点"超人"出生了,而且还可永远重复出现,则为何只着意于"末人"之再现呢?

进者,一切如现在者皆当重复,则事物之转变是注定了,这与宿命论有何分别?——诚然,事物必有转变,或即无时无刻不在转变,而转变必有其过程,即所谓命运。但宿命是一取决于此命运,人无所为,所重在运之前定。此说固谓事物之转变必有其过程,非谓一切只听命于此过程,而是人有所为,所重在生命意志之发扬,向前或向上进展。由重复推之为前定,而前定何必无为,有为何碍于前定?——这不是曲意替尼采辩护,观其说生命必有意志之表现,而意志在于"力"或"权力"之说,可以推出此理,因为"力"或"权力"必非无为。则不能混同于宿命论。

就文明进步作历史观,则其过程也不是直线的,而是螺旋纹之圆转,所以人事上常有历史重演之说。其实是循到螺旋纹上之同一垂直线上一点了,则也可见事物之回还,视景与前者相同,然而据点提高了。这是就常识方面说,未必为尼采之意。

更进而取此回还说以为伦理方面的行为问题之准绳,亦有其效果。康德讲实用理性,论道德原则为"普遍化",必人人可为。如偷盗行为，是不可“普遍化”的事。如“普遍化”而人人为之，社会必至解体。在尼采则提出“重复化”之说，其作用亦同。问题：你愿意你这样的生活重复以至于无数遍么？若已知自己的生活不正当，或知觉自己的错误，过失，则答复必然是不愿意。必然会觉到一误不可再误。亦如偷盗，是不可“重复化”之事。在个人时复可为，在大众亦必人人可作。取两说并观，康德之说为横，属平面，属大众。尼采此说为纵，属直线，属个人。高度的倒转则为深度，直线之乘方则为面积。立说不同，而归趋一致。

这信仰还有些理论上可诘难处，难得圆满底答复。这出自高等底精神经验，不是从下构架的，而是自上流注的。难绳之以严格底逻辑思维。这是人生哲学，而人生也不是纯逻辑底过程。

“超人”与“永远回还”两说，大致有如上述。说者谓在前说中，尼采将“超人”提到愈高，便显出庸俗中凡人之愈下。这创伤和毁坏是巨大的。再立后说，又是医疗这创伤和补救其所毁坏。前说似乎抹杀了凡人之存在，后说又将他的生命给还。这也成为一说，但是否尼采立意如此，仍为可议。

由此书而观其哲学思想，实见其为丰富，多方。若愈加分析，必愈见其纷歧繁复。在此则似无此必须。而出之以散文诗的体制，文辞之美，与其思想相辉映，与一般枯干底哲学文字大有分别。其所为人崇拜者，不单在此，尤在其人格伟大，苦斗了一生，有一种不屈不挠的精神，是一种英雄主义。自其五岁时丧父，以至于受到大学教育，皆是勤奋努力，以至二十四岁时便当教授。年青时当过一年炮兵，曾坠马受伤，久治始愈。后来又当过战争中前线的伤兵救护士，那时因教职已隶瑞士籍。辛勤讲学十年，到一八七九年因病退休，退休后几乎每年著一书，到一八八九年在都灵（Turin）城街上猝倒，从此精神失常。由他的母亲看护他七年，母亲死去，又经他的妹妹看护三年然后去世。平生遭受了时人的讥讪、冷遇，精神痛苦可知。失恋，因而独身；而孤独，亦无朋友。于这种种痛苦中，仍不失其于人生的乐观，对生命的崇扬，一将人生之升沉起伏称讥苦乐括于一语，曰："这便是人生么？好吧！再来一趟！"而仍保持了大希望，曰："化你们的大悲为对超人的爱吧！"……

尼采也是热烈底抒情诗人，可谓开了新浪漫主义一派，德之里耳克（R. M. Rilke）或吉阿格（S. Georg）之诗，皆受了他的影响。其他文学家如纪德（Gide），妥玛斯曼，以至哲学家如韦兴格（Vaihinger），柏格森（Bergson），萨耳特（Sartre），以至施扁格勒（Spengler），皆染于其思想甚深。至若萧伯纳（G. B. Shaw）之《人与超人》，尚不在话下。——在中国，当然最为鲁迅所欣赏。

不幸，尼采思想在生时已被人误解以至利用，如特莱支克（Treitschke），一位爱国史学家兼政论者，已将其学说曲解，身后又为野心者所假借，奉为宝典，愚惑常人。至今仍是反动派之尤，不但在几年前我国亦有人这么称谓。崇之者如天，非之者如渊，尼采平生，也实是登上了高峰，只为了向下堕落的。如今西方国家的学者，对之或则讳言，或因为德国人在此世纪两大战中皆大败，而毁灭还不彻底，要将其哲学家也贬斥；最不舍其仇恨的是犹太人，因为德国曾大举在战时杀戮犹太人。然尼采平生实未尝反对犹太人。德国昔年之排犹,乃是经济原因,因为他们操纵了德国之经济动脉,金融界。不是像后时的以、阿为土地争夺之故。然昔年以、埃战争中,以色列首揆葛达·梅依(Golda Meir),说出了一句苦言,辩护其先发制人之战略,说:"我们与其死掉了而受人怜悯,毋宁生活着而负了恶名!"——这位老太太所说,正是尼采的道理。

总之,于世界上世纪这么一位明星,研究至今未已,议论至今不定。其在这世纪初为鲁迅所推崇者,正因其为"反动派",鲁迅生当大革命时代之前端,其时可反对而当推倒者太多了;如主子道德、奴隶道德之说,所见相同,乃甚契合。《鲁迅与尼采》,这是可著成一大本书的题目,将来希望有人从事于此。——究竟说来,尼采的文化哲学,未尝深透入民生根本之经济基层;观察到了一颓败建筑的上层破阙,而未涉及此建筑之已倾或将倾的基础;而且,着眼多在个人,小视了群众;见到了阶级划分,忽略了劳动生产;见到的暴君专制是在政治方面,未见及大资本家之压迫在经济方面甚于暴君;见到了大规模阵地战,未见及小规模游击战;见到了钢刀利剑之杀人,未见及如鲁迅所云"软刀子杀人不觉死"。深透西方社会,欠了解东方文明。所以在东方的影响,远不若唯物论之落实。甚者,其思想时常披了诗化的外衣,在理解上又隔了一层,虽其效果比较悠远,然远不如质直宣传之普及大众。所以在推翻旧时代事物而创造一新时代,在东方以后者较容易成功。鲁迅晚年转到了马克思主义,却未尝抛弃尼采,所重在其革命精神,同向人类社会的高尚目标前进。

末了，请赘加几句译事之言。事过五十年，这译本仍有人读，实因尼采原作深有可供研究的价值，译者只忝为文字之役，求其无误或犹有未能。远不能如前所举怎样与尼采的作风相同。总之以为这不过西欧一家之学，其言有偏有驳，有纯有至，是一复杂底有机体。其与余家冲突亦多，则译者主张各观其所是而不执，不必趋于折衷主义，亦不必强求其会通。以译者学问之浅薄，所见或与西方人士不同。于同情底理解虽未必做到，而大胆底批判亦未敢妄为。——凡文字及见解纰缪之处，多希望海内外专家是正。

虎年谷雨后四日徐梵澄序于北京

序　言

尼采(Friedrich Nietzsche)的《苏鲁支语录》(*Also Sprach Zarathustra*)刊行于 1884 年。全书凡四卷,以富于诗趣的散文,写出他的"哲学"。这是一部语录,托为一位波斯的圣者苏鲁支,向他的门徒和人民训说的;所谓"超人哲学"便是他所宣传的东西。尼采他自己对于《苏鲁支语录》有一段自白:

> "在我的著作中,《苏鲁支语录》占一个特殊的地位。我以这著作,给人类以空前伟大的赠礼。这本书,声音响彻了千古,不单是世界上最高迈的书,山岳空气的最真实的书——万象、人类遥远地在它之下——亦且是最深沉的书,从真理之最深底蕴蓄中产生,这是一种永不涸竭的泉水,没有汲桶放下去不能满汲着黄金和珠宝上来!"

"他所升降的云梯,没有边际,他比任何人已经看见更远,意愿更远,并去得更远"。(Ecce Homo,楚曾译文)

他自己又说过:"人如不自愿闭其智慧,则对于发自苏鲁支之歌——鹰雕之歌——必须给予适当的注意。"

他所注意的是"将来"而不是"过去"。"哦,我的兄弟们,你们的高贵不当向后流盼,乃是向前凝视!你们当爱着你们的孩子们的国土——在最遥远的海上没被探险过的国土!让这种爱是你们的新的高贵吧。我吩咐你们向着那里扬帆前进!”

这便是苏鲁支——尼采——所呼号着的话。

这部译文是梵澄先生从德文本译出的,他的译笔和尼采的作风是那样的相同,我们似不必再多加赞美。

在我们得到梵澄先生的译本之后,楚曾先生也以他的另一部全译本文给我们,很可惜是不能再在这里刊出了,对于楚先生,我们谨致敬意和歉忱!

郑振铎

1936 年

前　　言

一

苏鲁支三十岁了，离开他的故乡和故乡的湖水，隐入山林。于是，独自怡悦心神，玩味寂寞，十年间未尝疲倦。但最后他的心意改变了——一日之晨，与朝霞俱起，在日光前，向日球作如是说：

"伟大底星球！倘若不有为你所照耀之物，你的幸福何有？

十年间你在此照上我的崖穴，想你必已倦于光明，倦此修途，设若未曾有我，及我的飞鹰和长蛇。

但每日早晨我们等候你，挹取你的丰余而向你祝福。

看呵！我厌足了智慧，如采取了过多的蜜的蜜蜂，我需要向我求索之手。

我愿意赠予，分给，直使人群中的智者重欢其愚庸，贫者更欣其富足。

于是，我必须降至深渊，如你在夜间之所为，没入大海之后而犹布光明于彼土，你这太过丰盛底星球！

我必须像你一样堕落，如我欲下往之之人群所云。

然则祝福我吧，你宁静底眼光，可以观莫大之幸福而不生嫉妒之眼！

祝福满引的深杯哟，金波从而泛溢，随处映着你的欢乐底容辉！

看呵！这杯将更倾完，苏鲁支将更为凡人了。”

——如是开始苏鲁支的堕落。

二

苏鲁支独自走下山岗，没有遇见何人。但他走入树林中时，忽然看见一位老者，站在面前，正是离开了奉神的敝庐，在林中采药。老者如是向苏鲁支说：

“这位行客于我不像生疏，若干年前他从这里走过。他名叫苏鲁支；但他已经改变。

当时入山带来了你的残灰，现在却要将火携往谷中去么？不怕放火者的刑罚么？

是呀，我认识苏鲁支。他的眼色清明，嘴里不潜藏机诈。他不是像跳舞者一样行走么？

苏鲁支改变了，苏鲁支已变为小孩，苏鲁支是觉者了，你将何所求于睡者呢？

你居于寂寞中好像在海洋里，大海将你负载。苦呵，你将到陆地上去？苦呵，你将你的躯体重新自己拖曳？”

苏鲁支回答说：“我爱人们。”

“缘何，”圣者说，“我曾来到深林和荒漠之地？岂不是，因为我太爱人类了吗？

现在我爱上帝，人类非我所计。我以为人是一个太不完满底物品。对人类的爱可以使我死去。”

苏鲁支回答说：“我说什么爱！我将给人们一种赠品。”

“不必给渠们什么，”圣者说，“最好从渠们取去一些，大家便这么下去——这将于渠们最好：只要于你合适！

纵使你将有所给予，给予一点小布施便了，而且要让渠们求乞之！”

“不行，”苏鲁支回答说：“我不给予布施。那样我还不够穷伧。”

圣者笑着苏鲁支，如是说：“然则留心，看渠们接收你的赠礼！渠们对于隐者怀疑，不相信我们来是为了赠予。

我们的足音跫然于街巷中使渠们闻之凄凉。一如渠们夜里在床上闻有人行，远未及天明，则自怪道：这贼徒将往何处去？

不必到人们中去，便留在这树林里吧！宁肯与鸟兽同群！缘何不愿像我这样——在熊中为熊，在鸟中为鸟？”

“圣者在树林里何所为呢？”苏鲁支问。

圣者说：“我编制歌词，自唱，而每当编制，也酣笑，也悲泣，也低喃。如是，我颂赞上帝。

用笑，哭，高唱，低喃，我颂赞上帝，我的上帝。但你带给我们什么礼物呢？”

苏鲁支听了这话，便敬拜着圣者说：“我有何可赠于你们呢！但请让我快离开，以免犹持去你们的什么！”——这么他们彼此分开了，老者和这人，欢笑如两个儿童。

但苏鲁支独自时，向内心说：“这是可能的吗？这老年的圣者在他的树林中还没有听到上帝已死！”——

三

苏鲁支走到接着森林附近的一座城市，看到许多人聚集在市

场，因为有布告要人观看踏软索戏。苏鲁支向人们如是说，

我教你们超人的道理。人是一样应该超过的东西。你们作了什么以超过他呢？

一切存在者至今皆创造了超过自己的东西。你们愿为这大波流的退潮，宁愿退到禽兽，而不愿超过人吗？

猿猴于人类是什么，可笑的对象或痛苦底羞辱。人于超人亦复如是，可笑的对象或痛苦底羞辱。

你们从爬虫进到人类，你们内里许多地方还是爬虫。有个时期你们是猿猴，但至今人比任何猿猴还仍其为猴类。

你们中间最智慧者，也还是植物与鬼物的歧出生与两性生。但我叫你们化为鬼物或植物么？

看呵，我教示你们超人。

超人是土地的意义。你们的意志说，超人必定是土地的意义！

我与你们立誓，兄弟们，对于土地守忠实，不相信那班向你们说起超地球底希望的人们！那皆是人类的毒杀者，渠们自知或不知道。

那皆是人生的藐视者，垂死者，自毒者，地球所厌倦的，任其逝去吧！

曾经有一个时期对上帝的亵渎是大不敬，但上帝死掉了，这班不敬者也同死掉了。对于土地不敬在现在是最可怕的事呵，将不可知者的心肠，比对土地的意义更加崇拜！

有一时期灵魂蔑视肉体，那时这蔑视是至高尚底事，灵魂欲肉体孱弱，丑陋，瘦损。想这么超出肉体与地球高升。呵哟，那灵魂本身仍是孱弱，丑陋，瘦损：残忍乃此灵魂之欲乐！

但是兄弟们，你们犹可告诉我：你们的肉体对于灵魂怎么说呢？你们的灵魂岂不是贫弱、污秽，一种可怜底舒适么？

诚然，人生是一污秽底川流，要能涵纳这川流而不失其清洁，人必须成为大海。

看呵，我教示你们超人，他便是这大海，其中你们的大蔑视能够沉没。

你们能够经历的最伟大事业是什么？那是大蔑视的辰光。那辰光，便是你们的幸福也于你无谓，你们的理智与道德也自觉其无谓。

那辰光，你们说："我的幸福于我何有！这是贫弱、污秽，一种可怜底舒适。但我的幸福将辩正我的存在！"

那辰光，你们说："我的理智于我何有！其求知，岂不是像狮子求食吗？它是贫弱，污秽，一种可怜底舒适！"

那辰光，你们说："我的道德于我何有！而且它还使我无怒。我对于我的善与恶皆多么厌倦呵！这一切皆是贫弱，污秽，可怜底舒适！"

那辰光，你们说："我的公正于我何有！我不自知怎样是火焰与燃煤。但公正者便是火焰与燃煤！"

那辰光，你们说："我的同情于我何有！同情岂不是钉死那爱人类者的十字架么？但我的同情不是钉十字架。"

你们已这么说么？已这么呼号么？倘若我听到你们这么呼号呵！

非为你们的罪恶——乃你们的自足呼声动天，在罪恶中的吝惜呼天！

以其长舌舐你们的电光在哪里呢？必注射入你们的疯狂剂何在呢？

看呵，我教示你们超人，他便是那电光，那疯狂药！——

苏鲁支这么说过后，人丛中有人大叫道："我们听踏软索者听够了，现在也让我们看他吧！"于是大家哄笑着苏鲁支。那踏软索者，以为这是说他，便准备开始表演软索戏。

四

苏鲁支望着人群，甚惊奇。便如是说：

人便是一根索子，联系于禽兽与超人间——驾空于深渊之上。

是一危险底过渡，一危险底征途，一危险底回顾，一危险底战栗与停住。

人之伟大，在于其为桥梁，而不是目的；人之可爱，在于其为**过渡**与**下落**。

我爱，不知道生活的人，便是堕落者，然而是过渡者。

我爱，大蔑视者，因为他们是大崇敬者，向彼岸的遥情的羽箭。

我爱，不求有物于星球之外的人，以堕落而自为牺牲，却牺牲于土地，使此土地有一日将归于超人。

我爱，因求知而生活的人，求知，使超人得以生。如是自求其堕落。

我爱，工作着发明着的人，意在建超人之所居，为之安排土地，禽畜，花木，如是自求其堕落。

我爱，自爱其德行的人，因其德行为堕落之意志，与遥情的羽箭。

我爱，不保留一涓滴精神于己的人，却欲为其德行的整个精神，他犹如精灵走过这桥梁。

我爱，以德行为倾向为运命的人，他为德行之故欲犹有生且欲无生。

我爱，不欲德艺过多的人，一德多于二德，因其更成为附系运命的结子。

我爱，其心灵甚奢费的人，不欲人谢，不为报答，因其时时赠予，不欲自有遗留。

我爱，羞于掷骰点中注的人，则自问：我是不诚实底赌徒么？——因为他想失败。

我爱，在行动以前散出金言的人，其所行，时且优于所许，因为他自求堕落。

我爱，辩正来者且救赎往者的人，因为他欲于今者之前毁败。

我爱，因爱他的上帝而责制上帝的人，因他必毁于他的上帝之愤怒。

我爱，便在创伤中灵魂也甚深沉的人，他可以因小损伤而毁灭，由是他喜走过那桥梁。

我爱，灵魂过于充实至于忘其自我的人，万物备于其人，遂共成其堕落。

我爱，自由精神自由心意的人，其头脑不过为其心意之内体，其心意促其堕落。

我爱，如大雨点降自停于人类之上的黑云的人们，他们预告雷电将来，亦如预告者而毁灭。

看呵，我便是雷电的预告者，浓云中的一大雨滴，这闪电便叫超人。

五

苏鲁支说过这些话,再望着群众,沉默。自己向内心说:“他们站在这儿,他们笑,不了解我,我不是为这些耳朵说法的辩才。

先要打破他们的耳朵,使他们学用眼睛听么?必像鼗鼓或教人忏悔的说教者那样喧哗么?或者他们只相信口吃者呢?

他们自有其所骄傲者在。他们怎样称呼那使他们骄傲的东西?教育,他们这么说,这使他们自异于牧羊奴。

由此他们不喜听于自己的‘蔑视’这话。我将顺其骄傲说。

则我将说起最可蔑视者,但那是末后底人”。

于是,苏鲁支向群众作如是说:

是时候了,人要树立目标。是时候了,人种植他的最高希望的萌芽。

为此他的土地还够肥沃。但这土地必有一日贫瘠而且荒芜,不能更生出高树。

呜呼!必有一日人不能将遥情之箭射向人类以外,他的弓弦也忘掉了颤鸣!

我告诉你们:要产生一颗跳舞底星球,人体中必有混沌。我告诉你们:你们体中犹有浑沌。

呜呼!必有一天人不能再产生星球。呜呼!必有最可蔑视底人的时代到来,那已不能更蔑视自己的人。

看呵!我教示你们末后底人。

“爱情是什么?创造是什么?遥情是什么?星辰是什

么？”——末后底人这么问着而且睒眼。

地球于是变小了，使一切皆变小的最后底人在上面跳跃。他的种性之不可绝灭如土虱，而且寿最长，

“我们已寻到幸福了”——末后底人这么说，而且睒眼。

他们已离开生活艰难的地方，因为需要温暖。人们犹爱邻人，与之相摩，因为需要温暖。

生病与怀疑，他们以为罪恶，彼此敬慎相与。有在石上或旁人身上触倒的，真是蠢才！

时或吃一点点毒药，这使人做适意的梦。最后以多量底毒药，致怡然而死。

仍然工作，但工作用以写心。亦复留心，惧这消遣庸或于人有损。

人亦不贫不富了，二者皆太繁重。谁还愿意治人？谁还愿意治于人？二者皆嫌烦劳。

不是牧者与一牧群！凡人皆愿平等，也皆平等。有谁感觉不同的，自愿地进入疯人院。

“从前举世疯狂”——优秀者如是说，而且睒眼。

人聪明了，明白一切已然之事，则讥嘲无端绪。人与人犹有纷争，然亦旋复和好——否则这内损胃肠。

人在白昼有其微欢，夜间有其微乐，但人尊重健康。

“我们已寻到幸福了”——末后底人这么说而且睒眼。——

于是，苏鲁支的第一番话说完了，这也叫作“前言”，因为在这儿他的话被群众的狂叫欢呼打断。“给我们这末后底人，呵！苏鲁支，”——他们这么喊——“将我们造成这末后底人！我们当奉给

你超人!”群众大都欢欣鼓舞,呀唇咂舌。但苏鲁支不免忧悲,向内心说:

“他们不了解我,我不是为这些耳朵说法的辩才。

太长久,我住在深山,太惯于倾听流泉声与木叶响,现在向他们说话如向一群牧羊儿。

我的心灵屹然不动,且清明如朝日里的青山。但他们以为我冷酷,作可怕底讥嘲的讽刺者。

现在他们望着我笑,一面笑也一面憎恨我。他们的笑中有着冰霜。”

六

但这时忽生一事,使人人瞠目哆口,便是其间踏软索者已开始表演了。他从一小门里走出来,踏上了软索,索子是系在两个高塔间,悬于这市场和民众之上。当他走到了软索的中段,那小门又启开了,跳出一个彩衣少年,很像一个丑角,在软索上快步赶上那前面的人去。“前进呀,蹩脚鬼,”——他喊叫的声音怕人——“前进呀,懒东西,黑货商,小白脸!别要我用脚踏你!你在这两个塔中间干什么?你是塔里的,人应该将你关起来,你碍着比你好的人的自由路!”——他一字一字喊便一步一步逼近了,到了只离前面那人一步的地方,可怕底事便发生了,使每只眼睛瞪住,每张嘴堵住——他恶鬼似的大叫一声,一下跳过了前面碍着路的人。这人看到竞争者胜利了,一下失神,踏空了软索,抛开了手里的长竿,比那人还快地手手脚脚旋风似地掉下地来。这时市场上的人便如暴风里的海水,逃的四散,慌作一团,最是在这人大概要掉下的地方。

但苏鲁支站定了，那人也刚掉在他身边，已经完全跌伤，摔坏，但还没有死。歇了一忽儿，那摔坏了的人回复了知觉，看见苏鲁支跪在身旁。“你在那儿干什么呢？”他最后说：“很久我知道魔鬼要弄翻我了。现在他要拉我到地狱里去了，你能禁止他吗？”

“凭我的名誉，朋友，”苏鲁支说：“你所说的这一切都没有的，既没有魔鬼，也没有地狱。你的灵魂比肉体死的还快，现在不要怕什么吧！”

垂死者怀疑地望着他，终于说：“倘若你说的是真理，我失掉生命便没有失掉什么。我不比一匹动物怎样不同，那用鞭笞和菲薄底饲料养成的……跳舞的动物。”

“不然的，”苏鲁支说：“你是以危险为职务，这没有什么可藐视的。你现在因职务而殉身，我将亲手将你埋葬。”

苏鲁支说过这话，垂死者已无回答了；但他还摇动着手，仿佛要握苏鲁支的手致谢。——

七

其时夜色昏然，市场旋隐于黑暗里，群众皆走散了，因为即是新奇与恐怖，也使人疲劳。但苏鲁支坐在死者身边的地上，默然深思，因此忘掉了时间。但最后已是黑夜了，一阵冷风吹过这孤独者。苏鲁支于是站起来，向内心说：

“真的，苏鲁支今日捕鱼真好！没有网到一个人，却得了一具死尸。

人的生存的确可伤，而且永远仍无意义，一个丑脚也能成为他的晦气。

我将教人以生存之意义，那便是超人，浓云中的闪电人。

但我仍离他们甚远，我的意识不合他们的意识。他们看我仍如傻子与死尸二者之间的人。

夜黑暗了，苏鲁支的路也正昏黑。来吧！冷僵的伴侣！我负你到亲手埋葬你的地方去。”

八

苏鲁支向内心说过这番话，将死者负在背上，走上大路。还没有走到一百步，悄悄地溜来了一人，低声向他耳边说：“离开这城市吧，苏鲁支呀！”——一看！来说话的人，正是那塔里出来的丑角。“这儿恨你的人太多。正人君子皆恨你，以你为他们的藐视者，仇敌；正教的信士也恨你，以你为群众的危险人物。碰巧大家在笑你，这是你的运气。真的，你说话好像丑角一样。刚刚和这死狗在一块，也是你的运气；这么辱没自己，今天你便救了你自己的命。但离开这城市吧——不然我明天便在你身上跳过，也是活人跳过死人了。”说过这话，那人随即走开了；但苏鲁支一直在黑暗底路巷中走去。

到了城门口，遇见一班筑坟墓的工人，他们用火把照他的脸，见到是苏鲁支，便大加嘲骂。“苏鲁支将这死狗搬开了，好呀，苏鲁支当了葬坟的人！要拿这块肉我们的手还太干净。苏鲁支想偷去魔鬼的食物么？好吧！祝你的口福好！只要魔鬼不比苏鲁支还会做贼！——他偷去他俩，吃完他俩！”他们彼此间大笑，将头挤在一处。

苏鲁支一言不发,独自走他的路。摸约走了两个钟头,走过许多深林大泽,听到许多饥饿底狼嗥,他自己也饥饿了。便停在一个有火光的独立的小屋前。

“饥饿袭着我了,”——苏鲁支说——“好像一个强盗。在深林大泽里饥饿向我袭来,在这深夜。

我的饥饿亦复乖张。时常来在饭后,今日却整天未来,他留在何处去了?”

于是苏鲁支叩着小屋的柴扉。一位老者携着灯光走了出来,问道:“谁来到这里,使我不安睡?”

“一个活人和一个死人,”苏鲁支说:“请给我一点吃的,喝的,这我在白天忘掉了。凡给饥者粮食的,他自己的灵魂也得苏息,智慧这么说的。”

老者走进去了,随即转来,给苏鲁支面包和酒。“这是对于饥饿者的一块坏地方,”他说:“因此我住在这里。禽兽和人都到我隐士这里来。但也叫你的同伴吃喝吧,他比你更疲倦。”苏鲁支答道:“我的同伴死了,很难劝他吃喝。”——“那不干我事,”老者沉着地说:“谁叩着我的门扉,必得拿去我献给他的。吃吧,祝你俩一路平安!”——

于是,苏鲁支又走了两个钟头,依星光顺着大道前进,因为他是惯于夜行者,爱看一切睡者的形容。当天色渐启微明,苏鲁支已是走到一座深林里,前面已没有了路。于是他将死者平头安置在一空树穴里——因为他想如此可以避免豺狼的侵噬——自己则睡在地面藓苔上。随即入睡,躯体很疲劳,但心灵凝然不动。

九

苏鲁支睡的很久，不但朝霞而且是杲日，在他面上过去了。最后却睁开了眼睛，惊奇地望着森林和寂静，惊怪地返观自己。于是他迅速地立了起来，好像一个突然发现了陆地的航海者，欢呼着，因为他看见了一新底真理。便向内心作如是说：

“一道光明启示我，我需要伴侣，活的，——不是死人和僵尸，由我任意搬往何处的。

却是活着的俦侣，跟随我，因为他们要跟随自己——到我要去的地方去。

一道光明对我现示了：苏鲁支将不向民众说教，却说给伴侣！苏鲁支不做牧群的牧人和走狗！

将若干从牧群里引开——我是为此来的。人群和牧群将怒我，苏鲁支对牧者们将被称为强盗。

我称之曰牧人，但他们自称曰正人君子。我称之曰牧人，但他们自称为正信的信士。

看看正人君子吧！他们最恨什么人呢？那打碎他们的价格标榜的人，破坏者，犯罪者——但那是创造者。

看看一切正信的信士吧！他们最恨什么人呢？那打碎他们的价格标榜的人，破坏者，犯罪者——但那是创造者。

创造者寻求伴侣，而不是寻求死尸，也不寻求牧群和信士。创造者寻求共同创造者，那在新标榜上写定新价值的人。

创造者寻求伴侣，共同收获者：因为于他一切皆已成熟，待收。但他缺乏百柄镰刀，因之拔起麦穗而不乐。

创造者寻求伴侣，知道磨砺其镰刀的人。人将称之曰毁灭者，善恶的蔑视者。但他们是收获者，庆贺者。

苏鲁支寻求共同创造者，苏鲁支寻求共同收获者，共同庆贺者，他能和牧群，牧者，以及死尸创造什么呢！

而你，我的第一个伴侣，祝你平安！我已稳将你藏于空树中，稳将你隔离了豺狼。

但于今我和你分离，时候已经到了。在朝霞与朝霞间，我得了一新底真理。

我将不为牧人和葬者。我将不再向民众说教，已和一死者最后说教一番。

我将与创造者，收获者，庆贺者为俦；指示他们以彩虹，及超人的一切阶梯。

向孤独底避世者我将唱我的歌曲，也向成双的避世者；有谁还愿听未曾听过的，我将以我的快乐充满他的心。

我将向我的目的前进，奔向我的前程；跳过迟回者和沾滞者。我的前进便是他们的堕落！”

十

苏鲁支和自己内心说过这番话，太阳已到正午，他疑惑地望着高空——因为他在头上听到一鸟锐声长唳。看呵！一只鹰在空中作大盘旋，系了一条长蛇，却不同于攫获品，蛇曲绕于其颈项，如同一位女友。

“这皆是我的禽畜！”苏鲁支说，心内非常欣豫。

“太阳下最骄傲的飞禽，与太阳下最聪明的动物——渠们出来探望。

渠们欲知苏鲁支尚生存否。诚然,我还活着么?

在人群中我以为比在兽群中危险,苏鲁支走着危险底路。愿我的禽畜引导我前行!”

苏鲁支说过这话,想起了深林里圣者的语言,长叹一声,向心里说:

“但愿我较聪明!但愿我根本聪明的像我的蛇一样!

但这我是求愿不可能的事,则愿我的骄矜与聪明常在一道!

倘若我的聪明一旦离弃我——呵呀!它爱离我飞去!——则愿我的骄傲犹与我的愚蠢一道飞翔!”——

——如是开始了苏鲁支的堕落。

卷之一

精神之三变

我为你们陈述精神的三种变迁：精神如何变成骆驼，骆驼如何化为狮子，狮子怎样终于变为婴孩。

坚强底负重底精神，涵藏着诚敬，则有许多严重底负担，其坚强有望于重者，至重者。

什么是重的呢？坚韧底精神这么问，则跪伏如骆驼，希望满驮于背。

最重的是什么，英雄们？坚韧底精神这么问，使我将其负载，欣幸我的坚强。

岂不是自卑，而自损其高傲？自示愚蠢，而自诎其聪明？

或者是从我们的事业离开，当其庆有成功？登高山，试探其试探者？

或者是以知识的茅草与橡栗为粮，为真理之故使灵魂饥饿？

或者是生疾病，屏绝慰安者，与聋者为友，那永远听不到你所需要者的人？

或者是自没于浊水，倘若是真理之水，而不屏斥冰凉底蛙，热底蟾蜍？

或者是爱着蔑视我们的人，向魔鬼伸手相握，倘其正要恐吓我们？

这一切艰重皆由坚韧底精神负起：如骆驼，负重向沙漠奔去，他如是奔往他的沙漠。

但在最寂寞底旷野中，发生第二种转变：精神要在此变为狮子，他要夺取自由，自为他的旷野之主。

他在此将寻其最后底主子：与之为仇，仇其最后底上帝，与大天龙争胜负。

那大天龙，精神所不再称为主子与上帝者，是什么呢？这天龙名叫“你当”。但狮子的精神说“我要”。

“你当”阻于中途，金光灿然，一鳞介动物，每一片鳞上辉煌着金色的“你当”！

千秋的价值显耀于此龙鳞，龙中最强力底龙便如是说：“一切事物的价值——在我身辉煌。”

“一切价值已经造成，而一切造成的价值——便是我。诚然，不应再有‘我要’怎样了！”天龙作如是说。

兄弟们，缘何需要精神中的狮子呢？那负重的动物，退避，诚敬，有何不足呢？

创造新价值——狮子也许还不能，但创造着新创造的自由——凭狮子的威力可以做到。

为自己创造着自由，加义务以神圣底否认，则需要狮子，兄弟们。

为自己取得新价值之权利——这于一坚韧而且诚敬底精神，成为最可怕底攘取。诚然，于他这好像劫掠，一种劫掠底猛兽的行为。

他曾以为这“你当”至神至圣,爱之:现在必在此神圣中也看到了任意与狂放,他将从其爱好中夺取自由,要夺取则必成为狮子。

但是,兄弟们,请说出婴孩又何以能狮子之所不能呢?何以猛悍底狮子必化为婴儿呢?

婴孩乃天真,遗忘,一种新兴,一种游戏,一个自转底圆轮,一发端底运动,一神圣底肯定。

是呀,兄弟们,为创造的游戏,必须神圣底肯定,精神于是需要其自我的意志,失掉世界者要复得他自己的世界。

我已指示你们精神的三种转变:精神如何变成骆驼,骆驼如何化为狮子,狮子怎样终于变为婴孩。——

苏鲁支如是说。那时他在一个城里留连,城名花牛。

道德讲座

有人告诉苏鲁支一位智者,善说睡眠与道德的理论,因此甚受旁人的尊敬与供奉,一般的少年皆坐于他的讲席前。苏鲁支也去听讲,和一班少年一同坐在那讲席前。智者便作如是说:

对睡眠尊敬,自羞!这是第一要义!避开那班失眠与夜间不睡的人!

偷儿对于睡眠犹且羞怯,他时常在夜里轻轻窃盗。但不知羞耻的是守夜者,无耻地负着他的号角。

睡眠不是小玩艺,为此应需整天醒悟。

你应该每日克制自己十番,这使人得美好底疲劳,于灵魂是鸦片。

又应该每日十番与自己妥协，克制是苦楚，不妥协者不得安睡。

又应该在白天寻出十种真理，否则你在夜间犹寻真理，则灵魂长饥。

又应该在白天笑十番，而且欣悦：否则在夜间胃肠扰害你，胃肠是困苦之端。

很少人知道这，但人应具备一切美德，为了睡的好。我将作假见证么？犯奸淫么？

我将引诱邻家的下女么，——这皆和美睡不相融调。

纵使具备了一切美德，还要懂到一事，便是道德本身在适当时辰也使之安睡。

庶几各种美德不致自相争斗，这班和顺底小妇人！皆是为了你，你这不幸底人！

与上帝及邻舍保持和平，这是安睡所需要的。也要与邻舍的魔鬼保持和平呀！否则它将在夜间来袭。

敬上，而且服从，也恭敬邪行的长上！安睡原欲这样。威权喜爱邪行，我又何能为力？

引羊群到茂草者，在我总以为是最好底牧人！这和安睡相融调。

我不欲很多光荣，也不欲若干财宝，这引起肝脏炎。但如果没有好名声和一点点财宝，则睡眠不安适。

一班少数的朋友，较之坏朋友，我更欢迎。但这几个人应恰当其时来去。这和安睡相融调。

我也喜欢精神贫弱的人，他们催起睡眠。他们有福了，尤其是只当人以为他们常是对了。

白天于有道德者这么过去。夜来，我留心不将睡眠唤到！睡眠，一切道德之主宰，是不欲被呼召的！

但我回想日间之所行与所思。反省自问，像一条牛有耐性：你的十番自制是些什么？

而且十趟妥协，十点真理，十次喜笑，使我内心欢乐者，是些什么呢？

反省这些事，摇摇于四十思想中，睡眠便一下降临于我了，这不召自来者，一切道德之主宰。

睡眠轻叩我的眼扉，这于是沉重了。睡眠轻触我的嘴唇，这于是张开了。

真的，他轻步向我移来，这偷儿中最可爱者，来窃去我的思想，我呆然站在那儿像这讲坛上的椅子。

但我也站的不久便已躺下了。——

当苏鲁支听到智者这么说教，心里觉得好笑，因为于他来了一道光。他如是向内心说：

这智者和他那四十种思想，在我真觉得是傻子。但我相信，他很懂睡眠。

居于这智者近旁的人，已是幸福了！这种睡眠是传染的，透过一层厚墙壁犹且中人。

一种魔力站在他的讲席上。少年们坐在这道德教师前，诚然不虚。

他的明智叫人清醒，为了好睡。而且真的，生命如果没有意义，而我得选择无意义之事，则这正是最值得选取者。

现在我明白了，人从前寻找道德的讲师，正是寻求什么。替自己寻找良好底睡眠，助之以罂粟花似底道德！

于这班盛称底讲席上的智者，智慧不过无梦的睡眠。渠们不知生命的更佳底意义。

便在现今犹有少数人，像这道德的教师，却不一定这么可敬，但他们的时代完结了。而且还站的不久，便已躺下了。

这班瞌睡者有福了，因为他们将随即入睡。——

苏鲁支如是说。

来生论者

苏鲁支也曾将他的幻想，幻到人类的彼面，自同于一切修来生者，在那儿我觉得世界好像是苦痛底摧伤底上帝之创造品。

在那儿我觉得世界真是一梦呵，一位上帝的诗文；神圣底不乐意者眼前的彩色底烟雾。

善与恶、乐与苦，我与你——，皆好像彩色底烟雾，在创造者的眼前，我觉其如此。创造者欲离其自我远望开去，——因之创造了世界。

这于苦痛者是醉心底欢乐，从他的痛苦远望开去，且自忘失。世界于我亦曾仿佛是醉心底欢乐与自忘自失。

这世界，永远不圆满的，一种永远底矛盾的画图，而且不完善底画图——便是其不完足底创造者的一种醉心底欢乐——我曾觉世界是这样。

如是我曾将幻想幻到人类的彼方，自同于一切来生论者。真的，人类的彼方么？

呵呀，兄弟们，我创造的这上帝，是人工，人类的妄想，和其余的天神一样！

他是一个人哩，只是贫乏底一爿人和自我，他来自我的火焰与煨尽，这鬼魂，而且真的，不是从彼方来的！

怎样了，兄弟们？我胜过了自己，我这苦痛者，我携了我自己的煨尽走入深山，生起熊熊底火焰。看呀！那鬼魂从我面前退避了。

现在于我是苦痛，病愈者的余疾，倘若还要相信这种鬼魂，现在于我这是痛苦与屈辱。我向鬼魂论者如是言说。

那是苦痛，与乏弱——造成了神鬼道，以及一瞬间的欢乐的疯狂，只有最苦痛者所能体会的。

疲倦，欲一跃达到终点，拚死一跃，一种可怜底无知的疲倦，甚至不愿再愿望的，这便造成了一切天神和后方世界。

相信我呵，兄弟们！这是肉体对于肉体绝望，——这，以被愚弄的精神的指头，摸索着尽头的墙壁。

相信我呵，兄弟们！这是肉体对于地球绝望，——这听到存在的腹肠向他告语。

他想以头透出这尽头的墙壁，而且不单是以头，——度到“那世界”去。

但“那世界”却自隐于人前，那无人的非人类底世界，便是天上的“虚无”；存在的腹肠亦不向人告语，除非是作为人。

真的，一切存在皆难于证明，难于使之言说。告诉我，兄弟们，一切事物中最神奇的，岂不是犹且最好证明了么？

是的，这自我，与自我之矛盾与纠纷，犹且最切实地述说其存在；这创造的，愿望的，评价的自我，一切事物的价值与度量。

而且这最切实底存在，自我——仍然说起肉体，愿要肉体，即使在其诗化，超然，用破裂底翼翅飞举时。

只见切实地学着言说，这自我：而且学的愈多，于肉体于地球它也愈多辞彩与光荣。

我的自我教示我一种新底骄矜，我更以之教人：不再埋头于天上的事物的沙中，却自由地昂起头来，这地球上的头颅，为土地开创意义者！

我教人以一新意志：走上那人类盲然走过的路，承认这路好，不从而溜开，像那病人和垂死者！

正是病人与垂死者，蔑视着肉体与土地，因之发明着天国与赎罪的血滴，便是这甜美而且阴郁底毒药，他们也还从肉体与土地取得！

他们欲逃开困苦，而星辰又觉遥迢。于是叹道："设若有到天上的路呵？溜入另一存在与幸福里！"——他们便发明了小诡计与血之微小饮料！

于是他们幻想脱离了肉体和土地，这班不知感激的人们。但其超脱的痉挛与狂欢应归功于谁呢？他们的肉体和这土地。

苏鲁支对于病者是和缓的。诚然，他不恼怒他们那种慰安与不感谢的态度。唯愿他们恢复着，制胜着，创造出较高华底身躯！

苏鲁支不恼怒那复原者，倘若那人温柔地凝睇其幻梦，半夜里在他的上帝的坟墓边游移，但我觉得他的眼泪中犹带着病，仍其为病底躯体。

许多有病底人，总见于作诗的求上帝的人们里；他们恨怒着开明者，及美德的最新底一种：便是诚实。

他们总回顾黑暗底往古：那时幻执和信仰自另是一回事。理智的错乱是神性，而怀疑是罪恶。

我真懂到这班近似神仙的人：他们是要人相信他们，怀疑便是罪恶。我真懂到他们自己最信仰什么。

诚然不是相信来世和赎罪的血滴，却是最信仰肉体，肉体于渠们便是事物本身。

但肉体于渠们也是一种累物，渠们诚愿脱体而去。因此渠们愿意听死之说教者，自己也说教宣传来世。

我的兄弟们，宁肯听健康肉体的话吧，这是一种较诚实较纯洁底声音。

纯洁而且健康底肉体说的较切实，那丰满而且方正底肉体：他说起土地的意义。——

苏鲁支如是说。

蔑视肉体者

我愿向看轻肉体者进一言。他们无须重新改学或改说，只须向其肉体告别——如是而沉默下去。

“我是肉体也是灵魂”——小孩这么说。人为什么不能像小孩一样这么说呢？

但觉悟者，明智者说：我完完全全是肉体，此外无有，灵魂不过是肉体上的某物的称呼。

肉体是一大理智，是一多者而只有一义，是一战斗与一和平，是一牧群与一牧者。

兄弟呵！你的一点小理智，所谓"心灵"者，也是你肉体的一种工具，你的大理智中一个工具，玩具。

你说"我"，于"我"之一字颇自负。但更重大者——虽则你不肯信——是你的肉体及其大理智，这不言我，却自行其为我。

意识所感觉的，心灵所认识的，其事本自无穷。但意识与心灵想说服你，渠们为一切事物之终极，其虚妄如此。

意识与心灵皆是工具与玩具，其后犹有自我存。自我用意识的眼睛看，用心灵的耳朵听。

自我常常倾听而且求索；比较着，强制着，劫掠着，破坏着。它统治着，也是"我"的主人。

兄弟呵，在你的思想与感情后面，有个强力的主人，一个不认识的智者——这名叫自我。它寄寓于你的躯体中，他便是你的躯体。

在你的躯体中，比在你最高的聪明里，犹多理智。谁知道，为什么你的躯体刚需要你的最高的聪明？

你的自我嘲笑你自称之我，及其高傲底僭越。"这些僭越与思想的突飞，于我是什么？"——他自语说——"达到我的目的之绕道。我便是这我的引导索，及其意气的鼓动者"。

自我向我说："在此感痛苦！"它于是便感痛苦，思索如何将痛苦免除——它正该为此思索。

自我向我说："在此感快乐！"它于是便觉快乐，思索如何使快乐常存——它正该为此思索。

我要向蔑视肉体者说一句话。其蔑视正使之得推崇。造成尊敬，不敬，价值，意志的是什么？

这创造着的自我，为自己创造尊敬与不敬，为自己造成快乐与苦恼。创造着的躯体，为自己创造了心灵，成为其意志的助手。

便在你们的愚蠢与蔑视中，肉体蔑视者呵，也是为了自我。我告诉你们：你们的自我本身，愿望死去，从生命前转开。

它已不能为它所最乐为者——超自我以外而创造。这是它最乐为的，这是它的整个热情。

但要这么于它现在已太迟了——因之你们的自我将要堕落，你们这班肉体蔑视者呵！

你们的自我将要堕落，因此你们成为肉体蔑视者！因你们已不能再超出自我以外而创造。

因此你们愤恨生命和这土地。你们的蔑视的睥睨中正深藏不自知的嫉妒。

我不走你们的道路，蔑视肉体者！我以为你们不是到超人的桥梁！——

苏鲁支如是说。

快乐与热情

兄弟呵，倘若你有一种道德，而且正是你的道德，则不与旁人共有。

自然，你将呼它的名字，和它亲昵，提提它的耳朵，同它消遣。

然而看呀！你之有它的名却与众人同，以你的道德，你已变为众人和牧群中之一了！

较好的，是你这么说：“于我的灵魂为甘为苦者，而犹于我的肠胃为饥饿者，皆不可说，而且无名。”

如你的道德于名称之亲切性犹太尊高，而你又必将其说出，则也不必羞惭于讷讷不能言说。

于是讷讷地说：“这是我的好东西，我爱它，它完全合我的意，只有我愿意有这种美德。

我不欲其为上帝的天条，也不愿其为人类的法律和需要：于我，这不需成为超世界与到天堂的指路碑。

这是一种地上的美德，我所爱的：其中很少聪明，更少一般人的理性。

但这鸟在我身边筑了巢居，因此我欢喜而且爱抚伊——现在伊在我身旁伏于其金卵之上。”

你应当这么讷讷地说，称颂你的道德。

从前你有了热情，但你以为不善。现在你只有美德：这却生于你的热情。

你在这些热情上心里树立了最高底目标，这些便化为你的美德和欣慰。

无论你出自暴烈底种姓，或生为放浪底气质，或与迷信者同流，或与好寻仇者一族：

到终极，你的一切热情化为美德，你的一切魔鬼皆为天使。

从前你在地窖里蓄着猛犬：但终于皆化为好鸟与可爱的歌女。

你从你的毒液提炼香膏：取母牛——困苦——之乳，——但于今饮着甜美底乳汁。

从此你不再兴恶毒了，犹有，或生于各种道德的交争。

兄弟呵，你如幸运，将只有一种德行，没有其他：这么将轻便的走过那桥梁。

具备多种道德是优异的，但也是苦难底命运，许多人走向荒野自杀，因为他们倦于道德的内战，为其战场。

兄弟呵，战争与杀戮是罪恶么，但这罪恶是需要的。需要的是嫉妒，猜疑，各种道德互相攻讦。

看呵，怎样你的每种道德贪求最高底地位，它要整个心灵为它的使者，它要你在愤怒，憎恨，和爱中的全部力量。

每种道德对于另一道德是嫉妒的。嫉妒真是可怕的事。一切道德也可因嫉妒而败坏。

若有人为嫉妒的火焰所包围，终于将和蝎子一样，用这毒螫螫己。

兄弟呵！你从来没有看过一种道德的自毁与自刺么？

人是一件必须超过的东西，因此你将爱你的道德——因此你将被他们毁坏。——

苏鲁支如是说。

惨色的罪人

法官和献祭者呵，倘若那动物没有低头，你们还不愿杀戮它么？看呵，那容颜惨白的犯人已低下头了：从他的眼里仿佛说出了最大底讥嘲。

“我的我是一样必须加以克制的东西，我觉得这我是人类的大侮蔑。”——这眼里仿佛如是说。

当其自加裁判，是他的至上底刹那：别让这伟大者重降落于其卑贱里！

于这种苦于自我者没有其他的解救，除了疾速死亡。

你们的杀戮，裁判官呵！应该是同情而不是报复。当你们杀戮，看你们自己对生命有平章！

和你们将杀戮的人相和好，是不够的。化你们的大悲为对超人的爱吧：则平准了你们之犹生！

“仇敌”，你将说，但莫说“痞徒”；“病人”，你将说，但别称“败类”；“傻子”，你将说，但不可呼为“罪人”。

而且你呀，发赤底法官，但若你高声说出你在思想中做的一切事，那么凡人皆会高呼：“除开这秽物，这毒虫！”

但思想是一事，行为是一事，行为的意象又是一事。因果律的轮子不在其间转旋。

一种意象使这惨淡的人面容苍白。犯罪之时，他与行为一样激昂：但犯罪之时，他不承担那意象。

从此他自视为某一罪恶的罪犯。我说这是疯狂，在他，是例外倒转为故常。

正如一道白线可以使母鸡呆立，他挥动着的一击便束住了他的薄弱底理性——我称之曰犯罪后的疯狂。

听呵，裁判官！还有一种疯狂，是在犯罪之前的。我觉得你们未尝深深探入这种灵魂以内！

发赤的裁判官这么说：“这犯人为什么杀戮呢？他想抢劫的。”

但我告诉你们。他的灵魂需要流血，不需要抢劫，他渴望运用刀剑的欣愉！

但他的薄弱底理性不了解这种疯狂，便劝他说："流血有何关系！你岂不能至少抢劫一下吗？或者复仇？"

他于是听从他的薄弱底理性。这话是铅似地压着他，——杀戮时，他便抢劫着。他不欲自羞于疯狂。

于是他的罪恶更铅似的压着他，他的薄弱底理性更是如此麻痹，乏弱，沉重。

只要他能摇动着头呵，他便能使这重压滚下：但谁来摇动这头呢？

这人是什么？是一丛疾病，经过精神出袭世间，在这儿它要有所劫获。

这人是什么？是一聚毒蛇，彼此无一刻安宁，——便彼此分开，图在世间有所劫掠。

看那可怜底人呵！他所苦恼的所贪求的，向这些可怜的灵魂便这么提示——提示为杀戮的兴致，与渴望运用刀剑的欣愉。

现在谁病了，现在是恶的恶便降临他：他将以使他痛苦者，更以施诸旁人。但从前有过不同底时代，不同底善恶的。

从前怀疑是罪恶，为自己的愿望也是的。那时病人被目为外道与邪魔，病人便如外道与邪魔而受痛苦，也欲痛苦着旁人。

但这话不入耳哩：这于你们的这班善人不好的，你们向我说。但你们的这班善人于我何有！

你们的善人有许多地方使我憎恶，诚然不是你们的过恶。我真愿渠们疯狂，因之像这种惨色的罪人一样毁灭！

真的，我愿望你们的疯狂便叫真理，或诚实，或公道。但渠们自有其道德，居于可哀底自足里，求生命延长。

我是急流边的栏干，抓住我吧，有能抓住我的人！但我不是你们的拐杖。——

苏鲁支如是说。

读与写

凡一切已经写下的，我只爱其人用其血写下的。用血写：然后你将体会到，血便是精义。

要懂到旁人的血是不容易的：我憎恨好读书的书呆。

有谁认识读者的，他将不再为读者尽力。还有一世纪读者，则精神本身也将臭腐。

任何人也可学读书，这久而久之，不但毁坏了著作，也损伤着思想。

在从前精神便是上帝，于是化为人，在现在是变了下流。

谁写着心血，写着格言，是不要人读过便完，却是要人背诵的。

在山谷间，从这一峰到那一峰是最近底路，但你必须有长腿方能跨越。格言便如峰头，其所诉与的人，应该伟大、高岸。

高空的空气是纯洁而且稀薄，危险迫人，精神里充满着欢喜底恶念：这一切皆彼此相安。

我欲召山灵来我身旁，因为我甚勇往。勇气祛除着鬼怪，又创造出山灵，——勇气自将大笑。

我已不和你们同感，我看这下方的云，笑其浓黑与沉重——刚刚这是你们的雨云。

你们望着上方，倘若你们希望高超。但我向下看，因为我已在高处。

你们中间谁能大笑而又超然？

谁攀登最高峰上，将嘲笑一切悲剧，与悲哀的严肃。

有勇气，不关心，开玩笑，逞豪强——智慧希望我们如是：智慧是一个女郎，始终只爱一个战士。

你们和我说："人生真是难于负担。"但为何午前趾高气扬，午后又谦恭退让？

人生是难于负担的：但这么遇我不太温柔！我们皆是美丽底负重的牝或牡驴子。

我们与玫瑰花苞有何共同之处，那颤动底，因身载着一滴露珠的娇花？

诚然：我们爱此生，不因惯于此生，却因习于爱。

爱中往往有些痴狂，但痴狂往往有些理性。

而且于我这善爱此生者，好像蝴蝶，肥皂泡，及此一类的人物，最懂到人生之乐趣。

看到这班轻佻底，愚痴底，精雅底，活动底小灵魂飘浮来去——这感动苏鲁支堕泪而且唱歌。

我将只信仰一位懂到跳舞的天神。

当我看到我的魔鬼，看他很严肃，深沉，庄重，虔敬，他便是重压的精魂——因他，一切事物下落。

不以愤怒杀人，却以嘲笑。起来吧，让我们笑杀这重压的精魂！

我学了走路,从此便让自己奔跑。我学了飞,从此不需推动也将高举。

现在我轻了,现在我飞,现在我见自我在我之下,现在有一天神以我而舞翔。——

苏鲁支如是说。

山　　树

苏鲁支看见一个少年,从他眼前闪避。当他有天傍晚,在环着这花牛镇的山林里闲行,看呀,在路上正遇着这少年靠着一棵树坐了,颓然地望着深谷。苏鲁支握住了这少年依倚的树,如是说:

"倘若我要用我的手摇动这树,便不可能。

但我们所不能见的风,可以随意摇撼它,屈曲它,任意到那一方面。最坏的是我们被不可见的手所摇撼,屈曲。"

那少年慌忙站了起来,说:"这是苏鲁支的话,我方才正在想他。"苏鲁支便回答说:

"你为何因此吃惊呢?——但对于人是像于树木一样。

他愈想斗进到高处和光明里,他的根柢愈往下往土里挣扎,到黑暗里,深处——到恶里。"

"是呀!到恶里!"少年喊着说:"怎么你能够发现我的灵魂呢?"

苏鲁支笑着道:"有许多灵魂旁人永远不会发现的,除非先替他发明出来。"

"是呀!到恶里!"少年重复说。

“你说着真理呵，苏鲁支，自从我欲到高处，我已不相信自己了，也没有人再信我，——这是怎的呢？

我自己改变的太快，我的今天反对昨天。我时常跨越了阶级，当我往上行——因此没有一阶级将我原谅。

而在高处呢，只发觉我孤单一人。没有人和我谈话，寂寞的冰霜使我战栗。我欲在高处如何呢？

我的蔑视与遥想共生。我上升愈高，则愈蔑视上来者。他将在高处如何呢？

我多么羞于上登和颠踬！多么唾弃我的强烈气喘！多么憎恨着飞翔者！多么在高处已疲劳！”

少年说到这里，沉默了。苏鲁支细看他们靠近的那棵树，如是说：

“这棵树孤寂的生在这山间，它长得高过了人和兽。

倘若它愿意有所言说呢，必不要有人能够了解它，它已这么高入云霄。

现在它等待着等待着了，——等待什么呢？它居于云窟的近旁，也许等待着第一道电光？”

苏鲁支说过这话，少年狰狞地叫着：“是呀，苏鲁支，你说出了真理，当我居于这高处，我盼望我的堕落，而你，便是我等待的第一道电光！看呀，你在我们中间出现后，我还算什么呢？这是对于你的嫉妒，毁坏了我！”——少年如是说，痛哭起来。但苏鲁支用手臂挽了他，引了他走。

他们同走了一会儿后，苏鲁支便开始说：

这使我心伤。比你的言辞还说的好的，是你的眼睛告诉了我一切你的危险。

你还不自由；你还在寻找自由。寻找使你彻夜不眠，且过度的醒悟。

你想升于自由底高空，你的灵魂渴欲星辰。但你的邪念也渴欲自由。

你的猛犬也欲被放到外间；它们在地窖里欢然狂吠，当你的精神谋欲开放一切牢监。

但我觉得你犹是企图获得自由的囚犯，呵呀，这类囚人的灵魂变得聪明，但也奸巧，谲诳。

精神已自由者还应该洗刷自己。内中还留有许多禁忌与朽腐：他的眼睛应该澄碧。

是呀，我知道你的危险。但凭了我的友爱与希望，我誓愿你不要抛开你的爱情与希望！

你自己还觉尊贵，旁人也还觉你尊贵，纵令其恼你，送上恶意的眼光。要知道：任何人的路中有一个尊贵者阻障。

便是好人们的路上，也有一个尊贵者阻拦，纵令他们称之为好人，也还是想以此将其推到一旁。

新的，尊贵者想创造，也创造新道德。旧的，好人们想保守，长存旧底典则。

但尊贵者的危险不在于化为平庸底好人，却是变为刁顽者，讥嘲者，毁灭者。

呵呀，我知道失掉最高希望的尊贵者。从此他贬斥一切高尚底希望。

从此他刁钻地生活于短促底欢乐中，几乎不树立目标于一日之外。

“精神也即是欢乐”——他们这么说。他的精神便羽摧翼折：从此便满地匍匐，咬啮的到处狼藉。

从前他企想做英雄，现在成为浪子。英雄于他遂成为懊恼与怖苦。

但凭了我的友爱与希望我与你誓愿：在灵魂里不要抛却英雄好汉！神圣地保存你最高底希望！

苏鲁支如是说。

死的说教者

有死的说教者：在地上是充斥着应劝其从生活上退转的人们。

地上充斥的是多余的人，生命便因这班过多者而毁败。唯愿人用“永生”的道理，将其从这人世引诱开！

人称“死的说教者”为“黄色”，或者“黑色”。但我将他们还在旁的颜色中显示给你们看。

有内藏猛兽的可怕者，除淫乐或自加撕裂外，没有其他的选择。便是他们的快乐也是将自己弄的四分五裂。

他们还没有进化为人，这班暴虐者，唯愿其宣传从生命里离开，自己也随之而去！

也有灵魂的劳瘵者，他们还未完全出生，便已开始死灭，盼望劳生与厌世教理。

他们欢喜死灭，我们也该嘉许他们的愿望！留心呵，不要唤醒这班死者，损坏了这些活的棺材！

他们遇着了病人，或老者，或死尸，便立刻说：“生命的虚伪给揭穿了！”

但只有他们遭了这反对，和他们只看到生存的一面的眼睛受了欺骗。

自隐于深沉底忧伤里，急切地期待小变故所以致死：他们等待着，咬牙切齿。

或则是，攫取着糖果，而自笑其幼稚，或以生命悬于草茎，自笑其飘摇于草上了。

他们的智慧说：“仍然生活的真是蠢才，但我们也皆极是这种蠢才！这真是生命中最蠢的事！”——

“人生只是苦恼”——旁人这么说，也未尝说谎：然则准备使渠们不复如此吧！设法使只是苦恼的生命顿断！

然则你们的道德箴言应该这样：“你应该杀掉自己！你应从自己逃开！”——

“肉欲是罪恶——某一死之说教者这么宣传——，让我们离开，不生小孩！”

“生育是苦事——另一人说——还生育则所为何事？生出的只是不幸者！”这班人也是死之说教者。

“同情是需要的——第三者说。拿去我所有的吧！持我去吧！则生命于我更少拘束！”

倘若他们是彻底的同情者，则他们将使旁人厌倦生命。——为恶，那才是他们的正理。

但他们想从生命里逃开，哪管用了系链与赠品更将旁人紧束！——

便是你们，生活无非苦工和扰攘：你们岂不已倦于此生么？岂不已经足够成熟，能领会死的说教么？

喜欢劳苦工作的你们，与紧急，新鲜，陌生底事相谐适——你们是与自己为难，你们的勤劳是咒诅，和求所以自忘的意志。

倘若你们多多相信人生，将较少只投身于目前的顷刻。但你们缺乏度量自为期待——甚至也难为隋怠！

到处涌起死之说教者的呼声，地上也充满了应该教以死之教义的人们。

或者说“永生”，这于我也一样，——只若其速离去这人间！——

苏鲁支如是说。

战争与战士

不欲为我们最好底敌人所轻弃，也不欲为我们根本最爱好的人所怜惜。如是，请让我向你们说出真理！

战争里的兄弟们！我深深爱你们，我是而且曾经是你们的同辈。而且也是你们的好对手。如是，请让我向你们说出真理！

我懂到关于你们内心的憎恨和嫉妒。说不懂到憎恨和嫉妒吧，你们不能是这么大量。但至少应该这么大量呵，有之而不生羞愧！

倘若你们不能成为智识上的哲人，但至少也请成为智识的战士吧。战士皆是这圣哲道的先驱与俦侣。

我看到许多士兵，真愿见许多猛士呵！他们穿的是“军装”，唯愿其以此隐蔽的，不是服装似的一律！

我愿意你们是那一种人，其眼光老是寻索仇敌——你们的仇敌。你们中间有少数人，一眼便生嫉恶。

你们应该寻索仇雠，应当战争，为了你们的思想！倘若你们的思想战败，则你们的忠实犹当高呼胜利！

你们当爱和平，以之为新战争的工具。爱短期的和平过于长期的。

我不劝你们工作，却劝你们战斗。不劝你们保持和平，却劝你们争取胜利。你们的工作该是战争，你们的和平该是胜利！

人只能沉默，静坐，倘若有弓有矢：否则将胡说，争闹了。你们的和平该是胜利！

你们说，甚至以战争为神圣，是好事么？我告诉你：使凡事神圣化的，是好底战斗。

战斗和勇猛，较之兼爱创造过更多的伟大事业。不是你们的同情，却是你们的勇往，至今救了不幸的难人。

“什么是好？”你们问。勇猛便是好。让小女子说：“是好，便是美丽，又动人地可爱。”

人说你们无良心，但你们的心真实，我爱你们于衷心之羞涩。你们羞于你们的波浪之前涌，他人羞于他们的潮水之退落。

你们是很丑恶么？那么又怎样，兄弟们！取崇高归之于己，这是丑恶者的衣服！

当你们的灵魂盛大起来，它将勇猛轻率，在你们的崇高中便见邪恶。我认识你们的。

在邪恶中过勇者与过怯者相遇。但他们彼此误会。我认识你们的。

你们只当有可憎恨的仇雠，不当有只可蔑视的怨敌。你们应当为仇者骄傲，因为你们的仇敌的成功也是你们自己的成绩。

反叛——这是奴隶的优异。你们的优异是服从！你们的出令便该是受命！

于一个好战士一声“你当”美过“我要”。而且你所亲善的一切，首先得使其将你命令。

你们对于生命的爱，该是对于你们的最高底希望的爱：你们的最高希望，便是生命的最高思想！

你们的最高思想便应由我命令——命令是：人是一样应当超过的东西！

这么你们的生命便安于服从和战斗里！长寿有何关系！谁个战斗者愿意被人轻弃！

我不轻轻放过你们，根本爱好你们，我的战争里的兄弟！——

苏鲁支如是说。

新底偶像

某处还有民族和人群，但不在我们这里，兄弟们，在这儿只有国家。

国家么？那是什么呢？好吧！现在请张着耳朵听，现在我向你们说起关于各民族的灭亡的话。

国家便是一切冷酷底魔鬼中的最冷酷者。它冷酷地说谎；这谎话从它的嘴里流露出来：“我，国家，便是民族。”

这是说诳呵！是创造者创出了民族，标之以信仰和敬爱：他们这么服役于生命。

然而是破坏者，为多数人设陷阱，名之曰国家，在上面悬了一柄利剑和百种欲望。

凡有民族之处，则不知有国家，恨之如恨恶眼，憎之如憎习惯和法律上的罪恶。

我给你们这种教示，每一民族自说其关于善恶的语言，为邻族人所不懂的。它的语言自寓于习惯和法律里。

但国家用一切善与恶的语言说诳，凡其所说，皆是说诳——凡其所有，也皆是偷来的。

在它一切皆是虚伪！这咬啮者用偷来的牙齿咬啮。便是它的胃肠也皆虚伪。

善恶语言的错乱，我给你们这标志为国家的标志。诚然，这标志象征求死灭的意志！诚然，这向死的说教者挥扬！

过多的人民已经产生，国家是为过多余者而设！

看吧，它怎样引诱这班多余者，归向自己！它如何吞了他们下肚，咀嚼，而又反刍地咀嚼！

"在地上没有比我更伟大的，我便是上帝的发号施令的手指。"——这怪物如是咆哮。于是不但长耳者，短视者，皆跪伏于地！

呵呀，也于你们，伟大底灵魂们，它吹嘘着黑暗底谎言！它猜透那乐于奢费的雄心！

是呀，它也猜透着你们，你们这班征服古代的上帝者！你们因战斗而疲劳了，今兹疲劳犹祀奉新底偶像！

它愿意立起英雄和光荣者，这新偶像！它欢喜曝于良心的日光里，——这冷酷底怪物！

它将给你们一切，倘若你们崇拜它，这新偶像，如是它收买你们的美德的光荣，和你们的骄傲底眼光的顾盼。

它将引诱你们这班过多者！是呀，那里安排了地狱的机巧，死神的飞马，铿锵于天神底荣耀的羁勒！

是呀，那儿安排了许多人的死所，又自当作生命颂扬，真的呀！对于一切死的说教者忠心的服役！

我称之曰国家，便是一切饮毒药者之所聚，好人和坏人：国家，一切人皆忘其所以，好人和坏人：国家，一切人慢性底自杀，——便叫"生活"。

看这班多余的人吧！他们偷去发明者的工作和智慧者的宝藏：他们称他们的赃物曰教育——于是于他们一切皆成为疾病与烦难！

看这班多余底人吧！他们时常是病了，呕吐出肝胆，称之曰报纸。他们彼此吞噬，而未尝能消化。

看这班多余底人吧！获得了财富，遂更成了贫穷。贪得权势，和起初撬动权势的铁棍，许多金钱，——这班乏人！

看他们攀缘吧，这班矫捷底猿猴！他们互相践踏而上，遂扭斗于泥泞与深渊里。

他们皆要跳上宝座，这是他们的狂想——仿佛幸福便在宝座上！时常泥泞居于宝座上——也时常宝座居于泥泞上。

我觉得他们皆是狂人，攀缘的猿猴，过度的热衷者。他们的偶像发生恶臭，那冷酷底怪物，他们一道儿腐臭不堪，这班偶像崇拜者。

我的兄弟们，你们便要在他们的口气和贪婪的焚雾中窒塞吗？宁肯捣碎窗扉，跳到空地里！

避开这种恶臭！离开这班多余者的偶像崇拜！

避开这种恶臭！离开这以人为祭的薰蒸！

大地仍有待于伟大底灵魂。许多座位还为着孤独者和同心侣空着，静谧底海气在其旁轻吹。

自由底生命仍有待于伟大底灵魂。诚然，占有少。更少被占有：清贫真可钦佩！

那儿，国家已经终止，那儿开始有不算多余者，然后必不可少者的歌方才唱起，一趟的，不移不易的谐美。

那儿，凡国家终尽之处，——望去呵，我的兄弟们！不看见虹霓和超人的桥梁么？——

苏鲁支如是说。

市场上的苍蝇

逃吧，我友，逃到你的寂寞里！我看你为大人物的呼声震聋了耳，又为小人物的刺刺坏了身体。

树林和山石，知道诚敬地向你沉默。更学那你所爱的树吧，那枝叶远伸的茂树，沉默地，倾听着荫于水上。

凡寂静终止之处，那里展开了市场；凡市场开展之处，便开始有大演剧者的呼叫，与毒苍蝇的嘤嘤。

在世界上是最好底事物也无所用，倘若没有一个人将其引献。

民众称这种引献者为伟人。

民众很少知道伟大的意义，那便是创造者。但民众对于一切伟大事物的引献者和演剧者，甚有兴趣。

世界环着新价值的发明者转移，不可见地潜转。民众和荣誉是环着演剧者旋转，这么便是世界的进展。

演剧者亦有智慧，但缺乏智慧的良知。他始终只相信极使他相信者——使人相信他自己者！

明天他将有一种新底信仰，后天将更有一种新的。他有敏锐底感官，同普通人一样，和转变的气质。

颠倒——在他便叫：证明。使人糊涂——在他便叫：使人信服。血，于他是一切理由中最佳底理由。

一种真理，如只入深微底耳官，他便以为是谎骗，乌有。诚然，他只相信天神，那在世间大发声响的！

市场上是充满了堂堂底丑角——民众便颂扬他们的伟大人物，以为这皆是时下的高贤。

但是时间压迫他们，他们转而压迫你。从你他们只愿得一字"是"或"非"。苦呵！你将往"顺"与"逆"之间安置你的座椅？

观于这班绝对者与压迫者，你可无嫉妒吧，你这真理爱好者！从来未曾有真理自附于绝对者之手。

观于这班突变者，你该退同到你的安隐处去吧，只是在市场上人为"是或非"所袭。

一切在深渊的经验是渐渐的，它们应该等待甚久，直到觉出什么落入了它们的深处。

市场和名誉的彼面，方有一切伟大事业。市场和名誉的彼面，从来是居着新价值的发明者。

逃吧，我友，逃到你的寂寞里：我看你已为毒蝇所刺伤。逃到那儿去吧，那粗暴底强烈底空气流动的地方！

逃到你的寂寞里吧！你和微小者可怜者太接近了。遁离渠们不可见的报复！渠们于你除报仇外，无他。

不必更抬起手攻打之呵！渠们是无数的，而且也不是你的运道，成为一个蝇拂。

微小者与可怜者真是无数呵！许多雄壮底建筑，也因雨滴和野草而颓毁。

你不是石头，却已将为多少雨滴滴空。你还要被更多雨滴滴破，摧裂。

我看你因毒蝇而疲惫，我看你流血如百孔千疮；而你的骄矜未尝一次着恼。

渠们是天真地要吸血，贪吸血，这班无血的灵魂——因此毫不知罪的刺，吸。

但你这深沉者，小创伤你也痛苦的深沉，你还没有将你治好之前，同样底毒虫已爬上你的手。

但我觉得你太雄豪，不杀这班小咬啮者。但留心吧，挟带这一切毒液的不平，不变成你的厄运！

渠们用颂赞嗡嗡地迫近你身，渠们的颂赞便是逼迫。渠们欲近你的皮肤和血。

渠们谄媚你如谄媚鬼神，也如向鬼神向你啜泣。这怎样呢！无他，谄媚者与泣诉者而已。

也时常渠们仿佛蔼然可观。但那常是懦弱者的用心。是呀，懦弱者是聪明的！

渠们时常以其狭小底灵魂忖度你——渠们于你总觉可疑！凡最经忖度的，也便可疑了。

渠们惩罚你是为了你的一切美德。他们深衷原谅你——只原谅你的过失。

因为你温和而且正直，你便说："微小底生存不是渠们的罪。"但渠们的狭小底灵魂这么想："一切伟大底生存皆是罪恶。"

纵令你对于渠们温和，渠们犹觉被你藐视了，报复你的惠爱以阴谋底苦难。

你的无言底矜严，总违反了渠们的口味；渠们方乐了，倘若你谦卑到一无所谓。

凡我辈认识某人之处，也即激怒之之处。然则提防这些小人物吧！

在你面前渠们自觉渺小，渠们的卑劣在不可见的报复中向你闪烁，燃烧。

你没有察觉吗，当你走近渠们，渠们如何时常沉默了，力量从渠们消去，如火灭的余烟？

是呀，我友，你是旁人的恶心，因其配你不上。因此便憎恨你，愿望吸你的血。

你的邻人永远是毒苍蝇；而你之伟大——将使渠们变得更毒，也永远更成其为苍蝇。

逃吧，我友，逃到你的寂寞里，逃到那儿去吧，那流动粗暴底强烈底空气的地方！成为一个蝇拂，不是你的运道。——

苏鲁支如是说。

贞　　洁

我爱山林。在城市里住是不好的，那里大多纵欲败度的人们。

落到一个好杀者的手里，岂不胜于落入好色的妇人的梦里么？

只看这一班人呵！他们的眼睛仿佛说出这话——他们不知世间有更好的事，除了与女人同卧。

他们灵魂深处只有泥泞，然则苦呵，设若其泥泞竟犹有灵明之处！

至少如兽类样而成为完满吧！但为兽类也需要天真。

我劝你们灭却情欲么？我劝你们保情欲的天真。

我劝你们守贞洁么？贞洁于少数人是一种美德，但于大多数人几乎是一种累赘。

这班人是真能自持的，但母狗似的兽欲从他们一切作为里，嫉妒地外看，乃其所为。

上穷他们的美德最高峰，下至冷冰底精神里，这匹兽跟随了他们，而且不满。

那兽欲母狗多么柔顺地求乞一爿精神，倘若未曾给以片肉。

你们爱好悲剧和一切使人心碎的艺术么？但我疑惑你们的母狗。

我觉得你们的眼光太残忍，欣赏地看着苦痛者。岂不是你们的兽欲之矫饰，自称为同情么？

我给你们这么解譬，不乏要驱走其魔鬼的人，却自己走入猪群里去了。

觉得贞洁难守的人，不应力使其贞洁，以免其成为到地狱的路——便是到灵魂的泥泞与邪欲。

我是说起污秽底事物么？于我这还不是最坏底事情呢！

不是因真理之污秽却是以其浅，使明察者不欲入你们的水。

诚然，有根本很贞洁者，他们中心温和，比你们爱笑，而且笑的更充足。

他们也笑着贞洁，而且问："贞洁是什么！"

"贞洁岂不是愚蠢么？但这愚蠢是向我们来，并非我们向之去。

因此我们奉献这佳客以安居与欢心，这便在我们中间住下了，——便任其随意居住多久！"

苏鲁支如是说。

朋　友

"一人在我身边总是多余的"——隐士这么想。"时常有此一人——久之成二人了！"

我和我只是殷勤地交谈，但若没有一个朋友，这怎能支持下去呢？

朋友于隐者总是第三人，这第三者如同软木，使其自言自语不致沉于深渊。

呵呀！于一切隐者有许多可沉沦的深渊。因此他们渴望一个朋友，和他的高处。

我们对于旁人的信仰，揭示了我们只对自己信仰的欲望。我们对朋友的怀想，便是这揭发者。

人时常想以爱越过嫉妒。时常加人以攻击，造出敌人，以掩盖自己可以被攻击。

“至少成为我的仇敌吧！”——真实底尊敬如此说，那不敢轻求友情的。

倘若要有朋友，则也必为朋友斗争：要斗争，也必有成为仇敌的能耐。

于朋友也应尊敬其为仇雠。你能走近朋友的身旁，而不凌轹乎他之上么？

于朋友应存其为强敌。倘若你反对他，应该使此心和他切切相关。

你想在你的朋友面前没有掩饰么？给他以自己是怎样便怎样的形象算是尊敬么？但他因此希望你到魔鬼那里去！

谁于自己没有掩饰便使人震怒，你们这么甚有恐惧坦白的原由！是呀，设若你们是天神，然后可自羞于遮蔽！

你于朋友之前装饰唯恐不够美：因你于他应该是一支飞箭，和对于超人的一种怀想。

你曾看见你朋友的睡态么——以便认识他的真相？你朋友平时的形象怎样？这便是你本人的面目，照在一面粗糙而且残缺底镜子上。

你曾看见你朋友的睡态么？岂不吃惊吗？你的朋友原来是这个模样？朋友呵，人原来是一样应该超过的东西。

在猜想和沉默里，朋友该是师尊：你不应想看到一切。你的梦将偷告你，朋友醒时之所作！

你的同情该是一种猜想，首先得知道你的朋友是否愿得同情。也许他是爱你的凝定底眼光，和永久的顾盼。

你对朋友的同情是藏于一种坚壳下，你将因此咬碎一颗牙齿。然后方能觉其甜美。

你于朋友是新鲜空气，寂寞，面包，与药石么？许多人不能解放自己的锁链，但于朋友却是解放者。

你是个奴隶么？你将不能是朋友。你是暴君么？你将没有朋友。

久已夫，奴隶和暴君藏于女人中。因此女人不配有友情，女人只知道恋爱。

在女人的爱情中，便有对于凡其不爱者之无理与盲目。便是在女人的自知的爱情中，也仍然永远有光明以外的突变，雷电，和黑夜。

女人够不上讲友情，女子们仍然是猫儿，飞鸟。或者，最好的，是母牛。

女人仍然是不能有友情。但告诉我，男子们，你们中间谁够得上有友情呢？

讲到你们的贫乏呵，男子们，以及灵魂的贪鄙！你们给与朋友多少，我也愿给仇敌多少，也不因此而贫乏。

有同志之谊，唯愿也有朋友之情！——

苏鲁支如是说。

一千零一个目的

苏鲁支看过许多国土，各种民族，因此他发现了各民族的善与恶。苏鲁支感觉世界上的力量,没有比善与恶的力量更大的。

没有任何民族能够生存,倘若这民族不先估定价值,这民族如要保存本体,则其估价不敢和邻族一样。

许多这一民族以为善者,在另一民族中却以为是可笑与可鄙,我这样感觉。又看到许多凡这里以为恶的,在另一地却加以紫金色的荣光。

邻族从来不能互相了解:其灵魂时常惊怪,这邻人是鄙恶抑是疯狂。

一张至善之标榜张于每一民族上。看呵,这是它的优胜记功榜;看呵,这是它的于权力之意志的呼喊。

艰难者,它以为可称;不可免而又艰难者,它以为甚善;至若从最深底苦痛里犹能脱出,稀有者,且至难者——则将称之为至圣了。

凡使其统治,胜利,而且光荣,使邻族为之忧恼,妒羡者,于它为至高,无上,为典则,与一切事物之意义。

诚然,我的兄弟,你如首先识得一个民族的困苦,土地,上天,及其邻族。你便可以猜透这民族的克制的法则,及为什么踏上了这梯子以达到其希望的缘故。

"你永远应该为第一人,凌驾乎旁人以上,你的嫉妒底灵魂不当爱旁人,除了你的朋友。"——这使一古希腊人的心灵震荡:因此走上了他的伟大之路。

"说真话,精妙地张弓发箭",——这于我的名所自来的民族,仿佛甚艰难而又可喜爱。——这名称,于我也好像甚艰难而又可喜爱的。

“孝敬父亲和母亲，顺从他们的意志直到灵魂的根柢。”——这克制的标榜悬于另一民族之上，它因此强盛而且久长。

“为忠实，为了忠实的缘故，使名誉和血肉也放在邪恶与危险底事上。”——另一民族以此为教，胜过自己，因此教制，遂孕育了重载了伟大底希望。

诚然，人类给予自己以一切善者，恶者。诚然，这不是自他处取来，不是寻找了出来，更不是天上的声音下降。

人民之推许价值，是为了保存自己——始创事物之意义，一种于人类的意义！因此他自称曰“人”，那便是：估定价值者。

估价便是创造，听呀，你们这班创造者！估价本身，便是一切估定了价值之事物的珍品与宝藏。

有估定然后有价值：没有估定，存在的果实空虚。听着呀，创造者！

价值的变更，——这是创造者改变了。要时常毁灭的，倘若谁要成为创造者。

创造者先是各民族，后起是个人；诚然，个人本身，不过是最新近底创造。

人民曾经挂起善者的标榜。愿意统治的爱，愿意服从的爱，共同定出了这种标榜。

对群众的兴趣较于自我的兴趣古老，如良心为群众，则恶心为自我。

诚然，狡狯底自我，无爱的，求自己的利益于大众的利益中的：这不是群众的起源，却是群众的末路。

这时常是由于大爱者与创造者，创造出善与恶。大爱的火焰，与愤怒的火焰、燃烧于一切道德之名。

苏鲁支看过许多国土，各种民族，他感觉世界上没有比大爱者的工作还伟大的权力："善"与"恶"便是其名。

诚然，这褒贬的势力真是一个魔王。请说，兄弟们，谁给我将其制服？请说谁对此兽加一根锁链到那千条颈项上？

至今有过千种目标，因曾有千种民族。但千条颈上的锁链还没有，还缺乏一个目的。人类至今还没有目的。

但请告诉我吧，兄弟们：倘若人类还没有目的，岂不是也没有——渠们自己？

苏鲁支如是说。

爱 邻 人

你们聚集于邻人周围，而且于此还有甚好的称谓。但我告诉你们：你们之爱邻人，是不好的对自己的爱。

你们从自己逃开，逃往邻人，且甚欲于此作出一种美德，但我看透了你们的"无我"。

"你"比"我"古老，"你"已神化了，而"我"还没有，因此人往聚于其邻人周围。

我劝你们爱邻人吗？我宁肯奉劝你们避邻人而爱最远者！

高于爱邻人，是爱远者与来者；我还以为高于爱人类的，是爱事物与魔鬼。

这在你面前奔来的魔鬼，兄弟呵，他比你美好。你为何不给他以你的肉与骨？但你怖畏，跑到你邻人那里。

你们忍受不了自己，爱自己也不足：因此你将邻人引诱入爱里，用他的错误作自己的装金。

我希望你们也忍受不了种种旁人及其邻人，因此必须将自己造成你的朋友和他的盈溢底心。

倘若你要说起自己的好处，便请来一个证人；倘若你引诱了邻人以为你好，你便也自以为好。

不但是违背自己的知识而说话的人是在撒谎，却正是这违背自己的无知而说话的人是说谎。你们在交际中这么述说自己，以自己向邻人撒谎。

俳优这么说："和人交接是损坏德行的，尤其是倘若自己原来缺德。"

这人走往旁人，因为寻求自己，那人走住旁人，为了欲以之自忘。你们对自己的不好的爱，将孤独造成了你的监狱。

是较远者付了你们爱邻人的代价；倘若你们有五人在一块，时常第六人必须死掉。

我也不爱你们的节庆，我觉得那儿唱戏的人太多，而且观众也往往装出做戏的模样。

我不教你们以邻人，却教你们以朋友。朋友是你们的土地的庆节，超人的预感。

我教你们以朋友，及其盈溢底内心。但人应该自知，作为一块海绵，倘若愿为盈溢底他心所爱。

我教你们以朋友，其中有世界完满地屹立，一容器的善，——那创造着的朋友，那时常有一美满底世界赠人的。

正如世界为他转动展开，也为他如环地收拢，一如善由恶转生，也如目的由偶然中成长。

将来与至远者该是你的今日之由来：在你的朋友中，你应将超人当你的原由一般爱。

我的兄弟们，我不劝你们爱邻人，我奉劝你们爱最远者。——苏鲁支如是说。

创造者的路

我的兄弟呵，你将走到寂寞里去吗？将寻找到自己的路么？请稍与迟回，听我说。

“凡寻找的，容易走失。凡寂寞皆是罪过。”——群众如此说。而你是久已属于群众的。

群众的声音将仍然在你心中长响。而倘若你要说：“我已不与你们同心”，则这将成为哀怨和痛苦。

看呵，这痛苦本身也还是生于此一心，而此心的余光，犹辉煌于你的苦楚上。

但你仍要走苦楚的路，那到你自己的路么？请示我以你的主权和此行的力量！

你是一种新力，新主权么？一种原始底运动么？一个自转的圆轮么？你能驱使星辰绕你周回么？

呵呀，有许多向崇高的欲望！有许多虚荣心者的痉挛！请示我你非这类欲望者和虚荣心者！

呵呀，有许多伟大思想，其用不过如一风囊，鼓吹煽动，使事物更空洞。

你以为你自由么？我愿听你的主要思想，不是要听你之逃开了负轭。

你是够得上逃开负轭的人么？许多人抛开了役作，但也因此抛弃了其最后的价值。

自由么，何所由？这与苏鲁支何干？但你的眼睛应向我明白表示，自由么，何所为？

你能否给自己以你的善与恶？将自己的意志立起如同法律？你能否做自己的裁判官，及执法自绳者？

可怕的是孤独，与裁判者执自法者相于。这么是一颗星抛向了荒凉底空间，在孤独的冰寒底嘘息里。

今天你犹为多人所苦，你独自一人：你今天犹有全副勇气与你的希望。

但必有一天寂寞使你疲劳，必有一天你的骄傲藏敛，你的勇气消亡。你将喊叫："我孤独了！"

你将有一天见不到你的崇高，迫近你的卑贱；你的高尚将使你怖之如鬼。于是你将喊叫："一切皆是虚伪的！"

有种种感情，欲将寂寞者杀掉，设若其谋不成，则这些感情自将死去！但你能做得到么，做杀戮者？

兄弟呵，你识得"蔑视"这名词么？也体会你的正义的忧恼，对蔑视你的人保持正义么？

你强使许多人看你变换眼光，这，他们是要重征代价的。你走近他们的身旁，却仍然走了过去：这，他们永不原谅你。

你竟超过他们了，但凡你升上愈高，则嫉妒之眼看你愈小。飞行者最被人憎恨。

"你们怎能对我公正!"——你将说——"我只选你们的不公正算为我的应得之分。"

他们向孤独者投射不义与污秽,但是,兄弟呵,你倘若要成为天星,则不当因此而少向他们照耀!

然则提防善人和正人,他们好将建树独守的德行的人,拿去钉十字架,——他们憎恨孤独者。

然则也提防神圣底朴素者!于他们则凡不简单者皆不算圣洁,他们好弄火——焚身的柴燎。

更提防你的爱的袭来!孤独者与凡向他走来的人,太快地伸手,握手。

对于许多人你不应伸手的,只应给之以巴掌:而且我希望你的掌上多有钩爪。

但你遇到的最强悍底敌人,必始终是你自己;你自己在深林与穷谷中,窥伺你。

孤独者呵,你走上到自己之路!你的路经过你自己和你的七个魔鬼!

于自己,你将为邪魔,巫道,卜人,俳优,迷疑者,不神圣者,卑鄙者。

你当愿望在你自己的火焰中焚身;设若不首先化为灰烬,你怎能新生?

孤独者呵,你走上创造者的路:从你的七个魔鬼,你将创造出一尊天神!

孤独者呵,你走上爱者的道路,你爱自己,因此便轻视自己,如只有爱者才能轻蔑。

爱者希求创造，因为他轻蔑！那不刚刚轻蔑他所爱者的人，懂到什么爱！

以你的爱，与你的创造，走向你的孤高吧，兄弟，这以后正义将跄踉地跟你。

和我的眼泪，兄弟呵，走向你的孤高吧。我爱那欲超自我而创造，也因而毁灭的人。——

苏鲁支如是说。

老妇与少女

"你为何在黄昏里这么窃窃地溜走？这么谨慎地藏在大衣下的是什么，苏鲁支？

这是人家赠你的宝贝么？或是你生的婴孩呢？或者是你也走上了贼盗的路，你这恶人的朋友？"——

真的呀！我的兄弟！这是一样宝贝，人家赠我的，这是一点点真理，我所携带的。——苏鲁支说。

但这像小孩一样顽皮，倘若我不捏住他的嘴，他将大叫。

当我今天独自走路，时候是太阳将落，我碰到了一位老年妇人，这么向我的灵魂说：

"苏鲁支也曾向我们女人说过许多道理，但他没有说过关于女人的话。"

于是我回答她说："关于女人的话，只能向男子说的。"

"不妨和我说关于女人的话，——她说——我也够老了，可以一会儿便忘记。"

我顺从了这老妇人，便向她如是说：

在女人的一切是一个谜，女人的一切只有一个解答：那便是生育。

男子于女子不过是手段，小孩才是目的。但女子于男子是什么呢？

真男子需要二者：危险与游戏。因此他需要女子，当作最危险底游戏物。

男子应该教成战士，女子则应教成战士的慰劳者，其他一切，皆属无谓。

战士不喜太甜美的果实，因此他喜欢女子。便是最甜美的女子也还是苦的。

女子比男子更懂到小孩，但男子比女子更小孩气。

真男子内中藏着一个小孩，他要玩。起来吧，妇女们，为我寻到男子内中的孩子！

女子该是玩具，纯洁而又纤巧，如宝石，为一个还未有的世界中的美德之光耀。

让一道天星的光芒在你们的爱情里辉煌！你们的希望该是："让我生出超人！"

你们的爱情中该有着勇武！凭着你们的爱应该攻击那使你们恐惧者。

你们的爱情中该有着光荣！此外女人是不甚懂得光荣的。但这该是你们的光荣，爱人应远过于被爱，永远不作第二人。

男子该敬畏那爱他的女子，她将奉献任何牺牲，其他任何事物皆于她毫无价值。

男子该敬畏那恨他的女子，因为男子在灵魂深处不过是恶而已，而女子却是坏。

女子最憎恨什么人呢？——铁屑向磁石说：“我最憎恨你，因为你吸引，而力又不强，不够吸引我依附你。”

男子的幸福是：我要。女子的幸福是：他要。

“看呵，现在世界方算完满了！”——当女子以全副爱情驯服着时，这么想。

女子应该驯服，为她的外表开发深渊。女子的情趣是表面，浅水的一层剧动底风波底表面。

但男子的情趣是深沉的，他的波涛在地层下的窟穴里奔流：女子可感觉他的力量，但绝不了解。——

那老妇人于是回答我说：“苏鲁支说了许多好道理，尤其是对于可以听这些话的少年人。

真奇怪，苏鲁支不甚认识女子，然说的却很对！难道是因为在女人是没有不可能的事么？

现在请拿去一点点小真理当谢礼！于这点真理我已是够老了。

请将它包好，拧住它的嘴，否则它将大叫，这小真理。”

“那么，老嬷，给我你的那点小真理吧！”我说。老妇人如此回答说：

“你去接近女子吗？不要忘记带鞭子！”——

苏鲁支如是说。

蛇　　螫

有一天苏鲁支在一棵无花果树下睡着了，因为天气正热，睡时将手搁在脸上。于是，来了一条蝮蛇，螫着他的颈项。苏鲁支因痛一叫而醒。他将手臂从面上移开，望着这条蛇，蛇认识苏鲁支的眼睛，委曲地转过去，便要逃走。“无须呵，”苏鲁支说：“你还没有得我的感谢！你恰好在这时惊醒我，我的前路也正长。”——“你的前路很短促了，”蝮蛇忧悲地说：“我的毒液是能杀人的。”——苏鲁支笑说道：“何曾有过天龙为一条蛇毒死的呢？但收回你的毒液吧！你并不富足到可以将这赠我。”那蝮蛇重复行到他项下，吸去了伤毒。

苏鲁支有次将这故事向他的门徒讲，门徒便问道：“苏鲁支呵，你这故事的教义是什么呢?”苏鲁支便如是言说：

正人君子称我为毁灭伦理者，我的故事是非伦理的。

设若你们有个仇敌，却不应该以德报怨，因为这是羞辱他。应该证明仇敌对你们是做了些好事。

你宁可发怒，却不可羞辱人！倘若你们受咒诅，我也不高兴你们便愿意祝福。最好是也稍许跟着咒诅一下。

或有大无理的事加诸你们，则赶快做上五样小的无理之事！独为无理的事所压迫的人，真是难看。

你们知道这个么？分配着的无理便是一半道理。凡能担受无理的，便应将无理之事负担。

一点小报复比毫无报复来得人道。倘若惩罚对于干犯者不也是他的一种公道和光荣，则我也不喜欢你们的惩罚。

以无理归己，比保持有理，颇较华贵，尤其是本甚有理。但若要如此，应该本够富有。

我不喜欢你们的冷酷底公理，从你们的裁判官眼中，只是有刽子手和他的冷铁闪光。

说吧，公理，便是有明智的仁爱，在于何处？

然则为我发明那种仁爱，不但负担一切惩罚，却也负担一切罪过的！

然则为我立出一种公理，开释着任何人，却除开裁判者的！

你们还要听我讲这道理么？对于那求彻底公正的人，便是谎骗也成为泛爱。

但我如何能彻底公正呵！我何能给人以“他的”！这该够了吧，我给人以“我的。”

末了，兄弟们，留心着不要于一切隐世者为无理！一个隐者如何能遗忘！他如何能报复！

隐世者如一个深渊。投下一个石子，非常容易；这一直沉到底，告诉我吧，谁能将其再取出？

留心不要侮辱隐者！设若你们已经这样做了，便也杀掉他吧！

苏鲁支如是说。

婚姻与儿女

兄弟呵，我有一问题单要问你？这好像测量深度的一块铅，投向你的灵魂深处，使我测出它的深度。

你正年少，希望结婚，生小孩。但我要问你，你是配希望有小孩的人么？

你是胜利者吗？自制者吗？意识的主宰者吗？你的道德的统治者吗？——我如是问。

或者从你的意念里策动的，是兽性与需要？或是要孤独？或是和自己闹气？

我希望，是你的胜利和自由愿得一小孩。为你的胜利与自由，应建筑起有生命的纪念碑。

你应该超过自己而建筑。但你应先树立了自己，肉体与灵魂皆得端方。

你不应该徒然滋蔓，却应向上生长！于此让婚姻的园地帮助你！

你该创造出高尚底肉体，原始底运动，自转的圆轮，——创造出一创造者。

婚姻，我以为是成双的意志，以求创造出一者，多于创造之者。婚姻，我以为是这意志的愿望者彼此之敬爱。

这该成为你的婚姻的立意与真理吧。但是，这班多余而又多余者，这班末人，他们称婚姻为——呵呀，我将怎样称之呢？

呵呀！这成对的灵魂之贫乏！成对的灵魂之污秽！成对的可怜悯的自足！

他们称这一切为婚姻；而且说，他们的婚姻是天定的。

然而，我不喜欢它，这班末人的天堂！不的，我不喜欢它们，这班罗于天网中的野兽！

而且那上帝，踯躅而来祝福其未尝作合者，离我也甚远！

不必笑这种婚姻！哪个孩子没有哭他的父母的原因呢？

我觉得这人甚可尊敬，于地球的意义也成熟了，但当我看到了他的内子，觉得这大地是无意识的人的屋子。

诚然，我希望这地球痉挛而震动，倘若一位圣哲与一只蠢鹅为侣。

这人如一位英雄出去寻求真理，终于猎获了一样小底粉饰了的谎骗。他称之曰他的婚姻。

那人在交际中甚落落难合，挑剔地选择朋友。他一下永远毁伤了他的交道，他称之曰他的婚姻。

那人求得女郎之有美德如天使者。但一下他变了一位妇人的侍婢，于是他也需要化为天使。

我看一般的购买者皆甚谨慎，一般人皆有明察的眼睛。但即是最明黠者购选他的太太也还是在袋里。

许多小底愚痴——那在你们便叫恋爱。你们的婚姻便将许多小愚痴作一结束，成为一长蠢事。

你们对女人的爱，和女子对男人的爱，呵呀，宁愿其成为对受苦痛与受蒙蔽的天神之同情！但普通是两匹动物彼此猜测。

便是你们最佳底爱情也不过是喜乐底摹拟与痛苦底热焰。它是一支火炬，应照你们往高处的路。

你们应超出自我而爱！然则首先得学着恋爱吧！因此又得饮干你们的爱情的苦杯。

在最佳的爱情之杯里也有深苦，因此使人远想超人，因此使你这创造者有焦渴！

创造者的焦渴，向超人的飞箭与远想，说吧，我的兄弟，这是你对婚姻的愿望吗？

我以为这一种愿望与这种婚姻是神圣的。——

苏鲁支如是说。

自由的死

许多人死得太迟了，有些人又死的太早。这道理听来还觉新奇："在适当的时候死去！"

在适当的时候死去，苏鲁支如是教人。

自然，有谁没有在适当的时候生，如何能在适当的时候死呢？宁愿其未尝出生吧！——我这么奉劝这班多余者。

但即使是这班多余者也以死为异常重要，便是最空洞底硬壳果子，也将要被榨开。

凡人皆以死为重：但死仍然不是什么重典。人们还没有学到怎样纪念最佳的祭典。

我指示你们臻于圆满之死，这于生者为一种刺激与誓约。

臻于圆满者之死，是胜利的，为希望者与誓约者所围绕。

然则学着怎样死去吧！死不应该有祭典，设若这么一个死者未与生者结盟誓。

这种死是最优者；其次优者，是死于战斗，牺牲这伟大的灵魂。

但为战斗者也为胜利者所憎恨的，是狞笑着的死，偷儿似的迫近来，——然又仿佛为主宰而来。

我之死，我向你们称赞，这自由的死，因为我要，便向我来。

然而我何时要它来呢？——谁有一目标与一承继者的，他欲在适当之时死，为了其目标与承继者。

由对于目标及继承者之敬爱，他将不再以枯干的花环悬置于生命的圣地。

诚然，我将不自同于纽绳索者，他们将绳索愈引愈长，自己也愈往后退。

许多人于其真理和胜利实也太老了；一只脱完牙齿的嘴不是于任何真理皆有权利说出的。

而且，凡愿享名誉的人，应该有时从光荣里离开，习于这艰难底艺术，在适当之时——善逝。

人应该停止吃下去，倘若味觉最好：这，欲长久被爱的人是知道的。

酸苹果自然是有的，那运道是，要等到秋天的末日，那时也将成熟，金黄，而又干皱了。

有人是心先老，有人是精神先老，更有人在青年时已如老人，但后时之年青，保持长久的英妙。

许多人一生失败，如毒虫啮心。然则让其看清楚，一死于他倒是成就。

许多果永远不会转甜，在暑天便已经腐烂了。然则将其固结于枝头，只是懦弱而已。

多而又多者生活着，而且固结于枝上久之又久。最好是暴风袭来，将这一切腐烂者、虫伤者从树上摇落！

让宣传速死的说教者来吧！这才是生命之树的适宜底暴风与摇撼者。但我只听到宣传迟死，与对于一切“地上者”之坚忍。

呵呀，你们宣传于“地上者”之忍耐么？然而地上者已够忍耐了你们，你们这班恶舌者！

诚然。那希伯来人，为你们这班迟死的说教者所崇拜的，却死得太早了，其早死却从此成为许多人的不幸。

他还只知道眼泪与希伯来人的悲哀，以及正人君子的憎恨，——这希伯来人耶稣：便为死之遥想所袭了。

设若他长留于旷野，远离了正人君子呵！也许他便学到了生，学到了爱这大地——还有，笑！

相信我吧，兄弟们！他死的太早了；他也许要收回他的教义，设若活到了我这年纪！要收回其以前的教义，他是够高贵的！

但他还未成熟。这青年不成熟地爱，也不成熟地憎恨着人类与大地。他的性情与精神的翅膀还是拘束了，而且沉重。

但在成人是比青年更小孩气，少悲哀，更懂到死与生。

自由赴死，于死中自由，一个神圣底否定者，当其已无时间作肯定，他之了解生死者，如是。

使你们的死不为于人类和地球的诽谤呵，我的朋友，以你们灵魂的蜜，我向你们劝诱。

在你们的死中应使你们的精神和道德辉煌，如晚霞环于大地，或否则你们的死便不算圆满。

如是我将死亡，使你们朋友因我之故更爱此大地；我将返成为泥土，在生我之地中永息。

诚然，苏鲁支有一目标，他将他的球抛出：你们朋友将成为这目标的继承者吧，我将金球向你们抛掷。

比任何事不同，朋友，我尤其爱看你们抛这金球！因此我还在地上留连少久，请原谅我吧！——

苏鲁支如是说。

赠予的道德

一

苏鲁支离开了他心所系恋的名为“花牛”城后——许多自称为他的使徒的，跟从着他，护行。如是皆到了一个十字路口。苏鲁支向他们说，他愿从此独行，因为他是一个爱独行者。他的使徒们临别奉献他一根手杖，金铸的杖头饰着一条蛇环绕太阳。苏鲁支因此手杖甚生欢喜，支拄了身子，于是向他的使徒作如是说：

请告诉我吧，为什么金子价最高呢，因为它不寻常，无用，有光，色泽温柔；时常赠予。

只因其为最高德行的表现，乃有最高之价值。赠予者的眼光灿烂如金。金光使太阳与月亮和谐。

最高德行不寻常，也无用，然有光，而且色泽温柔，一种赠予底道德是最高道德。

诚然，我猜透了你们，使徒们，你们像我一样求赠予之道德。你们与狸猫和豺狼要有何同处呢？

这是你们的渴望，自己成为牺牲与赠品：因此你们有渴望，积纳一切宝货于你们的灵魂里。

你们的灵魂无餍足地求索宝藏与珍品，因为你们的道德无餍足于欲赠予。

你们强使一切事物归己，藏于己，以使其再从你们的渊源退涌，以为你们的爱情的赠予。

诚然，这种赠贻的惠爱将成为一切价值之劫夺者，但我以为这种自私自利是健康而又神圣的。——

另外有一种自私自利，太贫乏，太饥饿，时常欲偷盗，——是病人的自私，是病态的自利。

贼似的眼睛窥探一切发光者，用饥饿中的欲望打量着一切足食者：时常溜到赠予者的食桌旁。

这种贪欲所发表的是疾病与冥冥中的退化；这自私自利的盗贼似的贪心，发于不可医的病体。

告诉我，我的兄弟们，在我们什么是坏事和最坏的事呢？岂不是退化么？凡缺乏赠予的灵魂之处，我们常可猜得其退化。

我们的路是向上的，从这种性升于优越种性。但这退化的意识于我们是一种恐怖，它说："一切归我。"

我们的意识是上飞的，这是我们的躯体的写真，一种上升之写真。这些上升之写真便是一切道德之名称。

躯体如是穿过历史，一个转变者与战斗者。而精神——这于躯体是什么呢？其斗争与胜利之先驱，同俦，与回响。

一切美与恶之名皆为写真：它们不明言，却暗示而已。蠢才呵，欲从它们求知识。

留心吧，我的兄弟们，等到你们的精神以写照而为说之时辰，那便是你们的道德之滥觞。

则你们的躯体已经高升，复活；以其愉快刺激精神，使精神成为创造者，估价者，大爱者，济人利物者。

倘若你们的心如长江大河之盈溢泛滥，于居民为福或且为灾：那里便是你们的道德之初胎。

倘若你们高尚到遗荣与辱，你们的意志将使令一切事物，如大爱者之意志：那里便是你们的道德之源流。

倘若你们蔑视安适与柔席，与柔者同处唯恐不远：那便是你们的道德之萌蘖。

倘若你们是一种意志之愿望者，这一切需要之转变为你们的必需：那便是你们的道德所自始。

诚然这道德是一种新善恶！诚然，一种新的深沉底澎湃，一道新源泉的声响！

这新道德是一种大权力，它是一种统治底思想，其旁有一明慧底灵魂：一个金光日球，绕之以智识的蛇。

二

苏鲁支说到这里，沉默了一会儿，慈爱地望着徒众。如是继续说：——他的声调也改变了。

以你们的道德之巨力向大地尽忠实吧，我的兄弟们！你们的赠予之慈爱，与你们的智识，该服役于土地之意义！如是，我请求而且与你们共矢。

不要让道德从土地上者飞开，以飞翼扑着永远底墙壁！呵呀，真有许多飞散了的道德！

像我吧，将飞散去的道德重新引回土地——是呀，回到人生与躯体，使其为土地开意义，人类的意义！

至今精神一如道德已百番飞散，误击。呵呀，在我们的躯体中今兹存着这一切疯狂和失策：在此它已化为躯体与意志。

至今精神一如道德已百番尝试，迷失。是呀，人不过是尝试而已。多少无知与错误在我们已化为躯体!

不但是千年来的理性——也还有千年来的疯狂,在我们中间爆发。危险呀,作为继承者。

我们犹且一步一步地与“偶然”这巨灵战斗,在全人类上还统治着“荒唐”,便是无意识。

以你们的精神与道德,服役于土地之意义吧,兄弟们:一切事物之价值将重新被你们估定!因此你们将成为战斗者!因此你们将成为创造者!

躯体智慧地纯洁化!试以智慧而升华;于智识者一切冲动自将神圣化;于升华者灵魂为之欣愉。

医生,医好你自己:这便也医治了你的病人。这于他是一种最好的救治,亲眼看到医好自己者。

还有千条未经践履的途径,千种健康和人生隐秘底岛屿。人与人的土地还是未曾开发的无尽藏。

警醒吧,静听吧,孤独者!从将来那方面吹来悄悄搏动着翅膀的微风;于精微底耳识传来了好消息。

你们这班今日之孤独者,决绝者,你们将成为一民族,从你们这班自选出者将生出选民——从选民中生出超人。

诚然,地球将成为疗养之区域!已有一种新气息围绕之,一种挟着得救治的气息,——和一种新希望!

三

当苏鲁支说过这番话,沉默着,仿如一个没有说完其最后的话的人一样;迟疑地将手杖在手里平掂着。最后,他如是说:——他的声调又改变了。

我独自去了，我的少年们！你们也从此走去而且孤独了！我愿意这样。

诚然，我奉劝你们：离开我，提防苏鲁支！更好能引为羞耻！他也许骗你们。

智识底人不但要能爱仇雠，也应该能恨朋友。

人不善报答他的师，倘若永远做他的弟子。你们为何不愿扯碎我的花冠呢？

你们崇拜我；一旦你们的崇敬倾倒了便怎样呢？请留心，别要被一个石像柱压倒！

你们说，你们信仰苏鲁支吗？这于苏鲁支何有呢？你们成为我的信徒：但于一切信徒又何有呢？

你们未曾寻找自己：便已找到我了。虔信者皆如此，所以一切信仰皆不足重轻。

现在我教你们丢开我，自己去寻找自己；当你们皆否认着我时，我将向你们回转。

诚然，然后我将用旁的眼光，寻找我的失去者，兄弟们呵；然后我将用旁的爱情爱你们。

然后你们将再度成为我的朋友，一种希望的婴孩：然后在第三趟我将与你们同在，共同庆贺伟大底正午。

那是伟大底正午，因为人正居于他的轨道的中点，那轨道一端是禽兽，另一端是超人，而且庆祝其向夜晚的程途为最高底希望：因为这是向另一新晨之路。

其时堕落者将祝福自己，祝其为过渡者；他的智识的太阳，为

它将居于正午。

“一切天神皆已死去；如今我们希望超人长生”——这将成为那伟大底正午时我们的最后愿望！——

苏鲁支如是说。

卷之二

小孩和镜子

于时，苏鲁支仍然回到山谷间，重返于岩穴的寂寞里，避开了世人，像一位播种者，散布完了种子，便等待着。但他的灵魂充满烦愁与思恋，怀想他所爱的人们，因为他还有许多东西要给他们。这实在是最难的事，为了爱，将伸开了的手收拢，为赠予者，而犹保持其羞惭。

于此孤独者岁月遂悠悠过去；他的智慧渐渐增长，终于以其充满使他痛苦了。

有一天早上，他在黎明之前便醒来了，在卧榻上思索了很久，最后自己向内心说：

“在梦里我为何这么吃惊，便惊醒了呢？不是有个小孩拿了一面镜子向我走来了吗？

‘哦，苏鲁支’——那小孩向我说——‘请照照这镜子！’

我便向镜里照照自己，大叫了一声，心也震动了，因为那里面我没有看到自己，却是一个魔鬼的狰狞与讥笑。

真的，我太懂到这梦的预兆和警告了，我的教义已是在危险中，莠草要被呼为大麦哩！

我的仇敌强盛了，将我的教义改换了面目，以致我的最亲爱者，也必羞于我给他们的赠品。

我的朋友又迷误了；时候已到，我应寻回我的迷失者！”——

忖度过这心事，苏鲁支跳了起来，但不是像一个恐惧者寻求怎样透过气来，却是像说预言者与歌人，忽然为灵感所冲动一样。他的鹰和蛇惊奇地望着他，因为一种将来的幸福现于他的颜色，如朝霞。

在我发生了什么事呢？我的动物们，——苏鲁支说。我不是已经改变了么？幸福岂不是飙风似地向我拂来了么？

我的快乐是愚蠢的，它将说些蠢事，这快乐还太幼稚——耐心地对付它罢！

我已为我的快乐所损伤，一切困苦者将成为我的医士！

我敢更降临于我友人，也于我的仇敌！苏鲁支敢于重新说教，赠予，为大爱于所爱者！

我的不能忍耐的慈爱奔赴如洪流，下注从朝阳至日落。从岑寂底山间与痛苦之风雷中，我的灵魂向溪谷磅礴。

久已夫，我期待着，遥望远方。久已夫，我归于寂寞：因此荒废了学守沉默。

我已完全成了辩才，从高崖下倾的悬瀑之激响：我将以妙辩猛降于深谷。

一任我的慈爱的洪流奔注于水不经行之地！一道奔流何能不终于识途而归海！

诚然，我内中停蓄一平湖，隐僻而且自足；但我的慈爱的洪流挟之俱下——以归于海！

我走上新途，来了新言说：也如同一切创造者，已倦于旧调。我的精神将不再履敝屣游走。

于我是一切言说流行的太迟缓——我跳上你的飞车吧！狂风！我犹将驱策你以我之剧怒！

如一声狂叫与欢呼我将飘渡重洋，直到寻得了那幸福之岛屿，我的朋友留连处——

其中也有我的仇敌！我将如何爱凡人，凡我能向之言说者！便是我的仇敌也属我的幸福。

倘若我将骑上怒马，我的尖枪最能助我腾举，这是我的脚力的常备底役使：——

这尖枪，我之向仇敌掷去的！我多么感谢我的仇敌，使我敢终于将其掷去了！

我的风云异常紧张：在雷电的酣笑之间，我将投下阵阵冰雹，至于深谷。

于是我的胸部将强烈地起伏，将强烈地鼓起暴风吹过高山，因此胸中得以舒息。

诚然，我的幸福与自由，其来如暴风雨！但我的仇敌将以为是**恶者**在他们的头上叫啸了。

是呀，你们也将震惊，朋友呵，惊于我之狂恣底智慧；也许你们将与我的仇敌一并逃开。

呵呀，设若我知道吹牧羊人之笛将你们唤回！呵呀，设若我的智慧之母狮学到柔和地吼！而我们也曾共同学了许多东西！

我的狂恣底智慧于荒山旷岭上有娠；在粗糙底崖石上生产其幼儿，最幼者。

现在她是呆然在荒凉底旷野中跑来跑去，寻寻觅觅柔软底茂草——我的老底疯狂智慧呵！

在你们的内心这柔软底草地上，我的朋友们！——她要将她的最爱者托于你们的慈爱里！

苏鲁支如是说

幸福的岛屿

无花果从树上掉下来，美好而且芬馨，当渠们下坠的时候，裂去了红的皮。我于渠们为北风，使之成熟。

这样，我的朋友们呵，教义如无花果向你们坠下了：吃着渠们香甜底液汁和果肉吧！秋已盈盈，晴朗底天空和午后。

看呵，我们的周围已何限充盈！从这丰裕中遥望远海，是美好的。

从前人遥望远海，便说上帝；但我于今教你们说：超人。

上帝是一种揣测，但我希望你们的揣测不远过你们的创造之意志。

你们能创造一位上帝么？——则请不必说起一切天神！但你们甚能创造超人的。

也许不便是你们自己，我的兄弟们！但你们可将自己改造为超人的父祖和远祖，而且这便是你们最佳底创造！——

上帝是一种虚构：但我愿望你们的虚构自限于可思议者。

你们能想象一位上帝么？——但这于你们该表示向真理之意志，以一切皆可化为人之可思议者，人之可见者，人之可触者！你们应该将你们的意识想透澈！

而你们之所称为世界者，这将始为你们所创造；这将自转化为你们的理性，你们的意象，你们的意志，你们的爱！而且真的呵，为你们的幸福，你们这班识者！

而且你们将如何忍受此生，设若没有这希望？识者！你们既不宜生于不可思议者中，复不合生于非理智者内！

若我将我心完全表白，朋友，设若有天神，我怎能以无神而支持下来呢！然则实在没有天神了。

我诚得了这结论；但这结论将我引申。——

上帝是一虚构：但有谁尽饮这虚构的苦毒而不至于死呢？于创造者将取去他的信仰，于飞鹰将禁止其于高空盘旋？

上帝是一称思想，这使一切直者曲而立者靡。怎样？时光是过去了，而一切可消逝者不过是谎骗么？

想这，便是人体的昏乱和颠倒，而且于肠胃还是一种呕吐：诚然，揣测这，我称之曰昏瞀病。

我称之曰恶，害于人类：这一切关于独一者，完满者，不动者，充足者，永存者的教义！

一切永存者——这不过是一种比喻！诗人说了太多的谎。

但最好的比喻应开示时间与转变：这将成为颂赞，一切无常性的辩正！

创造——这是痛苦的最大底解除，生命的轻舒。但成其为创造者，便需要痛苦和许多转变。

是呀，你们的人生里必有许多痛苦之死，你们这班创造者！如是你们成为一切无常性的代言者与辩正者。

创造者如自己为新生的婴孩，他必愿为孕育者，且受生产者之苦。

诚然，我曾经行千百灵魂，走过千百摇篮与生产之苦痛。多少次我已告别，我识得那碎心的最后的辰光。

但我的创造之意志愿望这样，我的命运。或者，为你们更切实地说出吧：刚刚是这种命运——为我的意志所愿望。

诸识感者于我皆苦，而且被拘囚：但我的愿望，时常来为我的解放者与慰情者。

“愿望”解放着，这是意志与自由的真教义——苏鲁支以之教你们。

不再愿望，不再估值，不再创造！嘘，惟此大疲倦常远离我！

也在认识中我感觉到我的意志的生产之欣慰，转变之快乐；倘若在我的智识中存着天真，则是由于此智识中涵着生产之意志。

这意志将我从上帝和天神引诱开；还有何可创造，设若有了——天神！

但我的炽热底创造意志呵，时常从新驱策我走向人类，如工锤之往锤石。

人们呵，我觉得在石中卧着一个像，我的意象的石像！呵呀，却是卧于极坚极丑底顽石里！

于是我的工锤猛烈地敲碎它的囚牢。从石上尘飞碎片，这于我有何关系？

我欲将它完成：因为一个影像向我移来——一切事物中最轻悄的，一次向我移来了！

超人的美丽如影像向我移来。呵呀，我的兄弟们！天神们于我何有！——

苏鲁支如是说。

同 情 者

我友呵，你们的朋友得了一种讥嘲："看苏鲁支呵！他在我们中间走，不是像在禽兽中一样么？"

但更好是这么说："智识者在人丛中走，仿佛在禽兽中一样。"

凡人之于智识者：犹如一匹走兽，有绯红的双颊而已。

这何由而生？岂不是因他得太频数羞耻之故么？

我的朋友呵！智识者这么说，羞耻，羞耻，羞耻——这便是人类的历史！

因此高贵者于自己不觉羞耻：然在一切痛苦者前，乃觉羞耻。

诚然，我不喜欢慈善者流，在其怜悯中有福者，他们太缺乏羞耻。

我必为怜悯吧，也不愿被称为同情者；我已为怜悯吗，则愿距离颇远。

我宁肯蒙首而逃，在人认识我以前：我也叫你们这么做，我友！

宁愿我的运命常将无苦痛的人如你们者，引上道路，而且正是可与我共希望，共飧食，共蜂蜜的诸君！

诚然，我对于痛苦者也作这作那，但时常觉得有更好的事可做，倘若我学得更使自己愉快。

自成为人类以来，人太少使自己快乐了：唯有这，我的兄弟们，是我们的传统底罪孽！

倘若我们学了使自己更快乐，则也将废学了使旁人受苦，和计想出痛苦。

因此我洗净援助过痛苦者之手，因此也拭干净我的灵魂。

因为设若我看到苦痛者痛苦，我将为他的羞耻自羞；而当我加之援助，则是利害地损伤着他的矜严了。

大惠施不使人感激，却使人生报复心，小慈善之不忘，这将化为血蛭了。

“廉于取！以取而示优异！”——我这么奉劝无可赠予的人们。

但我也是赠予者：我乐于赠予，如友人之赠友人。外人与穷人可自向我的果树采摘：这么羞辱的较少。

但乞丐是应该袪除的！诚然，人施给也恼，不施给也恼。

一样的，也袪除罪人和恶心！相信我，我的朋友，良心责备是教成啮噬。

最坏的是卑劣思想。诚然，宁肯为恶，不宜为劣想！

你们当然说：“许多小作恶的快乐，为我们省去了许多大恶行了。”但在这里用不着省去。

恶行是一种疔疮，这作痒，搔剔，而终于溃裂——然诚实地说出。

“看呀，我是疾病”——恶行如此说；这是它的诚实。

但微小卑劣底思想如同病菌。这蔓延着，隐匿着，不欲居于何处——直到整个身体为病菌所侵蚀，衰萎了。

有谁为魔鬼所凭者，我向他耳边悄悄地说这话：“较好的是，你使魔鬼增大！然则你也还有到伟大之路！”——

呜呼，我的兄弟们！人于凡人懂到太多一点点了！许多人使我辈了然，但因此还久远不能将其通透。

很难的，是与人群居，因为沉默如此其难。

并非对于反对我们的人，我们最不宽恕，却是对于根本不理会我们的人。

你如有一正受痛苦的朋友，你可以作为他的痛苦的休养处，然同如一张硬床，一张行军床，这么你于他最有裨益。

如有一朋友加你以无理，便说："我原谅你向我所为的，但你于自己之所为——那我何能原谅呢！"

凡大爱皆如是说：这竟超过了原谅与同情。

人应该坚牢地固持其心；设若让其放逸，则他的头脑多么快的远逝！

呵呀，除了在同情者旁，世上还有哪里有这么大的蠢事呢？除了同情者之蠢事，世上还有何事更引起痛苦呢！

凡爱着的人多痛苦呀，他们还没有一高处，高过他们的同情的。

偶有魔鬼向我如是说："上帝也有他的地狱的，那便是他于人类的爱。"

最近我听到这种话："上帝死去了；因对人类的怜悯，上帝死去了。"——

然则为我提防同情吧，自此于人类来了一阵浓云！诚然，我知道气象！

也留意听这句话吧：一切大爱超过其一切同情：因为这还要将所爱者——创造！

"我奉献爱于我自身，于我的邻人如于我自己"——一切创造

者的言说如是。

但一切创造者是坚忍的。——

苏鲁支如是说。

教　士

有一次，苏鲁支向他的徒众作了一种表示，向他们说出了这些话：

“这儿有许多教士：即使他们是我的仇敌，你们也悄悄地走过去吧，将刀剑掩下！

在他们中间也有许多英雄，许多人深深苦痛过的——因此他们欲使旁人苦痛。

他们是凶狠底仇敌：没有比他们的谦卑更好寻仇的了。加他们以攻击的人，容易弄得满身污秽。

然我的血气与他们的相关；我欲知我的血在他们的血中被尊重。”——

他的徒众走开后，苏鲁支忽撄大痛楚，他和痛楚抗战不多时，便开始作如是说：

这些教士使我痛心疾首。他们不合我的趣味；但自我在人群中以来，这于我还是最小的事哩。

但我痛苦而且与他们共苦痛了：我觉得他们是囚人。已烙印者。那人，他们所称为救主者，将他们束缚了：——

束缚以虚伪底价值与妄言！呜呼，或有人将他们从他们的救主那里救出！

当大海将他们漂流时，他们自信忽然登于岛屿；但看呵，这岛屿却正是睡了的海怪！

虚伪底价值与妄言：这是生人的最险恶底怪物——这晦气久已蜷伏而且等待于生人中。

但他终于来了，醒了，狼吞虎咽一切在它身上筑居室者。

看呵，看这班教士们自建的居处！教堂，它们称其芬芳底窟穴！

呵，这幻衍的光明，这腐朽的空气！这儿，灵魂不敢飞扬——向其高处！

但他们的信仰如此教令："膝行上这阶梯，你们这班罪人！"

真的，我宁愿看一个无耻者，不愿看他们的羞耻与虔敬之歪扭底眼睛！

谁为自己造起这种窟穴与忏悔阶梯呢？岂不是那班欲自隐匿的人们，自羞于纯洁清朗底天空么？

直到明朗底天光重经破败的屋顶内窥，下射于断瓦颓垣的蔓草与红罂粟花上——我将向这种上帝之居回心转意。

反对他们者，加以痛苦者，他们称之曰上帝：诚然，在他们的虔敬中有许多英雄底气度！

他们不知如何爱他们的上帝，除了将人钉上十字架！

他们意想生活如死尸，将尸体裹以黑衣服；便是在他们的言语中，我犹嗅到陈尸所里的恶臭。

有谁居于他们的近旁，便如居近污黑底池沼，其中跃出蟾蜍，以甜蜜底深意自歌。

他们应为我唱更好的歌，使我学信仰他们的救主：他的徒众应更有得救了的模样！

我愿意看他们裸露：因为唯有美该劝人忏悔。这装模作样的苦恼将劝服谁呢？

诚然，他们的救主自己不来自自由，不来自自由的第七重天上！诚然，他们永远未曾踏过智识之地毡！

这班救主的精神满是缺陷，但在每一缺陷中他们补充以幻想，弥缝缺陷者，他们所称的上帝。

他们的精神陷溺于同情中，倘若他们为同情充满，过度膨胀，则那上面往往浮起一大愚蠢。

他们热烈地驱其群众过其独木桥，一面高声大叫：仿佛只有这唯一底小桥达到将来！诚然，这种牧人也仍然属于羊类！

这班牧者也有小精神与大灵魂：但是，我的兄弟呵，便是最弘大底灵魂，至今也是多么微小的地域！

他们以血的标记写在中途，凡他们所行之路，而其愚蠢教人以血证明真理。

但血，是真理的极不良底证明；血毒坏了最纯洁底教理，使之化为狂妄与中心之怨恨。

如有人为他的教理赴火，——这表示什么！诚然，从自己的火焰中生出自我的教理，当较好！

炎炎底内心与冷冷底头脑：倘若这两相荡摩，则生起暴风，“救主。”

诚然有过较伟大底人，更高尚底氏胤，较之这班人民所称为救主者，这摄引着的暴风！

而且你们将为较一切救主更伟大底人所救赎，我的兄弟们，若你们将寻得往自由之路!

从来未曾有一个超人。我看见裸体的二者,最伟大底与最渺小底人——

他们彼此仍然太相似了。诚然,便是最伟大者,我也觉其为——最人间底!——

苏鲁支如是说。

道德者

人应该用雷音,震天火炮声,向蛰伏的酣睡的意识说法。

美,它的声音太轻微:只诉于最清醒底灵魂。

今天我的盾甲轻颤,而且微笑,这是美的神圣底笑与颤动。

尔辈道德者呵,我的美今天笑你们。它的声音向我如是说:“他们,也还是要报酬的!”

你们还要得报酬呀,道德者!为道德要报酬,为地要天,为你们的今天而要永久么?

而你们责备我,因我教人说没有报偿者给值者么?诚然,我甚至不作如是说:道德便是其本身的报酬。

呜呼,这是我的忧悲:在事物的基本上,人们已妄诞灌注了赏与罚——而且也还在你们灵魂的根源上,道德家们!

但我的话如同野豝之卬鼻,将掀起你们灵魂的根基,我要你们称我为犁镬。

你们的根基上一切隐秘皆当显露,而且倘若你们被掀到日光下,掘发了也破败了,你们的真理和妄诞也当分开。

因为这是你们的真理，你们之纯洁不宜于文字语言的污秽，如复仇，惩罚，酬偿，报复。

你们爱你们的道德犹慈母之爱其婴儿；但何尝听到过一位母亲为其慈爱要酬偿呢？

你们的道德便是你们的挚爱之自我。你们中有轮回的渴望，回到自己，每个轮回为此奋斗，转旋。

如天星之晦耀，乃你们的道德的每种工作：然它的光芒常在中途，游流——这何时将不复行于中路呢？

如是，你们道德的光芒仍在中途，即使其工作已完成了。纵令这已被遗忘而且消灭了：它的光芒犹生，而且游流。

你们的道德之为你们本身，不是外物，或皮肤，或衣裳。这便是自你们灵魂根基上出来的真理，道德者！——

但诚有许多人，道德于他们如鞭笞下的痉挛：你们也听到太多的这种呼号了！

还有许多人，以为道德是他们的罪恶之退化。设若其憎恨与嫉妒一旦弹卧，于是他们的“正义”便活动起来，揉了揉睡眼。

还有许多人，被牵下，堕落，其魔鬼牵下他们。但其下沉愈深，其眼睛愈光耀，更期望其上帝。

呵呀，也还有这种呼声传入你们的耳里，道德者们：“凡非我者，那，那便是我的上帝与道德！”

还有许多人，沉重且辚辚然而来，如满载石子的车下于峻岅：他们讲起许多关于尊贵与道德的话，——他们以道德为制动工具！

还有许多人，他们如全日的时辰钟，已加旋紧，他们“的答”作声，要人称这“的答”之摆声为——道德。

诚然，我对于这种人甚有兴趣，凡碰到了这种时辰钟，便以我的讥嘲将其旋紧，它们还得呼呼作响！

还有许多人为他们一小握正义骄傲，为此之故，对于一切事胡调，倒使世界陷溺于他们的无正义。

吁，“道德”这名词出于他们之口多么不好！设若其说：“我很是公道”，这话常使人听了像，“我受了恶报”！

他们欲以其道德抉其仇敌之眼；他们将自己抬高，只为了将旁人压小。

还有一种人，自己坐在泥沼里，从芦苇里传出话来道：“道德——便是静坐在泥沼里。

我们不咬啮人，避开那欲咬人者。对于一切事物我们有意见，皆是旁人给我们的。”

还有一种人，好作姿态，便以为道德是一种姿态。

他们的膝常常足恭，他们的手便是道德的赞扬，但他们的心，一点儿也不知道这。

还有一班人，他们以为这么说便是道德：“道德是必需的”，但他们根本只相信，警察是必需的。

还有一班人，不能看出人之崇高处，便称最近看人的卑下处为道德：如是，他以他的恶见为道德。

有许多人要自建造，自树立，便以为这是道德。更有人要自推翻，自降落，——也以为这是道德。

而且几乎凡人皆相信这，于道德有份，至少每人想成为“善”与“恶”的识者。

但苏鲁支并不是来为妄人与傻子说：“你们知道什么道德！你

们如何能知道德！”——

却是，你们，我的朋友，将倦于说旧话了，那你们从妄人与傻子处学来的：

将厌弃这些话，如“报酬”，“报复”，“惩罚”，“正义中的复仇”——

将倦于说：“行为之善，便是在于行为之无我。”

呵呀，我的朋友！你们自己之在行为中，犹母亲之在婴孩中，这便是你们的道德论！

真的，我取去了你们百种论调，你们的道德的最爱底玩具；现在你之恨怒我，如孩儿之恨怒。

他们在海滨玩，——忽然来了海浪，将他们的玩具卷到深处去了：他们便哭。

但同一海浪将冲来新玩具，在他们面前遗下新的彩色底螺贝！

于是，他们喜欢了；你们也一样，我的朋友，也要你们的慰安——新彩色底螺贝！——

苏鲁支如是说。

痞　　徒

生命是欣喜的源泉，但凡有痞徒来饮水之处，那里一切泉井皆被毒坏了。

于一切纯洁者我皆倾心；但不喜看狞笑底脸嘴，与不纯洁的人们的焦渴。

他们下窥并泉，因此从井泉反映出他们可憎的笑脸。

他们以其淫欲毒坏了圣洁底水呵，当他们述说其污秽底梦的快乐，亦复将语言文字污渎了。

当其以潮湿的心置于火上，火光也怨怒了，只要痞徒走近火旁！精神本身便沸腾，冒烟。

果实到他们手里变甜，软烂：果树落入他们的眼里便摇落，枯干。

而且许多人从生命前退开，只避开了痞徒：他不欲与痞徒共井泉，火焰，果实。

而且许多人逃入旷野，与猛兽同苦于焦渴，只不欲与污秽底驱骆驼者，共坐于水槽之次。

而且许多人如毁灭者前来，若冰雹之于果木，只是欲将脚揣住痞徒的咽喉，将其食管窒塞。

并不是食物最使我气噎，以知道人生也需要仇恨，死亡，与死刑之十字架——

却是有次这么问，而且随这问话几乎塞住气了，怎么？人生也需要痞徒吗？

毒坏的水泉，恶臭底火气，污秽底梦，生命的面包里的蛆虫，皆是必需的么？

并非憎恨，却是厌恶，饥饿地咬啮我的生命！呵呀，我亦时常倦于精神了，当我发觉痞徒也甚有精神！

我也将背转向统治者，当我看到在他们如何叫作统治：以权势作交易，典质，——和这班痞徒！

我在言语不同的民族里居住，而且充耳不闻，使他们的交易谈与权势的买卖，和我隔绝。

我掩住了鼻子，颓然走过一切昨日与今天。诚然，一切昨日和今天发出文丐文氓的腐臭！

如一个废人，也聋，也盲，也哑，如是我长久生活，庶几不与权势的，文字的，淫欲的痞徒共生活。

我的精神艰苦地爬上阶磴，而且谨慎地。快乐的施舍是它的滋养剂，生命在杖上与盲者相依傍。

忽然，怎么了？我怎样使自己从疾恶中离开了？谁使我的眼年青？怎样飞上高处，不见泉水边的痞徒了？

疾恶为我添着羽翼与泉源似的力量么？真呀，我将飞上高空，求索欣喜之源泉而重得！

我找到了呵，弟兄们！在这最高处欣喜之源泉为我涓流！这儿有一种生命之泉，无痞徒共饮！

你太强烈的冲来了呵，快乐之源泉！你频频倾杯，频频引满。

而且我还要学习卑恭地接近你：我心向你奔流，太烈了——

我心，其上炽着我的夏天，短促，炎热，颓然，多福，我的夏之心，多么希望你之凉清！

过去了我春天的辗转底昏沉！过去了我的六月中的恨怒之寒雪！我将为长夏，长夏之正午！

长夏在最高处，清凉底流泉，与祝福底静谧，来呵，我友，使此幽静增福！

因为这是我们的高空和我们的故乡：离开了一切不洁者及其焦渴，高居，而且峻峭，于此。

投你们的纯洁底眼光于我的欣喜之渊源内，朋友！这怎能因此浑浊呢？以它的纯洁它将迎汝而笑。

在将来树上建筑我们的巢居，苍鹰将啄来我辈孤独者的粮食！

诚然，没有不洁者所共食的食粮！他们将幻为吃了火焰，自焚其喙。

诚然，这里没有预备给不洁者的栖宿！置其体与灵于冰窟中，乃我辈之幸！

鹰之朋，雪之友，日之邻，我们如狂飙居于一切之上，狂飙生活如是。

如长风，我犹将吹到渠们中，以我之精神，卷去渠们魂魄之呼吸，我的将来如此。

诚然，苏鲁支为扫荡一切卑贱的强风，于他的仇敌及一切吐唾沫者，给出如此之劝告语："留心呀，逆风而唾！"

苏鲁支如是说。

毒 蜘 蛛

看呵，这是毒蜘蛛窠！你要自己看它们么？这里张着它们的网：触它一下吧，使它动荡。

那儿毒蜘蛛自愿地来了，欢迎呵，毒蜘蛛！在你的背上宛现三角形与象征纹，黑色黝然；我也知道你的灵魂中，又何所有。

报仇之念宛在你的灵魂中：凡你所咬啮之处，必生黑色疮结：你的毒液，以报仇，使灵魂摇荡！

如是，我向你们以譬喻说，使灵魂摇荡者，平等之说教者！你们于我总是毒蜘蛛，与阴险底爱复仇者！

但我将使你们的隐秘随即宣露出来：因此我将以我的崇高的

哄笑直笑你们之面。

因此我扯破你们的网，你们的愤怒将你们从虚伪之窠巢激出，你们的仇恨也从你们的标语“公理”后迸出。

因为，人应该脱去了冤仇：这于我是到最高希望之桥梁，大风雨后之虹彩。

但毒蜘蛛自然不如此希望。“使全世界为我辈的报仇的风雨所充满，正是我们称为公理者。”——它们如是相语。

“我们要实行复仇，咒骂一切不同于我辈者”，——毒蜘蛛的心如是自赞。

“而且，‘求一切平等之意志’——这从此将为道德的名称，向凡有权力者，要提高我们的呼喊！”

平等之说教者呵，是无力的暴君幻想，这么从你们中高呼“平等”，你们隐秘底为暴君之欲望，乔装于道德之名词里！

阴森底黑暗，禁制了的嫉妒，也许是你们的父祖的黑暗与嫉妒：在你们皆发为火光，与复仇的狂想。

父亲之所沉默者：在儿子中表白；时常我见到儿子便是父亲的发露了的秘密。

他们好像感悟者：但使其感悟者，不是心而是复仇。设若其化为优美，冷静，不是精神而是嫉妒使其如此。

他们的妒忌也时常引之入思想者之路，而且这便是其妒忌的标识——时常他们走的太远：以至其疲劳亦终于要躺倒在雪地里。

在他们每种悲哭里呼着报仇，每种颂赞是加人楚毒；为裁判官于他们好像是幸福。

我这么奉劝你们，我的朋友：凡惩罚之冲动甚强烈的人，不要相信！

那是坏种性坏氏族的人民；在他们的面容上透露刽子手与侦探犬之容色。

不要信那班甚自诩其公道的人！诚然，在他们的灵魂中不只缺乏崖蜜。

而倘若其自称“善人和公正人”，则别要忘记他们之为法利赛人，不缺乏旁的只缺乏——权力！

我的朋友，我不欲被混淆，被误认。

有班人，宣传我的说生命之教理：但他们同时也是平等之说教者，毒蜘蛛。

其于生命说意志，虽然这班毒蜘蛛旋即安坐于其窠巢，从生命前隐开：那是因为，他们要因此加人伤损。

他们要因此损伤这种人，现今之有权力者：因为死之说教于这班人最熟悉。

倘若未这样呢，毒蜘蛛又有旁的说法了：刚刚他们从前是最激烈底诋毁人世者，烧杀邪教徒者！

我不欲与这班说平等教义者相混淆，被误认。因为于我公理是这么说：“人是不平等的。”

人也无须化为平等！我的向超人的爱还算什么，倘若我另为一说？

我的大爱是使我这么说的。他们将挤上千道桥梁，万梯阶级，以趋向将来。在他们中间将有更多争斗与不平等！

在敌忾中他们将成为意象与鬼魂的发明者，以其意象与鬼魂，他们彼此将战斗其最紧张底战斗！

善与恶，富与贫，贵与贱，以及一切价值之名：皆将成为武器，铿锵底标志，以示生命必须反反复复超过其本身！

在高处它将以柱石与阶级高自建立，这生命本身：它将凝视远方，遥望幸福底美——因此它需要崇高！

因其需要崇高，便有取于阶梯，与阶梯及上登者之矛盾！生命将上登，上升地超过自己。

而且看呵，我的朋友！这儿，毒蜘蛛之所窟穴，矗起着古坛殿之遗余——用明亮底眼睛看去呵！

诚然，谁曾在这儿用思想的石头向上叠起，于一切生命之隐秘皆深知，如同最智慧底智者！

争斗，不平，也存于美中，还有大战，为了权力，大权势：他在这里以最明显底譬喻教示我们了。

怎样穹窿与圆顶神圣地交切，在扭斗中：怎样以光与影彼此相激，这些神圣底奋斗者——

如是，让我们也坚定而且美好地成为仇敌，我的朋友们！我们要彼此神圣地攻错！——

苦呵！那毒蜘蛛便咬我了，我的旧怨敌！神圣地坚定而且美好，她咬了我的手指！

"应该有惩罚与公理——她这么想：他不应无端地在这儿唱歌，恭颂为仇为敌！"

是的，她报了仇了！然而苦哉！现在她还要用报仇使我的灵魂摇荡。

但我之不晃晃荡荡，我的朋友，请将我牢系在这石柱上！我宁肯成为柱上之圣者，不愿为报复之旋风！

诚然，苏鲁支不是飘风与旋风；而且设若是一跳舞者，也绝不是中此蜘蛛毒的痉挛者！——

苏鲁支如是说。

著名的智者

一切著名的智者呵，你们服事民众与民众的迷信！——但未曾服事真理！正因此，人们加你们以敬仰。

又因此，旁人忍受你们的不信，因为这“不信仰”对于渠们是笑话，邪道。一个主子也这么放任他的奴隶，更欢笑奴隶们的僭越，胡为。

但有谁为民众所憎恨，如群犬之憎恨一只狼，他便是自由思想者，锁链的仇敌，不敬者，山林之隐居者。

从他的安隐处逐出来，——往往这在民众中便叫“正当的意识”，磨牙切齿的獒犬，常被嗾使了将其咬啮。

“因为民众在此，真理也在此！苦了，苦了寻求真理者！”——从来如此传说。

在民众的敬仰中你们将作出正义，这你们称为“求真理之意志”呀，著名的智者！

而你们的内心时常自愬：“我从民众中来：从那里也来了上帝的声音。”

强项而又聪明，如一匹驴子，你们时常当了民众的辩护者。

而且许多有权者，欲与民众顺行，便在他的驷马之前还联驱一匹——小驴，一位著名的智者。

而现在我盼望你们，著名的智者呵，你们终于将狮子皮完全弃掷！

猛兽的皮，有文彩的，及研究者，探求者，劫掠者的披发！

呵呀，要我相信你们的“真实”，必首先为我打破你们的敬仰的意志。

真实的——我这么吩咐走入无神的旷野中的人，且破碎了虔敬底信心的。

在黄沙中，为日光所曝炙，他诚然焦渴地窥探着多水泉的岛屿，有生物休于树荫者。

但他的焦渴不能使他与这班安适者同流，因为沙漠中凡有水草之处，那里也有偶像。

饥饿，凶猛，寂寞，无天神：狮子意志自欲如是。

离开奴隶的幸福，退除天神与求祷，无畏而且可惧，伟大亦又寂寞，真实者的意志若此。

从来在沙漠中居着真实者，自由思想者，为沙漠之主：但在城市中居着肉食者，著名的智者——骡马。

因其时常当了驴子，拉着——民众的车！

并非我因此恨怒他们，但我总觉其为奴役，受羁勒者，即使其在金收玉勒中轩昂。

他们也时常是好役使，称傭值。因为道德如是说：“设若你必当奴仆，便寻求那主子，你的工役于他最有益的！”

“你的主子的精神和道德应当增长，由于你是他的仆人：你自己也以他的精神和他的道德而增长！”

真的，著名的智者，民来的仆役！你们与民众的精神和道德一同滋长——民众也因于你们！我说这话是为对你们的尊敬！

在你们的道德里我看你们如同众人，呆目的民众——民众，不知精神为何物者！

精神，便是自割裂其生的生命；在本身的痛苦上，增加本身的知识，——你们已知道这个么？

精神的快乐是这：涂上了膏油，以眼泪敬奉而为牺牲品，——你们已知道这个么？

盲者之盲，及其寻求和摸索，犹将证明他所看到的太阳的威力——你们已知道这个么？

智识者将学建造高山！精神之移山，还算小事哩——你们已知道这个么？

你们只知道精神之火花，但你们看不到精神之为铁砧，也看不到其工锤之残忍！

诚然，你们不识得精神之高傲！但你们也更不能忍受精神之谦卑，倘其一旦言说！

而且你们永不敢将你们的精神投于雪窟：你们还不够温热，未能为此！因此你们也不识其寒冷之欢乐。

但总之你们与精神太亲近了；由于智慧，你们常替坏诗人作了病院和惠济院。

你们并非鹰鹫，因此也体验不到精神惊骇中之快乐。谁若非是飞鸟，不应巢于深谷。

我觉得你们是温泉：但每种深智识之流寒冷。精神的最深处之流水冰寒：热手与热行者之治疗品。

尊严地站在那儿，巍巍然，项背直立，你们这些著名的智者呵！——没有狂飚与意志驱策你们。

你们从来没有见扬帆之渡海么？圆满地，鼓起地，在大风的强力中震颤？

如海上张帆，震颤于精神的巨力中，我的智慧也渡过大海——我的狂放底智慧！——

但尔辈民众的仆役，尔辈著名的智者呵，——你们怎能与我偕逝！——

苏鲁支如是说。

清夜谣

这是夜里了：现在一切喷泉高声絮语。而我的灵魂也是一道喷泉。

这是夜里了：现在一切爱者的歌声醒起。而我的灵魂也是一位爱者的歌曲。

有一样不宁静底不得宁静的东西在我身中，这甚欲高声。一种求爱情之欲望在我身中，这自说爱情之言语。

我是光明：呵哟，设若我是暗夜！然这是我的寂寞，我为光明所环绕。

呵呀，设若我是黑暗，而且如昏夜！我将如何吸着光明之乳！

而且我将仍然赐福于你们自己，你们那里的小小明星和萤光！——而且欣幸你们的光明之赠予。

但我居于自我的光明中，从我发出的焰光我又吸饮回去。

我不知取得者之快乐；又时常梦想偷盗当比取得更幸福。

这是我的贫穷，我的手从来不停地赠予；这又是我的嫉妒，看着期望底眼睛，和怀人的转明底夜。

呵哟！一切赠予者之不幸！我的太阳的变黑！欲望着欲望！饱足中的饥饿！

他们从我这儿取去，但我还触着他们的灵魂么？在取与予中间隔了一道鸿沟；终于最小的间隔也将渡过。

我的美中生出一种饥饿，我愿加我所照映的人以大苦楚，我愿抢劫我所赠予者——如是我饥饿地需要恶。

收回我的手，倘若你们伸手相握；如瀑布的迟疑，在倾下时犹迟疑的——我这么饥饿地需要恶。

这种复仇之念生于我的充实：这种谲诈源流于我的寂寞。

我的赠予中之快乐与赠予俱灭，我的道德因其丰富而生厌倦！

有谁时常赠予的，其危险是他将失掉羞耻；有谁时常布施的，其心与手将满着布施之胼胝。

我的眼已不复为求乞者的羞耻泪流；我的手于满握而震颤之手太坚硬了。

我的眼中泪已往何处，还有心上的脂膏，也往何处去了？呵哟！一切赠予者的寂寞！一切发光者的沉默！

许多太阳环绕荒凉底天宇，对一切黑暗者以光明向之告语，——向我，却是沉默的。

呵呀，这是光明者向发光者的仇视，它不仁慈地自走它的轨道。

在内心深处对发光者不公平，冷冷地向着多个太阳，——每个太阳之行走如是。

多个太阳在轨道上如暴风之飞突，这便是它们的游行。它们跟从其不屈挠的意志，这便是其寒冷。

呵呀，黑暗者，昏夜者，你们便是这，从发光者挹取你们的温热的！呵呀，你们方从光明之胸饮乳，吸饮灵液！

呵呀，寒冰环绕我，我的手在冰寒者上焦裂！呵呀，焦渴在我内中，这渴望你们的焦渴！

这是夜里了：呵呀，我犹必得为光明！渴望暗夜者！与寂寞！

这是夜里了：我的渴望倾溢如一道流泉，——我渴望言说。

这是夜里了：现在一切喷泉高声絮语，而我的灵魂也是一道喷泉。

这是夜里了：现在一切爱者的歌声醒起，我的灵魂也是一位爱者的歌曲。——

苏鲁支如是歌唱。

舞　曲

有一天晚上，苏鲁支和他的徒众走过树林。当他想寻找一个水泉时，看呵，他走到了一片绿草地，为树木和丛莽所围绕，草地上正有许多少女在跳舞。少女们认识了是苏鲁支，立刻停止了跳舞；苏鲁支便和颜悦色地走向她们，作如是说：

不必停止跳舞吧，可爱的女孩们！我并不是破坏游戏者，以恶眼来观，也不是少女的仇敌。

我是在魔鬼前的上帝的辩护者，但魔鬼却是沉重的精灵。我如何能与神圣底跳舞为仇呢？轻飘底你们呵！我怎能仇视女孩们美丽底脚胫呢？

我诚然是一座树林，黑暗底树的遥夜，然有谁不羞于我之黑暗的，他在我的桧柏下也寻得玫瑰花树。

他还可以找到那小天神，于女孩最亲爱的。他躺在一处水泉旁，寂默地，合着眼睛。

真的，他在白天也沉睡了，这偷闲者！他扑蝴蝶太劳了么？

美丽底跳舞者呵，请不必怒我，倘若我将这小天神稍稍加以责罚！他将喊叫而且哭泣，——但他哭泣也是可笑的！

眼里含着泪，他将求你们与之跳舞一番；我将为他的跳舞唱一支歌：

一支跳舞曲，嘲笑沉重的精灵之曲，我的最高强多力的魔鬼，据说他算是“世界的主人”呢——

这便是苏鲁支唱的歌曲，当Cupido（爱神）与女郎们一同跳舞的时候。

最近我看入你的眼睛，呵，生命！在那里我好像向无底的深处下沉。

但你用金钓钩将我钓起，你讥笑我说你无底。

“这是一般的鱼的话——你说——凡它们不曾测量的，便是无底的。

但我只是变换的，而且野蛮，不外一个女子，也不是甚道德的。

虽然我对你们男子被称为‘深沉者’，或‘忠实者’，‘永远的’，‘神秘的’。

但你们男子时常赠予我以你们自己的道德——呵呀，你们道德者！”

她便这么笑，这不可信者；但我从来不相信她和她的笑，倘若她说自己不好。

当我四目相视与我的狂放底智慧相语，智慧怒我说："你欲，你贪，你爱，徒然因此你称赞生命！"

几乎我已恶声回答她，向这怒者说出真理。人亦不能更恶声回答了，除了与其智慧"说出真理"。

于是在我们三者中便这么犄角。根本我只爱着生命——而且，诚然，当我憎恨生命时也最爱生命！

但我之待智慧甚好，而且时常太好，这由于她使我甚记起生命！

她有她的眼睛，她的笑颜，甚至她的金钓竿，她们彼此这么相像，我又何能为力？

有一次生命这么问我："这是谁呢，这智慧？"——我便急切回答说："是呀！这智慧！

人们渴望她，求之不足，人们窥探面幕，抓着罥网。

她美丽么？我知道什么！但最老大底鲤鱼，也是以她诱致的。

她是改变的，而又执拗；我时常看见她咬牙切齿，将梳逆着头发梳掠。

也许她甚恶而且虚伪，总之为一女人；但每当其自说邪恶，她便最能引诱人。"

当我用这话向生命说，生命便狞狞地笑，闭上了眼睛。"你在说谁呢，她说，——你在说我么？

倘若你是对的——用这话直面我说么！但现在请也说起你的智慧！"

呵呀！你现在更睁开眼睛来，呵！亲爱的生命！我又好像向无底的深处下沉。——

苏鲁支如是歌唱。但当此跳舞完毕，女孩们散后，他忽然忧愁了。

“太阳久已西沉——他终于说——草地潮湿，林子里传来了幽凉。

有不相识者在我身旁，沉思地望着我。怎么！你还活着么，苏鲁支？

何故？何为？何因？何去？何处？何是？岂不是大愚么，还生活下去？——

呵呀，我的朋友，这么问我的，是我身中的迟暮。请原谅我的忧愁！

已是暮夜了，请原谅我，这已成迟暮！”

苏鲁支如是说。

墓　歌

“那里是一座孤岛，是寂寞底坟场；那里是我的青春之坟墓，我将送上一个常绿底生命花环。”

在心中我这么结想，渡过海去。——

呵哟，你们，我青春的容颜和表相！呵哟，你们，大爱的目光，天神底俄顷！你们于我仿佛多么快地过去了！至今我思念你们，如悲悼逝者。

我最亲爱的逝者呵，从你们那里飘来了甜蜜底香，清心的，销泪的。诚然，它激动孤独底航海者的心，使之融解。

永远我还是最丰富者，最为人所嫉妒者——我，这最孤独底人！因为我犹有你们，你们也还有我，说吧，向谁，像向我这样从树上落下玫瑰色底苹婆果？

永远我还是你们的爱之承受者和土壤，为了纪念你们，开放着艳色底野生底美德，呵哟，你们我最亲爱者！

呵呀！我们是注定了彼此邻近，你们亲爱底特异底英奇和我；你们来向我，如我所盼望的，不像害羞底鸟——不是的，是亲信者之来到亲信者！

是呀，如我者，成为忠实与温柔底永恒：我如今必以你们之不忠实，称呼你们为天神底飞光和顷刻：我还没有学到旁的称呼。

诚然，你们于我是太快地逝去了，逃遁者。但你们未尝从我逃去，我也未尝逃避你们，在我们的不忠实中，我们彼此皆无罪过的。

杀我，人便绞杀你们，我的希望之歌鸟呵！是呀，恶毒时常向你们放箭，最爱者——是要射中我的心！

而且也射中了！而你们时常是我的最心爱者，我的所有者，我之占有者，因此你们必很年轻的萎落，而且也太早了！

向我所有的最易受伤之处，人将箭射来：那便是向你们，其皮肤犹如茸毛，或更犹如笑容因一顾盼而敛！

但我将用这话向我的仇敌说：凡一切屠杀，较你们向我做的，算什么呢！

你们向我做的事，比一切人类屠杀还恶；你们从我取去不可复回的了——我如是向你们说，我的仇敌！

若不杀戮我青春的容颜，与我最亲爱的英奇呵！你们取去了我的游侣，多福的精神！为它们的纪念我安置这花环和诅咒。

这诅咒加诸你们，我的仇敌！没有将我的永恒促短，如寒夜里一陶器之碎裂么！几乎如神圣底眼睛在我只一瞬，——一掠影顷！

我的纯洁曾在某一良时向我如是说:“于我,一切事物该是天神似的。”

而你们便以污秽底鬼魂突袭我,呵呀,那一良时逃往何许!

“一切时日于我该是神圣的”——我青春的智慧有次向我如是说:诚然,一种欢乐底智慧之告语!

而你们这班仇敌便盗去我的黑夜,卖给了失眠底痛苦。呵呀!那欢乐底智慧又已逃往何许?

有一时期我欲望飞鸟之吉征:你们便将猫头鹰那怪物引上我的路,一个凶兆。呵呀,我温柔底愿望便也逃往何许?

有一时期我誓与一切可厌恶者离绝:你们便使我的近者邻者化为脓包。呵呀!我的最尊贵底誓愿又逃往何处?

我从前如盲目者走着幸福之路:你们便将粪秽投于盲者之道,而今他犹憎恶旧日盲者之行径。

当我任着艰巨,庆贺我的制胜之有功:你们便使爱我者高叫,我使渠们最苦痛了。

诚然,这永是你们的行为:你们使我的最佳底蜜变苦,将我的最优底蜜蜂的辛勤辜负。

于我的行慈你们常遣来最刁顽底乞丐;向我的同情你们常驱来不可救药的无耻之徒。因此你们损伤了我的道德之信仰。

当我奉上我的最神圣者为牺牲:立刻你们的“虔诚”将其肥厚底祭品摆出:如是在你们的脂肥之蒸薰里,我的最神圣者也气塞。

我曾经欲跳舞,如从来未曾这么舞过,我将超出诸天而跳舞。但你们引诱坏我最爱的歌者。

于是他唱的那么沉滞,难听。呵呀,这声响传入耳中,便如呜咽底吹角！

杀人的歌人，恶毒的工具，最无罪者！我已为最好底跳舞准备了，你便以恶声将我的兴致杀却了！

只在跳舞中，我知道表现最高尚事物之比拟——而现在我的最高底比拟只存于我的肢体中，未曾表现！

于是我最高底希望不能表白，未能发扬！而我的青春的一切容颜和慰藉又消逝了！

这我如何堪忍？我如何疗好这创伤，制胜这痛楚？我的灵魂何由从这些坟墓中重新苏起？

是呀，我亦有不可损伤者，不可埋葬者，一种崩崖裂石者，那便是我的意志。它沉静地前趋，历年岁而无改。

它要以我的足行它的路，我的旧意志；其义趣是坚忍于心，而且也不可伤损。

我只在脚跟上不可伤损。永远你仍生活在那儿且于你是一样，最坚忍者！永远你还在破毁一切坟墓！

在你中犹存我青春之未发扬者，为生命，为青春，你期望地坐在这苍黄底墟墓间。

是呀，于我你还是一切坟墓的毁败者，祝福你呀：我的意志！而且只在坟墓之墟，有重苏之升起。——

苏鲁支如是歌唱。

超过自己

“向真理之意志”，大智者呵，你们这么称呼那驱使你们且使你们热烈者么?

向一切存在之可思议之意志,我如是称呼你们的意志!

你们欲将一切存在起初作成可思议:因为你们善疑,疑其是否已可思议。

但存在当自陈而且屈就你们!你们的意志如是。它应当光匀,卑伏于精神前,自作其明镜与照影。

这便是你们的全部意志,大智者,以其为向权力之意志,即算你们论说善恶,论说价值之估定。

你们犹要创造世界,得自跪于其前:这是你们的最后愿望与心醉。

然不智者,自然是民众,——他们犹如川流,浮小舟而俱下:在小舟中坐着估价,堂皇而又乔装。

你们的意志与价值,你们已将其置于转变的川上;这向我阴示其为旧时向权力之意志,凡民众之信以为善为恶者。

那是你们,大智者呀,将这些客人安置在这舟中了,且加以美饰与佳名——你们和你们的统治之意志!

这川流如是将小舟浮远:它必得负此扁舟。虽然巨浪飞怒沫而冲荡其龙骨,其事犹小!

并非此长川是你们的危险,或你们的善恶之终结,你们诸大智者!却是那意志本身,向权力之意志——无尽底且生产底生命之意志。

但使你们了解我的善恶论,为此我将说出关于生命的道理,及一切生物之天性。

我跟随一切生物,走遍最大最小的路,以便认识其天性。

用一个百方面的明镜,我照取它的眼光,倘若它的嘴闭住了,以使它的眼睛言说。而它的眼睛亦复向我告语。

但是,凡我发现生物之处,便听到服从之言语。一切生物便是一服从者。

还有第二点,凡不能服从自己者,便受命令。这便是生物之真性。

再有第三点,我所听到的:命令是难过服从。不独是命令者担负了一切服从者的重量,而这重量易将其压碎:——

我觉得在一切命令中,仿佛有一度尝试与冒险;而且时常倘若是发命令,生者本身也在冒险。

是呀,甚至于命令自己:它也得为此命令补偿。于他自己的法律他得为裁判官,报复者,与牺牲者。

这何由而成呢?我问自己。何者使生物服从,命令,而命令中犹且服从呢?

现在请听我的话吧,你们大智者!请严肃地试验,看我是否已探到生命的中心,直入其中心的微隐!

凡我发现生物之处,便找到了向权力之意志,便是在为仆役者之意志中,也寻得了那意志,要自为之主。

凡弱者之役于强者,那是其意志引诱他,还可以在更弱者以上做主:单是这兴趣它不愿抛弃。

一如较小者之役于强大音,以便能于最微小者犹得有兴趣与权力。强大者亦复自献,为了权力之故,将生命——一拼。

其为冒险与艰难,也算最强大者之自献,且以死为赌博。

而且凡有牺牲,服役,与爱顾,那里便也有意志,欲自为之主。

较弱者则由邪径邪趋于堡垒，直入于强大者之心——在那儿盗窃权柄。

这便是生命亲自说给我听的秘密："看呵"，它说，"我便是那必需时常超过自己的东西。

当然，你们称之曰生产之意志，或向目的，向高者，远者，多方者之冲动：但这一切皆是一体，皆是这一秘密。

我宁肯堕落，不愿失却此一物，而且真呀，凡有堕下与叶落，看呵，那里便奉献了生命——为了权力！

我之必为战斗，为转变，为目的，为相反之目的：呵呀，有谁猜测我的意志，也必能猜到它将走多么弯曲之路！

无论我创造什么，不论我如何爱好它，——不久我必成为它的反对者，且反对此爱好：我的意志原要如此。

而且你，认识者，只是我的意志之小径与磴梯。诚然，我的向权力之意志，也以你的向真理之意志之足行走！

以'存在之意志'这话射向真理者，当然不能命中，这种意志——是没有的！

因为，凡不存在者，当然不能有愿望，但已在存在中者，怎么更能愿望存在！

只是，凡有生命之处，那里便也有意志：但不是向生命之意志，却是——我这么教你——向权力之意志！

许多东西于有生者比生命本身还贵重；但刚从这种估价本身，说出了——向权力之意志"！——

生命曾如是教我：由此我替你们，大智者呵，还解答了你们内心的谜。

诚然，我告诉你们，善与恶之常住不变迁者，——是没有的！出于自我，这且将重复超过其自我。

以你们的善与恶之价值与名称，你们施行权威，你们这班估价者；而这便是你们的私衷之爱好，与你们灵魂上的光辉，震荡，与洋溢。

但一种更强底权威生于你们的价值，和一种新底超越，其上破碎鸡卵与卵壳。

而且，有谁必在善与恶中成为创造者：诚然，他必得先为毁灭者，碎毁价值。

如是，大恶亦属于大善：但这，是创造底善。

我们只不妨说下去，你们大智者，是否这同样是坏。但沉默是更坏的；一切沉默底真理，是化为毒物的。

而且让一切破碎吧，凡能——在我们的真理上破碎的！还有许多房屋应该建起！——

苏鲁支如是说。

伟大者

我的海洋底面平静，有谁猜测这底下潜匿着滑稽底怪物呢？

不可动摇者是我的深渊：但它因飘浮底谜语與滑稽话而辉然有光。

我今日看到一个伟大者，庄严者，精神的忏悔者：呵哟，我的灵魂怎样发笑了，因他丑陋！

隆起着胸膛，仿佛深深吸入空气者，他这么站在那里，这伟大者，而且沉默着。

悬挂着丑陋底真理，他的猎获品，衣裳又尽破碎；还有许多刺罣于一身——但我不见其有玫瑰花。

他还未曾学到美，与笑。这猎夫狰狞地从智识之林走回。

他获得野兽，大战斗而归：但还有一匹猛兽从他的严肃中透露出——一匹未曾战胜者！

他老是站在那儿，如跃跃欲动之老虎：但我不高兴这紧张底灵魂，我的趣味对于这一切矜退者是不相投的。

但是朋友们，你们说关于兴趣与口味是不容置辩的么？但一切生活便是关于兴趣与口味的争辩！

趣味：这便是重量，同时也是天秤，而又是称者。苦了一切有生者，欲于重量，天秤，与称者，无争而生活！

倘若这伟大者自倦于其伟大：然后他的美方始展开，——然后我将尝他而觉其有味。

直到他从自我转开，他方跳过他自我之阴影，——而且，诚然，跳到他的日光里。

他在阴影里坐的太长久了，这精神之忏悔者面色变为苍白，他几乎饿死于期待。

侮蔑犹存于他的眼中；憎恶犹衔于他的嘴里。他现在当然休息了，但他的休息尚未在于日光里。

他应该自同于耕牛；他的幸福应该有泥土的气息，而不是蔑视泥土的气味。

我愿见其为雪色的耕牛，喘息地，呻吟地，拉着犁头前行：它的呻吟犹将称颂一切地上者！

他的面色犹甚阴郁;手的影子蔽于其上。他的眼识还是荫蔽了。

他的行为本身,还是荫着他的阴影,行为之手蒙蔽了行为者。他还没有胜过他的行为。

我爱其有耕牛的颈项:但现在还愿见有天使的眼睛。

还有,英雄意志他应该忘废:他应该是超腾者,不仅为伟大者而已,以太将使之上飘,浮起这无意志者!

他曾经降伏怪兽,解答谜语:但他应该解救他的怪兽与谜语,使之化为天上底孩子。

他的智识还未曾学得欢笑而且无猜;他的奔赴底热情还未能在美中凝寂。

诚然,他的期望不应在餍足中寂静,消沉,却应在美里!温文原属大怀抱者之风度。

将手臂搁在头上,这英雄应如是休息,且将如是超过其休息。

但刚刚对于英雄,美,是一切事业中最艰难者。美不是一切强烈意志所可挣得的。

或一点点过多,或一点点过少:在这儿则成为太多,或多至于极。

弛懈筋肉而立,脱卸意志之羁束,这于你们是最困难的,伟大者哟!

倘若权力化为仁慈,下降于可见者之域,我称这种下降为美。

而且不从旁人单是从你我欲其有美,你这强权力者:让你的仁爱成为你最后的自我战胜吧。

我相信你为一切恶:因此我要求你之善。

诚然，我常笑一班孱弱者，他们自以为善，因其有偃蹇之足！

你应该追求柱石之美德：石柱只见美丽，只见温柔，但内中只见坚刚，只见能胜负荷，倘其上升愈高。

是呀，你伟大者，有一日你将化为美丽，于你自己的美丽可以明镜照影。

然后你的灵魂将震眩于天神底欲求，即在你的虚荣中也仍留崇敬！

因为这便是灵魂的秘密：要到英雄遗弃了她，然后在梦中有——超英雄，与她接近。

苏鲁支如是说。

文化之域

我飞入将来，太远了，恐怖忽然袭我。

我环顾四周，看呵！时间成了我的唯一底伴侣。

于是我退转，飞回——加速地：便来到你们这里，现代底你们呵，这里，文化之国土。

这是第一次，我加诸君以青眼，与美好底期望：诚然，我心怀着思慕而来宾。

但于我怎样了呢？即算我很惧怕，——也不免要发笑了！我从来未曾看到这许多光怪陆离底事物！

我笑了又笑，虽同时我的双足战栗，而且中心摇摇："这里是一切颜料罐的家乡呀！"——我说。

现代人士呵，你们面上和身上涂了五十道彩色：这么端坐于此，使我惊奇！

而且有五十面镜子围绕你们，阿谀看你们的彩色戏，反复颂扬！诚然，现代者，你们除了这本来面目外，真不能再戴上更好的假面具了！谁能——认识你们呢！

写满了古时代的字，又在这些字上写满新字：这么你们使一切善识字者皆识你们不出了！

即算是检验肾脏的医生，谁能相信你们还有肾脏呢！你们好像是从颜料烘出，而且由胶布条制成的。

各时代各民族从你们的面幕里望去是光怪的；各习俗各信仰从你们的姿态里说出是陆离的。

有谁取下你们的面幕，包裹，彩色，和姿态：剩下的他刚够以之吓鸟雀。

诚然，我自己便是那受惊的鸟，曾看到你们的无彩绘的裸形。当那骨骼向我招爱时，我飞去了。

我宁肯在阴间为日雇之佣工，依往者之阴影！——便是阴间里的鬼魂，也比较你们丰腴，充满！

这，这真是我肝肠的嫉恶，便是既不忍见你们装饰了，复不忍你们之裸露，你们现代者！

一切将来之可怖畏者，与凡使迷飞之鸟惊伤者，比较起你们的"真实"，犹觉可怡悦，可亲。

因为你们这么说："我们完全是真实的，既无信仰，也无迷信"，你们如是鼓吹——呵呀，并肺肝也没有！

是呀，你们怎么能够信仰呢，你们光怪陆离者！——为一切凡曾经信仰者之图画的你们！

你们便是信仰本身的支离底反驳，一切思想的毁伤者，不值得信仰者：我这么称呼你们，真实者！

各时代在你们的精神里彼此争辩，便是各时代的幻梦与喧呶，比较起你们的清醒也还要真实！

你们是不结果实的：因此你们缺乏信仰。但有谁要创造者，往往有其真实底梦与星象图——也相信信仰：——

你们是半开的门，掘墓者候于其侧。而这便是你们的实际："一切皆值得毁灭。"

呵呀，如你们之呈于我前，汝辈不结果实者，肋骨多么稜瘦！你们中间多少人当有自见。

他说："诚然有个上帝，当我睡熟的时候，秘密盗去了我一些什么？真的，足够以之造出一个女人！

我肋骨之瘦瘠诚然奇怪！"——许多现代人这么说。

是呀，我觉得你们可笑，你们现代人！尤其当你们自加惊怪！

然苦呵，当我不能笑你们的惊怪，而必从你们的浅杯中喝下一切可鄙厌者！

然而我将轻易放过你们，因为我有重负将要肩起；设若我的负担上尚有甲虫与飞虫，这于我何有！

诚然，这于我未尝加重！而我的大疲劳，不从你们生，你们现代者。——

呵哟，我将以此遥情上升于何许！从群峰之上我遥寻故国和家土。

但我无处寻到家乡；在各城市不能安居，与各门庐又成离索。

现代人在我总觉其生疏，而且滑稽，近日我心驱我向往的；而

我已从故国和家土被驱出了。

于是我只爱我的儿童国土，隔重洋的，未经发现的：我命风帆远驶，求索之而又求索。

在儿童中我将弥补我之为我父祖的儿童，在一切将来上——补救这现代！——

苏鲁支如是说。

纯洁智识

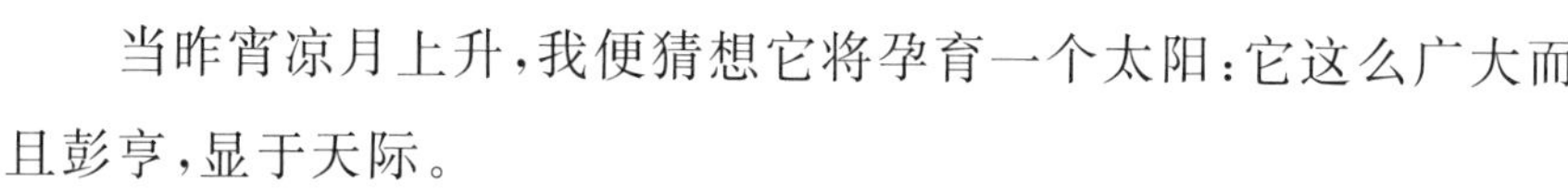

当昨宵凉月上升，我便猜想它将孕育一个太阳：它这么广大而且彭亨，显于天际。

但它和它的孕育全是谎骗：我犹将相信月亮里的男人，不肯相信女人。

自然，它不甚成其为男人，这稚弱底夜之酣醉者。真的，它恶意的行过屋顶。

因为它甚贪欢，而且嫉妒，这月球里的僧徒，贪恋着地球，与一切爱者的欢乐。

不的，我不喜欢它，这屋顶上的雄猫！我最憎恨一切潜入半开之窗户者！

沉默地而且虔敬地它游行于群星之地毡上——但我不喜欢轻移的步履，并一马刺的响声也没有的。

每个诚实者的步履是响的；但猫儿在地上悄悄溜行。看呵，月亮猫儿似的移来，不诚实地。——

我说这比譬与你们敏感的伪善者，你们，“纯智识者”！我称你们为——贪欲的人！

便是你们也爱此地球和人世的一切：我猜透你们了！——但你们的爱情中有羞惭与恶意——你们如同月亮！

有人曾劝诱你们的精神，教蔑视一切地球上者，但未曾劝转你们的胃肠：但胃肠却是你们内中最强力者！

于是，你们的精神羞惭，羞于服从胃肠的意志，则因自羞之故，走邪径与谎骗之途。

“这于我要算最高尚之事”，——你们的虚伪底精神这么自语——“无求无欲的观看生活，不像狗似的伸着舌头贪顾：

旁观之而生快乐，寂灭了意志，无自私之意与心——全身冰冷而且灰白，但有迷醉的月亮之眼睛！

这是我最爱的——引诱者这么自诱——爱地球一如月亮爱它，只以眼光接触它的美。

这，我称为一切事物的纯洁底认识，于事物一无所求：除了请其许我卧于其侧，如明镜之具千百眼。”——

呵哟，汝辈敏感底假冒为善者，你们这班贪欲的人！你们的愿望中缺乏天真：因此你们诋毁欲望！

诚然，你们之爱地球，非如创造者，生育者，转变之欢幸者！

天真在哪里？在于凡有生产之意志那里。谁欲超其自我而创造者，我则谓其有最纯洁之意志。

美在哪里？在几我必以全副意志愿望之处；凡我将爱好且愿灭亡之处，庶几使影像不独为影像而已。

爱和灭亡：这二者是从古以来相并。爱之意志，那便是，也愿意至死。如是我说与你们懦弱者！

而现在你们的不男性底觊觎要自称为“达观”么！而以懦弱底眼光接触的，便要谥曰“美”么！呵哟，你们这班亵渎高尚之名的人！

但这将成为加于你们的诅咒，你们纯洁者，纯洁认识者，便是你们永不生育，即算你们广大而且彭亨，显于天际！

真的，你们满口充塞高尚名词：而我们便应相信你们的内心充满盈溢吗，你们这班大骗子？

但我的言词皆是渺小的，可鄙的，嗫嚅的：我愿意拾起你们的筵席下的残弃。

但仍旧我可以真理为汝辈——假冒为善者说！是呀，我的鱼刺，贝壳，有刺之叶将撩痒——伪善者的鼻子！

你们身边和筵宴上总有恶空气：你们贪鄙底思想，你们的谎骗和秘密，皆在于空气里！

试行首先相信你们自己吧——自己和自己的胃肠！有谁不相信其自我的，时常说诳。

一个上帝的蛹你们挂在面前，你们“纯洁者”呵：你们的恶毒底螟蛔，便蜷曲于这上帝的蛹子里。

诚然，你们欺骗，你们这班“达观者”！便是苏鲁支也曾被你们的神圣底外皮哄过，他未曾猜出这表皮下充塞着的蛇蟠。

一个天神的精灵呵，我曾以为它在你们的游戏里游戏，你们纯洁认识者！我曾拟想没有比你们的艺术更优美的艺术了！

毒蛇的遗矢，恶劣底臭气，皆被距离从我面前障蔽了：一枚蜥蜴的狡狯，贪婪地在四周寻掠。

但我走近你们了：便有这么一天——这一天也临到你们

了,——与月亮的恋爱到了终结!

望去呵!被识破了,面如死灰——它站在朝霞之前!

因为那白热者升上了,她的慈爱来到地球上!全太阳的慈爱便是天真与创造欲。

看呵,她多么不耐性地超海洋驰来!你们不感觉她的慈爱的焦急,和热烈底呼吸么?

她将吸起海水,将其深渊吸到她的高处:海洋的欲望便高涨,涌起千端之乳。

它愿望为太阳的焦渴所吻,所吸吮,它愿望化为水气,与高空,与光之过程,与光明本体!

诚然,如同太阳,我爱生命,和一切渊深之海。

这,于我便叫智识,一切渊深者应高骞——到我的高处!

苏鲁支如是说。

学　　者

当我睡熟后,来了一只羊,啮着我头上的冬青树之花环——啮着,而且还说:"苏鲁支已不是学者了。"

说过这话,便磅礴地高傲地走开了。这是一个小孩讲给我听的。

我喜欢躺在这里,小孩们游玩的地方,在颓垣间,野蓟与红罂粟花下。

我于小孩们也还算学者,于野蓟和红罂粟花,也同然。他们天真,便是为恶也天真的。

但于山羊我则不然了，我的命运原要这样——也祝福其如此！因为这是真理：我已走出学者之居，而且随手将门关上。

我的灵魂久已饥饿地坐在他们的桌旁，不像他们一样，我不习于认识，亦不惯于破硬壳果。

我爱自由，与清新大地上之空气；我宁睡在牛革上，不欲居于他们的荣耀和崇拜里。

我太炎热，而且为自我之思想所焦灼：这时常要迫完我的呼吸。于是我必走入空旷之地，离开尘垢充满的房室。

但他们冷静地坐在阴凉底荫蔽下：凡事他们只欲为旁观者，且留意自己不坐在太阳晒到的阶台上。

如同站在街上的人，好奇地呆看过客：他们也那么等待着，好奇地瞧着旁人想出的思想。

有人伸手抓他们吧，他们便扬起灰尘如面粉袋，而且不愿意似的；但谁能猜出这尘埃来白玉蜀黍，且来自夏日田地上黄色的欢乐呢？

若其装出很智慧的模样，则其小格言与真理使我冷然。那智慧中时常有一股气味，仿佛使人觉得这智慧是生自沼泽中似的：真的，我已听到青蛙在其中鼓噪！

他们是巧妙的，他们有灵巧底指头：我之单纯欲于其繁复何求呢？他们的手指工于穿针度线，打结织网，如是乃造成了精神的长袜！

他们是好的钟表，只需正确地上满它们！可以无误地指出时辰，谦卑地到时发响。

他们工作如磨石：如杵臼，只需投入谷子，——他们已知将颗粒研小，从之磨出白面粉。

他们留意互相窥伺，彼此皆不十分相信。在小巧上甚多发明，他们等待着智识蹇拙者，——像蜘蛛一样等待着。

我时常看见他们小心地配制毒药；配制之时，时常在指头上戴上玻璃手套。

他们也知道摇假骰子；我看到他们赌的那么热衷，汗涔涔出。

我们彼此不相识，然他们的道德比他们的虚诳和假骰子，还使我更厌恶。

当我住在他们那里，便居于他们之上。因此他们恨我。

他们不欲知有人在他们头上行走，因此他们叠起木料，泥土与废物，将他们的头和我障开。

这么，他们使我的足音消沉，至今我最不为最成为学者的人们所听到。

全人类的过错和弱点他们置之于他们和我之间——在他们的家里便称这为“陷落踏板”。

然而我仍以我的思想超越他们的头脑而行，而且即算我践上自己的缺陷，也仍然超过了他们，和他们的头脑。

因为人类是不平等的：公理作如是说。凡我所愿望的，他们不敢愿望！

苏鲁支如是说。

诗　　人

“自从我更懂到肉体”——苏鲁支对他的某一使徒说——“我

便觉得精神不过是假象底精神，而一切“不可磨灭者”不过是一种象征底说法而已。

“我曾听到先生这么说过，”他的门徒说：“而且还加上说过这种话‘诗人说谎甚多’，为什么先生说诗人好说诳，而且说的多呢？”

“为什么”？苏鲁支说：“你问为什么？我不属于那一类人可以问其为什么的。

难道我的经验是昨天方得到的么？我体验我思想之根源，其实是很久了。

倘若我事事要存着‘为什么’的理由，我岂不要成为一只记忆的大桶子吗？

便是保存我的一切思想本身，已经是大多；许多鸟儿飞开去了。

我偶尔也发现一只投来的急鸟在我的鸽子棚里，非我所认识的，而且我用手摩抚它时，它颤动了。

但有次苏鲁支向你说了什么话呢？诗人太好说谎吗？——便是苏鲁支自己也是一个诗人。

你相信他在这儿说真话吗？但你为什么相信这话？”

那门徒回答道：“我信仰苏鲁支。”但苏鲁支摇头，笑。

信仰使我不幸福，——他说——尤其是对我自己的信仰。

但设若有人极严肃地说，诗人说诳甚多：那他是对的——我们说谎太多。

我们知道太少，又是不善于学习者：因此必得说诳。

我们诗人中谁没有在他的酒里掺假呢？在我们的酒窖里掺和过许多毒液，许多不堪言说的事在那儿做出来了。

因为我们知道的少，所以心里最喜爱智识薄弱者，尤其倘若是年青女子！

便是老妇人夜间所谈说的那些故事，我们也甚愿望的。这个，我们称之曰永久之女性气质，在我们内里。

而且仿佛另有一条秘密底达到智识之捷径，为要学点什么的人却堵塞着；这么我们相信民众及其“智慧”。

但这却是为一切诗人所相信的：便是有谁躺在草地里或荒凉底山岗上，而竖起着耳朵听，必能体会得天地间一些事。

如果他们得到了些温柔底刺激，诗人们便以为自然本身已爱上他们了。

以为自然潜入他们的耳里，说出密语与爱之谀词：这，是他们在一切世人前所自矜诩者！

呵呀，天地间有许多事，只为诗人们所让人梦到的呀！

尤其是超出天外，因为天神皆是诗人比象，诗人诡词！

诚然，我们永是被升高——便是升入白云乡里：其上我们便立出彩色的皮囊，称之曰天神与超人：——

天神与超人——岂非在这龛座上刚够轻巧么！

呀呵！我已多么倦于这一切虚空不可及者，而又为人所执为实事者！呵呀，我已多么厌倦诗人！——

苏鲁支如是说已，他的门徒愤然，但无所说。苏鲁支亦复沉默；他的眼睛返观内照，有如旷望高远。终于长吁一声，透过气来。

他于是说，我属于今日，属于从前；但我内中有着什么，却属明天，后天，和将来。

我已厌弃诗人，新诗人或旧诗人皆一样：我觉得他们皆是肤浅

的，如同浅海。

他们未曾想入深处，思索不足：因此他们的感情不沉着，不能深沉到底。

些许情欲和些许无聊，便算他们最好底思索哩！

他们的竖琴的铿锵，我以为是鬼吁和鬼呛；他们至今知道什么音调的热情！——

而且在我总觉得他们不够纯洁：他们故意将水搅浑，作出甚深之状。

他们又乐于作为协调者的模样：但于我，他们仍其为中间人，混合者，一半儿，不洁的！——

呵呀，我曾投网于他们的海里，欲捕得佳鱼：但我时常捞起一尊古神像的头颅。

这么大海便是给一石头与饿者。他们本身诚哉可以生于大海。

当然，从他们里可以寻到珍珠：但正因此他们更像坚硬底蚌类。要找到他们的灵魂，却得到盐浸底涎沫而已。

他们还学到大海的虚荣：大海岂非像孔雀中的孔雀么？

便是在最丑的水牛前它也张开长尾，从来不倦于它的金丝银织的大羽扇。

水牛顽强地瞪着它，灵魂近于风沙，且较近于苍莽，更又近于泥沼。

美，海洋，孔雀的华装，于它何有呢！这譬喻我说与诗人们。

诚然，他们的精神本身便是孔雀中之孔雀，一派虚荣的海洋！

诗人的精神求为旁观者：便算是水牛吧！——

但我于这精神已经疲厌：我看不久这精神于自己也疲厌了。

我看诗人们已经改观，他们的眼光已返观自己。

我已见有精神之忏悔者，这班人生于诗人中。

苏鲁支如是说。

大 事

海中有一孤岛，——与苏鲁支的幸福群岛相近，——其上有一火山，长年喷烟，民间留有传说，尤其是老妇人喜说，这安置的像阴间大门前的一石壁：从这火山口下去却有一条窄路，便是直通于那阴界的大门的。

当苏鲁支留连于他的幸福群岛时，来了一条船，在那冒烟的火山岛边抛锚，船员也皆登岸，猎野兔去了。但时近正午，船长和水手们重新聚集，忽见一人从空中飞来，有声音清楚地喊着说："是时候了！是最迫切底时候了！"那形体和他们最接近之际——它是影子似的很快地掠过，向火山那方面投去——，他们皆大惊，认识这便是苏鲁支，因为除了船长以外，他们皆曾经见过他，也爱他，亦如民众之敬爱：如是敬爱与羞惭之交并于人心。

"看呀！"老舵工说，"苏鲁支飞往地狱去了！"——

便是当水手们初登此火山岛之际，已有谣传，说苏鲁支失踪。有人问他的朋友，皆说，他在夜里驾船走了，没有说往哪里。

那时民众甚为不安；三日后又来了水手们这段消息，更为骚动了——于是人们皆说，魔鬼已将苏鲁支攫去了。他的门徒自然嘲笑这话，有一个甚至说："我就要相信苏鲁支将魔鬼抓来的。"但他们心灵深处皆充满怀念而且焦急:其欢喜自不必说,当第五日苏鲁支在他们中间出现。

这便是苏鲁支与火犬谈话的故事:

地球,他说,有一层皮肤,而这皮肤有皮肤病。其病之一,便是例如叫"人类"者。

这些病中另有一种,叫作"火犬":关于这,人们已大大的受骗,而且让自己被骗下去。

为求深这秘密我曾渡过大海,我看到赤裸底真理,真呀!从赤脚一直到咽喉。

其与火犬之关系,我现在知道了;同样知道其于冲起的与颠倒的魔鬼的关系,那不但为老年妇人之所怕者。

"出来吧,火狗,离开你的窟穴!"我这么喊,"而且要自白,这深处有多深!你那儿呼呼喷出的,是哪儿来的?

你在海洋上喝水喝得很充足了:这是你的带盐味辩才所发露出的!真的,在你这本是深处的一只狗,从浅处取滋养料取得太多了!

最高限度我认你为地球的用肚说话的巫术士:而且时常我听到颠倒的魔鬼与冲起的妖怪说话,我以为他们像你,带盐味,作谎说,而且肤浅。

你们懂到咆哮,扬灰尘蔽光!你们是最好的夸口者,也饱学了使泥泽沸腾的艺术。

凡你们所居之处,其侧必常有泥泞,和许多海绵似的,多孔的,被压迫的东西:这皆要得改放。

"自由",你们皆最爱这么咆哮的:但我已失却对"大事业"的信仰，时若那旁边围有许多烟雾与咆哮声。

相信我吧，鬼喊鬼叫的朋友！最伟大的事——不是我们最喧闹的时间，却是我们的最寂静的时刻。

地球不因新呼声的发明者转旋：却围绕新价值的发明者周转；她潜转无声。

试承认这吧！倘你们的喧呼和烟焰消过后，时常成就的甚微少。若一城市化为僵尸，一石像柱没于泥里，又算什么！

我且为跌倒石像柱者试进一言。投盐于海，投石像柱于泥泞，最是愚蠢。

石像埋没于你们蔑视之泥滓里：但刚从蔑视下重苏生命和生动底美，几乎是它的定理！

于是它站起来，显出天神似的体态，可怜地动人；而且真的！它还要表示感谢，多谢你们将它打倒了哩，颠倒者！

这道理，我将献与国王和教会，以及一切老之衰者，德之衰者——让你们自己被打倒吧！然后你们将回复生命，而道德，也回转来了！——”

我向火狗如是说：它颓然地打断我的话，问道：“教会么？那是什么呢？”

“教会”？我答道：“那是一种社会组织，当然是最虚妄底一种。但缄默吧，你这伪善的狗！你当然最认识你们那一类！

和你一样，国家也是一只伪善的狗；和你一样，它说话是善发烟焰与咆哮，——而要使人相信，也像你一样，从事物的肚里说话。

因为它根本要自做地球上最重要的动物，国家这东西；而人们也相信其这样。”

我说过这话，那火狗的样子几乎是要因嫉妒而昏厥了。“怎么”？它大叫：“地球上最重要的动物么？而且人也相信其如此么？”从它的咽喉里便喷出许多烟气和嗽嘈的声音，几乎使我以为它一下要因愤怒和嫉妒而窒死了。

但终于稍稍平静下来，喘息也略定；当它一不作声时，我便笑着说：

“你气愤了，火狗：我讲你的话，没有讲错！

但为持平之故，你听我说另外一种火狗，它实是出自地球的内心说话的。

它的嘘息成为黄金，与黄金雨点：它中心是要如此的。然则灰尘，烟雾，沸腾的泥滓，与它何与！

欢笑从它如一片彩云腾起；它对于你的呼嗽，吐唾，和肝肠的嫉恶，是反对的呀！

黄金与欢笑——它取之于地球的中心：而只若你也知道，——地球的中心是黄金的”。

那火狗听到这话，不忍继续听下了去。羞惭地夹着尾巴，低声地号了两声汪！汪！转爬下洞里去了。——

苏鲁支如是陈述。他的门徒未曾十分听他的故事，他们甚急切地要告诉他水手，野兔，和那飞行者的话。

“这我将如何设想呢”！苏鲁支说：“难道我是魔鬼不成？

但这也许是我的影子。你们也听到过一些流浪者及其阴影的事么？

但这是一定的：我将更用力制住它，——否则它还要损毁我的名誉。”

苏鲁支一再摇头而且自诧。一再说："这我将如何设想呢！"

那鬼魂为什么喊："是时候了！是最迫切底时候了！"

"最迫切底时候——为了什么？"——

苏鲁支如是说。

说预言者

"——而且，我见到很大底忧郁，来到人间。最优秀底人们，也倦于他们的工作了。

一种教义流行，一种信仰便跟着：'一切皆是空的，什么都一样，都曾有过！'

从一切山谷间也生出回响：'一切皆是空的，什么都一样，都曾有过！'

我们诚然有所收获，但为什么一切果实皆腐烂而且萎黄呢？昨夜从恶毒的月亮降下了什么？

一切工作也皆白费了，我们的美酒化成了毒药，恶眼烧焦了我们的田地和心。

我们皆变枯干了，有火落在我们身上，则粉身如灰尘——是呀，我们使火也厌倦起来了。

一切泉源皆已涸竭，便是大海也低落。整个土地要崩裂，但深处无可吞没。

'呵呀，哪儿还可以寻到大海可以溺死人的呢？'我们这么呻吟，——怨声充于浅泽。

真的，便是死，我们也太厌倦了；于是我们还是醒着，而且活下

去——在墓室里！”——

苏鲁支听到一位说预言者如是说；他的预言说动了他的心，将他改变了。他忧愁地徬徨，颓然了；几乎也变了那预言者所说的人们一样。

“真的，”他向门徒如是说：“只为一点小事，这长期的黄昏便来了。我要怎样将我的光明保持下去呢！

要使我不在这忧郁里窒熄呀！于悠远底世界这应该还是光明，也于最悠远底遥夜！”

内心这么伤悲，苏鲁支于是乎徬徨，三日里不饮不食，不能平静，忘其言说。终于他沉沉地入睡了。他的门徒却围着他坐，长夜守护，焦心地等待，看其是否醒转来，重新说话，从他的忧劳里恢复常态。

这便是苏鲁支醒后说出的话，他的声调之及于徒众，宛如出自远方：

“听我说这梦吧，我所梦到的。朋友们，也帮助我猜出这梦的意思！

这梦于我还是一个谜，它的意义还涵藏其中，囿于其里，未曾以自由底翅子出外飞去。

我梦到谢绝一切人事了。我已经化为守墓而兼守夜者，在那荒凉底死之山堡里。

我在那上面守护他的棺材，阴森底穹窿下立满了这种胜利之标志。从玻璃棺椁里有消逝了的生命凝视我。

我吸入尘封的永恒之气息：我的灵魂也烦闷而且尘积地寂居。

在那地方谁还能使他的灵魂透过气呢?

环绕我的只有中宵的天光,孤独匿于其侧,而且,还有,呼呼底死之岑寂,算是我的女友中最坏的一人。

我掌着钥匙,一切钥匙中最锈损的;而我也知道启开一切最能轧轧作响的大门。

那响声便如一番恶毒底怨詈,传入长甬道中,倘若大门门扇被启开:这鸟不吉祥地噪聒,它不要被惊醒了。

但更可怕的,使中心如结的,是当其重入沉默,周围变成寂静,而我独自坐在这狡狯底沉寂里。

我便这么样,而时光也这么样过去,倘若还有所谓时光吧。我何从知道!但终于有事,将我惊醒了。

三次大门上有叩声,其声如雷,穹窿里也三次回响,轰然,厉然:我便走到门次。

呵哈!我便喊,谁将他的死灰送上山来呢?呵哈!呵哈!谁送灰上山呀?

我便套上钥匙,用力开门,但开的还没有一指宽时,

一股疾风将门扇冲得大开,呼啸地,砉然地,袭击地将一口黑棺材投给了我:

在咻然,砉然,哗然中,那棺材裂开了,唾出千端万绪底嘲笑。

于是看见千种丑态,有儿童,天使,枭,丑角,孩子大的蝴蝶,皆嘲笑我,讥刺我,向我喝吆。

我惊骇之至,恐怖极了,这将我打倒。因恐惧我便大叫起来,我从来没有这么大叫过。

便是我自己的喊声将我惊醒——我便回转来了。”——

苏鲁支如是陈说他的梦境，至此默然，因为他不明白这梦的征兆。但有一个他最爱的门徒，很快地起立，握住苏鲁支的手，说：

“你的生活本身，给我们解释了这梦，呵！苏鲁支！

你自己岂不是那高声呼啸的长风，将死之堡垒的大门吹开的么？

你自己岂不是那充满光怪底恶意与生命里天使的讥嘲之棺木么？

真呀！苏鲁支以千端万绪的儿童之嘲乐，来到一切墓道里，笑那班守墓者与守夜者，以及弄响阴森底钥匙的人。

你要以你的嘲笑恐吓他们，打倒他们；你的权力要显示出他们的昏厥与清醒。

而且，即算来了长期的黄昏，与死寂底疲倦，你在我们的天上也不至沦没，你这生命之祖护者！

你使我们看到新底星辰，与新底夜之美妙。真的，便是生命本身，你也将其张起，如一幅荫蔽我们的彩幕。

从此常有儿童的欢笑从棺椁里流出，从此常有一阵劲风胜利地披靡死之疲倦：这方面你本身是我们的堡垒与先知！

真的，**你梦为他们自己**，你的仇敌：这是你的最严肃底梦！

但一如你被他们惊醒，而回到你自己，他们也将一样惊醒——而来从你！”——

他的爱徒这么说，其余的一班人皆围着苏鲁支握住他的双手，劝他离弃床席，抛却忧愁，回到他们。苏鲁支却端正地坐在床上，眼光漠然。如同一个从遥远底异乡新回家的人凝视着他的徒众，细看他们的面孔，而仍然不认识。当他们将其舁起，使他站在地上后，看呵，他的眼光一下转过来了；他懂得了一切经过，捋着髭须，大声说：

“好哪！这刚是时候了；但准备好的午飧吧，我的徒弟们，而且要快！我以为应这么补偿做了噩梦！

那说预言者却应该坐在我身边吃喝，而且真的，我还可以指示他一大海可溺死他哩！”——

苏鲁支如是说。久久地望着那释梦者他的门徒的面容，摇着头。——

救　　赎

有一日苏鲁支走过大桥，为群丐和破脚骨所包围，有一偻者向他如是说：

“看呵，苏鲁支！凡是民众皆从你学，从你的教义上获得信仰：但要他们完全信仰你，还需要一样——你必定得说服我辈残疾人！这里你现在有个很好的选择，真的，不止抓得一个机会！你可以医好盲人，使跛子飞跑；而且，倘有过多的，你可以取去他们一点点——这，我以为，才是好法子，使残疾人也信仰苏鲁支！”

苏鲁支却回答那说这话的人，如是说：“倘若有人取去驼子的驼背，便也取去了他的魂魄——普通人这么教说的。

设若有人使瞎子得见呢，则他看到世上太多坏事：这么他便咒骂那医好他的人。还有，如有人使跛子能快跑，也是加他以最大底损伤了，因为他还不十分能跑时，他的罪恶便和他一道奔行，——

人民关于残疾人们是这么教说的。然则苏鲁支为什么不也和民众学呢，倘若人们皆从苏鲁支学？

自从我来到人民中，看到的这还是最小的事，或这人缺一只眼睛，或那人少一只耳朵，另一人又短一条腿，也还有人失掉了舌，或鼻子，或头。

我看见而且看到过更坏底事和种种丑恶，使我许多事不愿意说，而有些也不能缄默。便是，许多人一切皆无有，除了其一部分又太多——这些人，不外是一只大眼睛，或一张大嘴，或一个大肚子，或任何一样大的什么，——我称这班人为翻转的驼背。

当我从寂寞里走出，第一次走过这大桥，我不信自己的眼睛，望了又望，终于说：‘这是一只耳朵！一只耳朵，其大如人！’我更要清楚地望去，真的，在那耳朵下还有些东西动着，却是可怜的微小，乏弱，伶仃。而且实在的，这大耳是系在一纤小底把柄上——这把柄却是一个人！有谁在眼上安着一只放大镜，还可看出一个小底嫉妒底面庞，还有一个涨起的小灵魂在这把柄上颠舞。人们告诉我说，这大耳朵不但是一个人，而且是一个伟人，一个天才呀。但我从来不相信民众说及关于伟人之流的话，——仍然保持着我的信仰，这是一位翻转的驼背，一切皆太少，某者又太多的。”

苏鲁支向那偻者，及他所代言所袒护的那一班人，如是说已，转向他的门徒，神情若有深哀，遂说：

“诚然，我友，我在人丛中游行，也仿佛是在人的残躯断体中行走而已！

以我的眼光看来，这实是最可怕的事，见人类的残毁与零落，如在战场或屠场上。

移我的眼光由现在入于往古：则所发现者大致一般，残片，断肢，与可怕的偶然——但寂其无人！

今兹与往古，在于斯世者——呜呼！我友——皆为我的最不能忍受之苦；设若我不也是将来的先见者，我将不知如何生活。

为先见者，为大愿者，为创造者，为将来之本身，为达到将来之桥梁——而且呀，也如同这桥上的一位偻者：这一切便是苏鲁支。

而且你们也时常自问：‘苏鲁支是谁？我们应该如何称呼他？’和我一样，你们也举出种种疑问求答复。

他是允诺者么，或是践约者？征服者么？抑是承继者？秋收么？还是犁锄呢？医生么？或是治好了的病人？

他是个诗人么？或是真实者？解放者么？或束缚者？好人呢？还是坏人？

我行于人丛中如临于将来之碎片：那将来，我所期望的。

这是我一切的诗情与雄图，将碎片，谜疑，可怕的偶然，编诗而且合之为一。

我如何堪忍为人，倘若人不也成为诗人，解谜者，和救治偶然者！

救赎出往者，将一切‘曾经如此’转变为‘我曾要这样’——这在我方叫做救赎！

意志——便是这解放者与欣愉的使者之名：我如是教你们，我的朋友！但请还学这一点：意志本身，也还是被拘束者。

‘愿望’解散着人，但以系链拘牵着解放者的，又叫什么呢？

‘曾经如此’，这便是意志的切齿痛恨，与最孤独底忧悲。于已然者觉其毫无可为，——它于一切既往者为一个愤然底旁观人。

意志不能往回愿望；它不能打破时间和时间之奢望，——这便是意志的最寂寞底悲苦。

‘愿望’解放着人，但‘愿望’本身将何以解除其忧悲，而嘲笑其本身之拘囚呢？

呜呼，每个囚人皆变成傻子！拘囚着的意志，也傻子似地自宽。

盖时光不能倒流，这正是它之深恨；‘那，曾如是者’——便是它推不动的石头。

于是它怒恨地恶意地扬起石子，向那班不同感深恨与敌意的人们复仇。

这么，意志原为解放者，却已化为使人痛苦者了，而凡能受苦者，它便给之以执复，因其一往不可复追。

这，单是这便已算复仇：意志对于时间及‘曾经如是’之反对。

诚然，有大愚痴寄寓于我们的意志里，而这愚痴之学得了思心，实属人道上之咒诅！

复仇的精神：我的朋友，这至今成为人类最好的思索；而凡有痛苦之处，必有所惩罚。

‘惩罚’，这便叫作复仇：用了一句谎语这便假称有好良心。

又因为在愿望者本身原有痛苦，因其不能往回愿望，——这么‘愿望’本身以及一切生命——皆成为惩罚了！

于是精神翳于层层的浓云，直到最后疯狂这么宣扬：‘一切消逝，因此一切皆是值得消逝的！’

‘而这便已是公理，时间的定律，时间必得吞噬它的孩子’，疯狂如是称说。

‘事物皆是按照公理与惩罚，伦理底地安排着的。呵哟，那里还有万物迁流和“存在”之惩罚的救赎？’疯狂如是宣传。

‘倘永远底公理常存，还能有救赎么？呵呀！“曾经如是”：这石头是不可转动的，一切惩罚皆必永存！’疯狂这么立论。

‘没有一种行为可灭：这怎能因惩罚而消除！这，这便是惩罚的“存在”之永久性，存在必永远重转为行动与罪恶！

除非意志终于从其本身里救赎出来，“愿望”一化为“非愿望”——’但你们知道，兄弟们，这是疯狂的荒诞歌曲！

我将你们从这荒诞曲引开，当我教你们说：‘意志是一个创造者。’

一切‘曾经如是’是一个碎片，一个谜，一个可怕的偶然——直到创造底意志添着说：‘但我原来要如此的！’

——直到创造底意志更说：‘我原要这样！我也将这么愿望！’

但它曾如是说过么？在什么时候说过？意志曾脱离过它本身的愚蠢之羁绊么？

意志曾化作其本身之解放者和欣愉的使者么？它已经忘废复仇的精神与一切切齿深恨么？

有谁教过他与时间妥协，及高过一切妥协者？

意志应该愿望高于一切妥协者，——便是向权力的意志：但这是怎样发生的呢？谁还教过他以往回愿望？”

——但话说到这里，苏鲁支突然静止，那样儿仿佛像大吃一惊的人一样。他以惊奇的眼光望着他的徒众，他的眼光利箭似地穿透他们的思想和隐衷。过了一会儿他又重笑起来，柔和地说：

"在人们里生活甚难,因为沉默如此不易。尤其是于一个好说话的人。"——

苏鲁支如是说。那偻者却完全听了这段谈话,原来将脸遮了,当其听到苏鲁支发笑,惊奇地抬起眼来,慢慢地说:

"但为什么苏鲁支和我们谈话,与向他的门徒说话不同呢?"

苏鲁支回答说:"这有什么可怪!和歪人自可以歪说!"

"好吧,"那偻人说:"和学生自可说学校里的乱谈。

但为什么苏鲁支向他的学生说话,——又不同于向他自己?"——

人的聪明

不是高山,却是峻坂,最为可怕!

在峻坂上眼向下望,手向上攀。于此中心因其二重意志而晕眩。

呵呀,朋友们你们也能猜测我内心二重意志么?

这,这是我的峻坂和颠危,我的眼光上极于崇高,而我的手又欲把持而且依倚——于深谷!

我的意志自附于人群,我且以系链自束于人身,因为它引我上达于超人:因为我另一意志欲达于彼。

为此我盲然居于人下,仿佛我不曾认识他们:以使我的双手不致完全失去其于坚固之把握。

我不认识你们人类:这昏暗与安慰时常充于我的周围。

我坐在要路上,于每个痞徒,问道:有谁要欺骗我?

这是我的第一种“人的聪明”，一让自己受欺，以至于不必谨防骗子。

呵呀，设若我要谨防人：人如何能为我的气球之系住者！这太容易将我扯开，拉上了！

这注定是在我的命运之上，我必不得谨防。

有谁在人中要不苦于焦渴者，该学到无论从什么杯里也能喝；有谁在人中要保持清洁的，应懂到也可以用污水自濯。

为安慰自己我时常如是说：“好吧！兴起吧！老了的心！一种不幸未尝中你，试欣赏这，当作你的——幸福吧！”

但这又是我的另一种“人的聪明”，我原谅虚荣的人，甚于骄傲的人。

受了伤的虚荣岂不是一切悲剧之母吗？凡骄傲受损之处，该处生出比骄傲还好的东西。

为使生命可观，它的戏应好好演出：但于此需要好的优伶。

我发现一切虚荣者皆是好的优人，他们演戏，愿人高兴观看他们，——他们全副精神，是在这意志里。

他们表现自己，发现自己；我爱在他们旁边观察人生——这使人不沉闷。

因此我原谅虚荣者，因为他们是治我沉闷的医生，使我系恋于人如于一戏剧。

而且还有：谁于虚荣者能测其谦逊之高深呢！因其谦逊，我待他甚好而且同情。

他将从你们学得对自己的信仰，以你们的顾盼为滋养，从你们的手里吃颂扬文食。

便是你们的谎话他也相信，只要你们谎说他好：因为他在心灵深处凄然叹息，“我是什么！”

倘若不自知的道德是真道德，那么，虚荣者是不自知其谦逊的！——

这却是我的第三种“人的聪明”，我不因你们的惧怕，而厌恶看到恶人。

我幸福地看到赤日所孵育的奇迹，老虎，棕榈树，和响尾蛇。

便是在人中也有许多赤日之佳产，及恶人里许多值得惊奇之事。

当然，如汝辈大智慧者在我看来也不怎样特别智慧：我看起人类的恶也好像不及其名。

我时常摇着头问：为什么还大响呢，响尾蛇？

诚然，恶，也有一个将来的！最炎热底南方，也还没有发现给人哩。

多少事在现今已称为最坏的恶毒了，实不过十二尺宽，三个月长的！将来必有一日，有还大的毒龙来到世间呢！

因为超人也不会缺少他的毒龙的，那“天龙”，够得上配他：也必还有许多赤日在太古底幽湿树林里辉灼！

你们的野猫必得先化为猛虎，毒蟾蜍必得先变为鳄鱼，因为佳猎师必将有大猎！

而且真的，你们正人君子呀！你们有许多可笑处，尤其是你们之惧怕至今之所谓“魔鬼”者！

你们的灵魂与伟大者如此隔膜，便是超人的慈惠，你们也将觉其可怕。

你辈智慧者与博学者呵，你们将逃开那智慧的日炙，其中超人却愉快地裸曝的！

你们高尚者流，我的眼光之所接的！这是我对于你们的怀疑和匿笑：我猜，你们要将我的超人，唤作——魔鬼！

呵呀，我已厌倦这班高尚者与优秀者流，从他们的“高处”我要升起，高骞，离去，至于超人！

当我看到最优秀者裸露时，一种厌恶袭击我：于是我胁生双翼，飞往辽远底将来。

往辽远之将来，往南方之南，为艺师所未曾梦到者，到那里，诸神皆羞于冠裳之处！

但我愿见你们装饰了，我的旁人和同流！而且修饰的整齐，又虚荣，又尊严，为“正人与君子”，——

而且我也将乔装坐于你们中间——使我混认你们和我，这便是我的最后底“人的聪明”——

苏鲁支如是说。

寂静的时辰

我怎样了？朋友们！你们看见我烦恼了，放逐了，不甘服从，准备走——呵呀，离开你们呀！

是呵，苏鲁支还一次要回到他的寂寞里：但这次大熊是不乐地回到它的岩穴！

我怎样了？谁使令的？——呵呀！我的发怒的女主人要这样的，她和我说过；我曾对你们提起过她的名字么？

昨日傍晚我的最寂静底时刻和我说过：这便是我的最可怕的女主人的名称。

事情是这样的，——因为我要向你们陈述一切，使你们的心不至对这突然离别的人转狠！

你们知道睡梦者的恐怖么？——

他从头到脚吃了一惊，因为他身下的土地退开，而大梦始作。

这我说给你们为比方。昨天，在最寂静底时分，土地从我身下移开：大梦开始了。

时针转移，我生命的钟吸气——我从来未曾遇到身边这么寂静，于是我中心战慄。

无声之声向我说："你知道的，苏鲁支？"——

我因这耳语而惊呼，血已从我面上褪去，但我未发声。

无声却更向我说："你知道的，苏鲁支，但你不说！"

我终于回答，像一个倔强者说："是呀，我知道的，但不愿说！"

无声却更告诉我："你不愿么？苏鲁支！可真么？你不要在固执后面隐藏自己！"——

我便哭了，战栗如婴儿，说道："呵呀，我本愿意的，但我怎么能呢？只饶恕我这个！这非我的力量所及！"

于是无声之声更向我说："这于你有什么关系，苏鲁支！说出你的话，然后破裂也行！"——

我回答说："这是我的话么？我是谁？我正待着较高贵者；我现在是因他而破毁也还不配。"

于是无声更向我说："这于你有何关系？你也还不够颓唐。颓唐有最坚韧底皮毛呢？"

我回答说:“我的颓唐的皮毛有什么没有忍受过?我住在我的高山之麓:我的峰巅有多高呢?至今还没有人告诉过我。但我是很懂到我的溪谷的。”

于是无声更向我说:“哦!苏鲁支!谁要移动山陵,亦复要改移溪谷的。”——

我回答说:“我的话还没有移动过山陵,凡我所说,没有达到人类。我诚然已走向人群,但还没有在他们那里止泊。”

于是无声更向我说:“你如何知道这呢?清露无声地洒上花草,倘若夜是最静沉寂默。”——

我回答说:“他们嘲笑我了,当我寻到而且走上自己的路;其实那时我的双足摇摇。

他们便向我这么说,你忘记了路,现在你也荒废了行走!”

于是无声更向我说:“他们的嘲笑有什么关系!你是一个忘废了服从的人,现在你应该命令人!

你知道,凡人最需要的是谁么?命令为伟大事业者!

完成伟大之事甚难,但尤艰难者,是命令为伟大事。

这是你的最不可恕之处:你有了权威,但你不欲统治。”——

我回答说:“发命令我还欠缺狮子的声音。”

于是它更耳语似的告我说:“激动风波者,往往是最静悄底语言。支配着世界的却是潜行的思想。

哦,苏鲁支,你应该前行,当作一个要来到者的阴影,这么发号施令,命令地,更上前行。”——

我回答说:“我却羞耻。”

于是无声更向我说:“你将化为婴孩,而无羞耻之情。

你还有青年的虚矜,近来你已变年少了:但有谁将要化为婴儿的,还要超过他的少年。”——

我思索了许久,战栗着。终于说出以前说过的:“我不愿。”

于是我身边有了笑声。苦呀,这嘲笑多么割裂我的肝肠,而且刺入我的心坎!

于是有末了一次向我说:“哦!苏鲁支,你的果实皆已成熟,但你于你的果实还没有成熟!

因此你应重新回到寂寞里;因为你还要长成熟哪”。——

又有笑声,后来逃去了:于是我身边寂静,又如增加了一重。我却躺在地上,汗流被体。

——“现在你们皆听到了,和我为什么必回到我的寂寞里的理由。我一点也没有瞒你们,我的朋友。

便是这你们也知道了,谁还是一切人中间最寂默的——也将要如此的!

呵呀,我的朋友们!我还得说些什么,也还得给你们些什么!我为什么不给呢?难道我甚吝啬么?”——

但苏鲁支说过这话,深为苦痛之情所袭,又预增与朋友离别之凄哀,遂放声大哭了,也无人知道安慰他。但在夜里他独自行去,离开了他的朋友。

卷之三

流浪者

中夜苏鲁支取道岛上的山脊，期于侵晨达到岛那面的海边，因为他要在那里搭船。因为那里有个很好的泊岸，外来的船只皆喜抛锚的，这些船多载客人，欲离开幸福群岛渡过海去者。当苏鲁支这么走上山岭，中途想起从少年时代到如今的许多寂寞底流浪，自己已经走过多少山脉，岗岭，与峰巅了。

我是一个流浪者，登山者——他向内心这么说——我不爱平原，而且仿佛我也不能久于枯坐。

而现在犹于我为命运为经验者，——其中必有一番流浪与登临：人终于只能体会自己。

我可以遇到偶然，这种时代也过去了；现在除了已为我有的以外，有什么能够落下给我呢！

这，回来了，终于回到我自己——我的自我，这已久居异地，又散漫于许多外物和偶然中者。

而且还有一事我是知道的：我今兹站在我最后之峰前，这是久已留给我的。呜呼，我得走上我的最艰难之路！呜呼，我开始了最孤寂的流浪！

谁像我这么样的，不会放弃这种时辰，这时辰向他如此说：“现在乃走着你的伟大的路吧！峰巅与溪谷，——现在皆已合而为一了！

你走上伟大之路吧：所谓你最后的危险，现在也已成为你最后的遁逃！

走着你的伟大之路：这该是你最好的勇往，你后面已更没有了路！

你走着伟大的路呀，这已无人潜尾于后！你的脚已踏灭了这道路，在路上写着：‘不可能。’

倘若你没有了一切梯磴，则你必知道自缘头顶而上，否则你将怎样上去呢？

以头顶缘上，超出你自己的心！于是在你为最柔和者也必化为最坚刚者了。

有谁常自放逸的，必终于自病其放逸。使人坚刚者有福了！我不称赞那地方，有奶油与蜂蜜——流溢的！

学到从自己望开去，为着要看的多——这是必要的，任何登山者必须有这种坚强。

有谁为识者，具锐利底眼光的，则除了事物前方一小点外，他还能看到什么呢！

但是你，苏鲁支呵，要观看事物之本来与背景：所以你必须上登，甚至超过你自己——上去，升高，直到你的星辰也在你之下！”

是呀！下瞰我自己，甚且俯视我的星辰：这然后方可命曰我的峰巅，这仍留为我的最后的绝顶！——

苏鲁支在登山时，这么向自己说，用硬话勉慰自己的心：因为他内心创痛，为从来之所未有。当他走到山岭的最高处时，看呵，另一面的大海在他面前展开：他静立移时，悄然无语。遥夜在此高处却甚清凉，爽朗，星光灿然。

我识得自己的命运的，——他终于忧愁地说，好吧！我也准备了。适才开始了我最后的寂寞。

呵呀，这下面的浓黑忧愁的大海！呵呀，这暗夜底有孕育的郁怒！呜呼，命运与海洋！现在我必下降于你们了！

我站在我的最高峰前，也即是长期的流浪之始：因此我起初必得深深下降，在任何上跻之先。

——无论何时上跻之先，我必深深下入于痛苦，直到它的最浓黑底波流以内！我的命运原要如此，好吧！我已准备了。

最高的山何自生？我曾这么自问。后来学到，高山是生自海洋的。

这证明是写在它的崖石上，峰巅之峭壁间。必出于最深者，高者然后能极其高致。——

苏鲁支立在清凉底山顶，如是向自己说：当其走到海滨，终于独立在崖岸上时，中途便已倦了，而且更惓惓远怀。

一切仍皆睡了，他说；便是大海也已熟睡。大海的眼睛蒙眬地茫漠地望着我。

但它温温然呼吸着，这我是感觉到的。而且我还感觉它在做梦。它瞢瞢地在坚硬底石枕上辗转反侧。

听呀！听呀！它以丑恶底回忆如此呻吟！或者是以丑恶底期

待而叫唤么?

呵呀,我与你同忧悲,你这浓黑底怪物,而我因你之故,竟至恼怒我自己。

呵呀,我的手却少有强力!很高兴的,诚然,我愿解除你的梦恶魔!——

当苏鲁支这么说,便以颓唐以毒苦而自笑。怎样!苏鲁支!他说,你还要向海洋唱安慰之歌么?

呵呀!你这多情的傻子苏鲁支,你这太过因信仰而得福者!但你永是这样:你永远轻信地接近一切可怖者。

每个鬼怪你也要摩抚。一息温暖底呼吸,掌爪间一点点柔软底茸毛——:你便早已准备要爱上了,而且要引诱它。

爱是最寂寞者的危险,向一切只要是生活者的泛爱!我的傻气诚然可笑,以及我在爱情里的谦裕!——

苏鲁支如是说,又复发笑:这时却想起了离隔的友人——,又仿佛觉得以自己的思想冒犯了他们,重复自责有此思想。于是乎这笑者又哭起来了——因郁怒与远想,苏鲁支痛哭。

幻象与谜疑

一

当船员里有此谣言,苏鲁支便在这船上——因为还有一人,也离开幸福群岛，同坐此船——，便皆生大惊奇与期望。但苏鲁支沉寂了两天，因忧愁而冷静且废视听，竟至于不回答旁人的顾盼与问题。但到了第二天傍晚，他将耳朵再张开了来，虽则仍然保持沉默：因为船上有许多希奇事和危险故事可听，这船是从极远来，又要驶向极远去的。苏鲁支却是这种人的朋友，好远游的，又不甘于无危险而生活的。然而看呵！在听讲时他的舌子终于启开，而内心的坚冰也破了：——乃开始作如是说：

向你们，探奇者，精进的寻求者，和以巧帆驶入狂暴的海中的人们呵——

向你们，醉心于谜语者，黄昏之欣幸者，给箫声引入了迷渊的灵魂：

——因为你们不愿以懦弱之手摸索一根引线；而凡你们可猜测的地方，你们却不喜开发的——

唯独向你们我说谜语，我亲自看见的，——最寂寞者的幻象。——

最近我阴郁地走过死尸色的黄昏，——阴郁而且强狠，紧闭了嘴唇。于我不单是一个太阳已经没落。

一条小径，逆乱石而上，险恶底，荒凉底，野草与丛树之所不生：一条山径在我足之践踏下瑟瑟作响。

沉默地走过沙石的讥讪底瑟瑟，蹴踏着使之滑下的石头：我的双足这么勉强挣上去。

上去——抵抗着使脚滑下，下坠深谷的精灵，沉重的精灵，我的魔鬼与劲敌。

上去——虽然这魔鬼坐在我身上。半为侏儒，半为土拨鼠；木强，使人僵木的，用铅塞进我的耳朵，铅点似的思想滴入我的脑筋。

“苏鲁支呵”，它讥嘲地一字一字说：“你这智慧的石头！你自投甚高，但每个投起的石子必将——下落！

苏鲁支呵，你这智慧的石头，石弹，星球的毁灭者！你自投这么高——但每个掷起的石子——必将下落！

已判决于你自己，于你自己之化为石：呵哟，苏鲁支，你将石子掷得真远，——但这将落回到你自己！”

于是侏儒沉默了：这支持了很久。但它的沉默却压迫着我，这么相伴，实是比独自一人还要寂寞！

我上行，我上登，我梦着，我想着——但一切皆压迫我。我如同一个病人，为病苦弄疲惫的，却重为噩梦惊醒了初睡。

但在我内里有点东西，我称之曰勇猛的，这为我击碎了任何颓丧。这勇猛终于使我镇定，叱道：“侏儒！是你！或者是我！”——

勇猛便是最好的击杀者——勇猛，攻击着的，因为在每一攻击中，有铿锵底奏乐。

人却是最勇猛底动物：因此他克服了任何禽兽。以铿锵底奏乐他制住了任何痛苦；但人类的痛苦是最深沉底痛苦。

勇猛却也击杀于深谷之晕眩：人生何处不临于深谷呢！“视”之本身岂非——视着深谷吗？

勇猛是最好的击杀者：也击破同情。同情却是最卑下底深谷，人看生命如此深，看痛苦亦如此深。

勇猛更是最好的击杀者——勇猛，攻击着的，也将“死”击杀，因为它说:“这便是人生么?好吧!再来一趟!”

在这种话里便有许多铿锵底凯奏。谁有耳朵的,听呀!——

二

“停住吧!侏儒!”我叱道:“是我!或者是你!但我是我们两人中的强者——:你不懂我的渊深底思想!这个,你是不能担负的!”——

忽而,我轻松了起来:因为这侏儒从我肩上跳了下去,这好奇者!它便蹲在我前面的一个石头上。这里刚有一条孔道,在我们停住的地方。

“看这要隘吧!侏儒!”我说了下去:“这有两方面,两条路在这里联合:这从来没有人走完过。

顺这长路回向:这持续一永恒。随那长路前往——那是另一永久。

这两条路彼此是相反的;彼此刚好碰头——是在这关口上它们相衔接。这关口的名字,上面已经刻着:‘暂时。’

但如有人循一条路前行——愈行愈远,愈远愈行:然则你相信这两条路永远相反么?侏儒!”——

“一切直道皆是说谎,”侏儒蔑视地咕噜着:“一切真理皆是弯曲的,时间本身也是一个圆环。”

“你这沉重的精灵!”我怒斥了:“别自以为这么容易!或则我便让你蹲在那儿,蹩脚东西,——我举你太高了!”

“看吧,”我接着说下去:“看这‘暂时!’从‘暂时’这孔道向后去,有一条长底永久底路:我们后面即是一种永恒。

凡一切事物中之能行的，岂不是必走过这条路么？凡一切事物中之能有的，岂不是曾有过：做过，而且过去了么？

倘若一切皆已有过：你侏儒以为这‘暂时’是什么呢？便是这孔道岂不是也曾经——有过么？

一切事物岂不是皆这么紧相纠结，以致这‘暂时’吸引去一切将来的事物么？这么——终于本身也随之而去？

因为，一切事物中之能行的：也是在这长路上向前出去——也必定再一趟前行！

——而这迟钝底蜘蛛，在月光里爬行的，和这明月光，以及在这道上的我和你，互相絮语，语及永恒底事物——我们这一切岂不是皆曾有过么？

——而且回来，在那另一条路上走，走出去，那可怕的长途，在我们前面的——我们岂不是又必永远回来么？”——

我如是说，声调越说越低：因为我惧怕我自己的思想和潜伏思想。忽然，我听到一条狗在近边狂叫。

我曾经听过一条狗这么叫过么？我的思想往回去。是呀！当我还是小孩的时候，在悠远底儿时，

——那时我听到一条狗这么叫过。还看见它，狗毛怒张，仰头向上，战动着，在岑寂底午夜，那是狗也相信鬼怪的时候：

——如是，使我动了哀怜。因为那时刚有满月，死寂地，照上那人家，正在那时它停止了，一团圆辉，——静止于平屋顶上，好像在他人的产业上一样；

——那时有狗便大惊怪了：因为狗相信盗贼与鬼怪。而当我重听到狗这么狂吠，再度动了我的哀怜。

这时侏儒哪里去了？那大路？和蜘蛛？和一切絮语？难道我做梦了么？我醒了么？我突然立在乱石间，孤独，荒凉，在最荒寒底月光下。

但那里躺着一个人呀！那里！那狗在跳跃，怒号，啼吠——现在它看见我来了——重复狂号，大叫——我从来听到过一条狗这么大叫求救么？

而果然，我见到的，从来没有见过。我看到一个青年牧童，在挣扎，被扼杀，痉挛，变色，有一条黑而沉重的大蛇，挂在他的口下。

我曾见过在一张脸上有如许憎恶与苍白底恐怖么？他也许睡着了？于是大蛇爬进了他的咽喉——那里，这条蛇便紧咬住了。

我伸手拔着蛇，拔了又拔——徒然！我的手不能将蛇拔出那咽喉？忽然我便大叫："咬吧！咬吧！

咬下那头！咬呀"——我这么大呼，我的恐怖，我的憎恨，我的疾恶，我的哀怜，一切我的好的坏的皆尽于一呼，一呼而出。——

我旁边的诸勇士呵！你们探奇者，寻求者，以及以巧帆驶入未开辟的洋面的谁！你们乐于谜语者！

请为我解释我那时亲眼见到的这事之谜，请指示最寂寞者的幻象！

因为这是一种幻象，一种先见：——我那时所见的是比譬什么呢？而且还要来的，是何人呢？

那给蛇钻入咽喉的牧童是谁呢？给一切最沉重的和最浓黑的钻入咽喉，这人是谁呢？

——那牧童却咬了，如我喊叫他做的，他狠狠地一咬！很远的他将蛇头一下唾出——：便跳了起来。——

没有了牧童，没有了人——一个变化者，周身光明者，大声发笑！在地球上从来没有人像他这么笑过！

我的兄弟们哟，我听到了一种笑声，不是人的笑声，——现在有种焦渴苦着我，一种遥情，从来不能安定的。

我对于这笑声的遥想苦恼着我：呵哟，我何能忍于犹生！而且又何能忍于即死！——

苏鲁支如是说。

违愿之幸福

怀了这些谜疑和苦恼，苏鲁支渡过海去。当其离隔幸福群岛和他的友人约有四天的路程，他终于克制了他的痛苦——：胜利地坚牢地重立于他的命运上。这时苏鲁支自诉于欣喜底良心，说如是：

我又是孤独了，也愿意这样，独与纯洁底苍天，辽阔底碧海；身边又是午后的阳光。

在午后我曾有一次得到我的朋友，在午后也曾还有第二次——在那一切阳光皆较宁静的时分。

因为犹在天与地间这程途上的快乐，今兹欲得一光明底灵魂栖止，一切光明现在皆以快乐而宁静了。

呵哟，我生涯的午后！我的快乐也曾降于山谷，求栖止之所，它便寻得了这些坦白底好客底灵魂。

呵哟，我生涯的午后！我什么没有屈服过，为求得一物：我的思想的这种鲜活底培植，与我的最高希望的这黎明！

创造者曾寻求过伴侣，和他的希望之后人：然看呵，他发现他不能找到渠们，除非他首先亲自将渠们创造出。

如是我便在工作中，走向我的孩子，从他们那里转回：为了他的儿童之故，苏鲁支应该完成自己。

因为根本上人只爱他的小孩和事业；凡有伟大底自爱之处，即为有所孕育的表征：我这么发现。

我的小孩还在其第一个春季滋荣，近相依傍，同为春风所披拂，我园地里沃壤的佳树。

是真的！凡这种树罗列之处，那里便是幸福之岛！

但必有一日我要将其拔起，移植，每一颗令其孤生：使其学到寂寞，抵抗，与明智。

它然后应该给我立在海滨，瘿累累而枝虬虬，柔韧且坚，为不可征服的生命之活灯塔。

那儿，飓风下降于海之处，山鼻吸水之隈，应该每一趟一株值日而且守夜，为其试验与证明。

它应该受试验，得证明，察其是否我这一系和传统，——是否能为一种悠长意志之主，是否在说话时也渊默，而且这么谦柔，在予中有取。——

——以便能有一日做我的伴侣，苏鲁支的共同创造者，共同庆喜者——：能为我在我的榜上写出我的意志的人，为了一切事物较圆满底完成的缘故。

也为了他和他的相同者的缘故，我也得完成自己，因此我拒却我的快乐，延纳一切不幸——为我的最后试验与证明。

真的，是时候了，我应该去了；而流浪者的阴影，最悠长底时刻，与最寂寞底辰光——皆一致敦促我说："是最迫切的时候了！"

风从门钥孔里吹到我这里，说："来！"门也巧妙地向我跃开，说："去！"

但我系于对孩子的爱，爱之欲望，已给我布下网罗，使我成为孩子的俘虏，在渠们中自失。

欲望——在我这叫作：我已经自失了。**你们是我的**，**孩儿们**！在这"是我的"中，一切应该是安定而非欲望。

但我的爱之太阳翼翼地覆我，苏鲁支在自己的液汁里煎熬，——于是阴影与疑惑皆飞去。

我已经想望霜雪与严冬："呵哟，只要有霜雪与隆冬重新使我迸裂，磕碰！"我长叹：——已有冰雾从我冉冉而出了。

我的"过去"迸裂了它的坟墓，许多活埋下去的痛苦醒了转来——：它不过睡熟了一番，隐藏在尸衾里。

于是一切事物皆以象征呼我，"是时候了！"但我——不听：直到后来我的深渊也搅动了，我的思想咬啮我。

呵呀，渊深底思想，所谓**我的**思想呵！我何时能得到一种强力，听你之发掘而不再战栗呢？

我的心直跳到喉头，当我听到你在发掘！你的沉默几乎将我窒死，你这渊深底沉默者！

然我从来不敢将你唤**出**来，我带着了你，已经很够了！我最后还不够刚强到狮王之强猛和暴虐那程度。

你的沉重已常使我够惊骇了：但必有一日我犹可得到那强力

和狮王的声音，将你传呼！

倘若我这么超过了我自己，我便要在更大的事上将自己胜过，而一个胜利将成为我的完成之符玺！——

而这时我还驶行于不定的海洋中，那长舌的“偶然”，“偶然”谄媚着我，我后顾而又前瞻——我还未见到终极。

我的最后战斗之时辰还没有到来——或者它眼前便来了么？诚然，以诱惑底美丽，四周的海洋和生命环顾着我！

我生涯的午后呵！入夜以前的快乐！怒涛中的泊岸！不测中的平安！你们这一切我多么怀疑起来了！

诚然，我已疑惑你们诱惑底美丽！我如同一个爱者，不相信太频频的巧笑。

一如他之推开他的最爱者，在坚忍里犹且温柔，这嫉妒者——我也一样推开这幸福底时辰。

去吧，你幸福底时辰！和你一道我得了违本意的福赐！我站在这儿同意于我最深底痛苦——你来的不得其时！

去吧，你幸福底时辰！宁可到我的孩子们那儿栖止！快去呀！在入夜以前犹得祝赐渠们以我的快乐！

夜色已垂垂近了：斜日西沉。去吧——我的快乐！——

苏鲁支如是说。整晚等待他的不幸：却是徒然。夜甚清和而且肃静，而快乐本身只见其逼了近来。将到黎明时苏鲁支中心自笑了，藐然说道：“快乐在追寻我。这是由于我不追寻女性。快乐却是女性。”

日出之前

呵哟，在我之上的天空，你这纯洁者！深沉者！光明的渊源！望着你，我震栗于天神底欲望。

将我投掷于你的高处——便是我的深心！将我隐藏于你的纯洁里——也是我的天真！

天神自隐于其美丽，你也这么隐蔽着你的星辰。你无言，你便这么诏示我你的智慧。

沉默地你今天升上狂涛底大海，你的慈爱和羞惭启示于我狂怒的灵魂。

你美妙地向我走来，隐藏在你的美丽里，你沉默地向我告语，显现于你的智慧里：

呵哟，我何曾猜不透你的灵魂的一切羞惭！在日球以前你便来到——来到我这最寂寞者。

我们从太始以来便是朋友：凡忧患，愁恼，及根本，在我们皆是共通，便是日球在我们也是公共的。

我们彼此无言，因为我们知道的太多——：我们互相沉默，微笑我们的智识。

你岂不是我的火上之光明么？你岂不是有与我的五中相姊妹的魂魄么？

我们共同学习一切；共同学习了超自我以登于自我，与无疑云地笑：——

——无云而下笑，自光明的眼睛与遥远底遐方，虽有强迫，目的，罪过之类在我们下面如大雨之郁然聚。

而我孤独地徬徨：在遥夜与迷道间我灵魂之饥欲得的是何者？而我登于山，在山间我寻觅者，不是你又是谁呢？

我的一切徬徨与登陟：无非是一种需要，无助者的一种急助——我整个意志单要飞行，飞到你里面！

然则除了浮云和一切玷污你者外，我更恨谁呢？而我也憎恨自己的憎恨，因为它加你以玷污！

我厌恶浮云，这潜过的野兽：它们取去我与你中间之共通者，——伟大无涯底“是”与“阿门”的直说。

这些中间人和混杂者我们皆深深厌恶，这些浮云：它们皆是中庸者，既未学到祝福，也没有学到出自内心之诅咒。

我宁肯坐在一只桶里，上不见天，宁肯居于暗不见天的深谷里，不愿见你这光明之天，为浮云所污玷！

而我也时常梦想，用电光的乂形底金线将其系住，然后我为雷，在它的空腹上击打。——

——为愤怒底捶击者，因其从我劫去了你的“是”与“阿门”！你，在我头上的苍天，纯洁者！光明者！光明的渊海！——因其于你则劫去了我的“是”！与“阿门”！

因为我宁愿要巨震，雷声，与暴风雨，不欲有此阴恶底，可疑底，野猫之静默。在人类中我也最恨一班轻步者，中庸者，怀疑底踟蹰底浮云。

而且“有谁不能祝福的，应学着诅咒！”——这明显底教义是从青天上降下于我，这明星便是在暗夜也仍在我的天上。

我却是一个祝福者，说“是的”的人，只要你是在我的旁边，你纯洁者！光明者！光明之渊谷！——在一切深谷中我犹挟着了我的祝福底“是的”。

我已化为祝福者，肯定者了：为此我奋斗甚久，自为扭斗者，要使我能腾出空手而为祷祝。

但我的祝福是如此：居于任何事物之上，为其独有之天，为其穹庐，为其天顶的钟，为其永远底安隐，有如是祝福者，也得福了！

因为万事万物皆在永远的渊源上受洗礼，超乎善与恶之外；善与恶，皆是浮光掠影，湿热烦恼，飘游的云。

诚然，这是一番祝福，不是诋诃，倘若我这么教人：“在一切事物之上有偶然天，无咎天，或然天，强暴天。”

“或然。”——这是世间最古老的贵族，我将一切事物归之者，也将其从“目的”的奴隶制度下赎回。

这种自由与高天的明丽，我置于一切事物之上，如天顶的鸣钟，当我教示说，在它们之上或在它们里面并没有“永远底意志”——愿望的。

我却将这种强暴，这种愚蠢，置于那意志的地方，当我教示说：“在一切事物只有一事不可能——理智！”

当然有一点点儿理性，一小颗智慧，从这星球散布到那星球——这酵素是和入一切事物里了，为愚蠢之故，智慧也和入一切事物里！

一点点智慧已属可能；但我发现在一切事物上有此幸福底肯定：它们宁愿以偶然之足——跳舞。

我上面的苍天哟，你纯洁者！高尚者！我觉得这是你的纯洁，盖未有永久理智之蜘蛛与蛛网——

——盖你不过为天神底偶然之跳舞地，为天神底骰子与赌徒的神桌而已！——

然你羞惭了么？我说了说不出口的话么？在我要祝福你时，已侮辱了你么？

或者因为二者相对之羞惭，使你不安么？——岂不是叫我走开，而且沉默，因为现在——白天来了么？

世界是深的——：较之白日所能想到的，更深。不是一切事情皆可在白天说出的。但白天到了：现在我们分离吧！

我头上的天哟，你怕羞者！辉煌者！呵哟，你，我的黎明之前的快乐！白天来了：我们现在分别吧！——

苏鲁支如是说。

渺小化之道德

一

当苏鲁支重登大陆以后，没有一径走还他的山林与岩穴，却绕了许多路，问人许多问题，打听这样那样，以致他自己也嘲笑说："看一条河哟，绕许多湾子流回到发源地！"因为他要体验出，在这长期间人们有了什么转变，是否已变伟大或变微小。有一次他见到一列新房子，他甚惊奇，说：

"这些新房子的意义是什么呢？真的，并没有伟大底灵魂将其盖起，自作比象！

也许是一笨孩子将其从玩具匣里拿出么？或有另一小孩将其

收进匣子里去吧！

而这些房舍——人真能进进出出么？我仿佛觉得这是为了丝布偶人做的；不然便是为了馋猫盖的，任自己偷吃一点点的馋猫。”

苏鲁支便站住了，沉思。终于忧伤地说：“一切事物皆已化为渺小了！

到处我只见到低檐矮屋，是我这一种人，也还能进去，但是——他要弯腰了！

呵哟，何时我能重返故乡，不必低头折背之地——无须在小的面前折腰！”——于是苏鲁支长叹，遥望远方。——

但同日他便说出关于渺小化了的道德的话。

二

我走入这民族里，使我的眼睛长开着：我之不羡慕他们的道德，他们是不原谅我的。

他们咬啮我，因为我向他们说：只有小气民族才需要小道德，——而我也不甚了然为何小民族是必需的！

在这儿我仍然好像一只雄鸡，在不熟识的庭院里，为群母鸡所啄，但我不因此于母鸡们不善。

我待它们甚客气，如待遇一般底小周折；向小事物露锋芒，在我以为那是刺猬的智慧而已。

他们都谈起我，当其夜里坐在火炉边，——他们都谈我，但没有人——想起我！

这是我体会到的新底寂静：他们在我身边的喧嚷，在我的思想上加了一层外衣。

他们彼此喧嚷:“这黑云将于我们怎样呢? 留心呀,防它散给我们以瘟疫!”

最近有一妇人抓去了走向我的一个小孩,并且喊道:“将小孩大家都带回去吧! 这种眼睛会烧焦小孩的灵魂呀。”

我说话时,他们便咳嗽:他们以为咳嗽是大风的抵抗——他们猜不到我的快乐之狂吹!

“我们还没有时间对付苏鲁支”——他们这么拒绝我;但于苏鲁支“没有时间”的一时代,有什么关系!

即使是他们甚至颂扬我:我如何能因他们的颂扬而入睡呢? 他们的称赞于我是一条针腰带:我将其取下了也还刺痛我的。

而这我也是在他们中间学到的:颂扬者貌为谦让,但实则便更希冀赠予!

问问我的脚呀,是否欢迎这种称颂与引诱的方法! 真的,按照这种拍子和滴答声,它既不欲跳舞,复不欲站住。

他们想称赞而且引诱我入于小道德;他们想诱致我的双足为小快乐的节拍声。

我走入这民族里,睁开着眼睛,看他们变小了,而且只见其渺小——这便是他们于快乐与道德的教义有以致之。

便是在道德中他们也甚谦卑的——因为他们要适意。与适意相协和的,只有有逊色的道德而已。

当然他们也学着用他们那方法行走,前行:但我命之曰他们的蹒跚。——凡有急事的人,与他们皆相触碍。

他们中间有许多人往前行,却直着颈项望着后面:时常我碰了他们的身体。

足与眼不应说诳，尤不应揭发互讦。但在小人里有许多欺诳哩！

他们有些人愿望，但大多数只是被愿望而已。有些人是诚实人，但大多数是坏戏子。

在他们中有无所知的戏子，与违所愿的演员，——诚实人已经很稀有，尤其是真的演戏者。

男性的这里很少：因此他们的妇人化作男性。因为只有够男性的男人，才能在女人中将女性——救赎。

而这种虚伪我以为在他们是最坏的：便是命令者也假冒服役者的道德。

"我服役，你服役，我们皆服役，"——这里的统治者的虚伪这么祷祝，——然苦呵，倘若第一个主子只是第一个奴仆！

呵呀，在他们的假冒伪善里我眼睛的惊奇也消逝了，我善猜他们的一切苍蝇的快乐，及其在晒日光的玻璃窗下的嗡声。

这么多惠爱，我看到这么多弱点。这么多正义与同情，也这么多弱点。

他们彼此相与甚圆融，正直，而且惠爱，如沙粒之于沙粒，圆融，正直，而且惠爱。

谦卑地抱住一点小快乐——这他们便命曰"顺从"！其间已窥觎另一片小快乐了。

根本他们简单地需要一事，没有人侵害他们。因此他们于任何人先意逢迎，对人好。

但这是懦弱呵，虽然这也叫"道德"。——

这班小人物要说起粗暴话：我只听到有嗄涩声，——每有一角风便使他们的声音变嘶嗄。

他们是聪明的，他们的道德有灵敏底手指。但他们却缺乏拳头，他们的指头不知在拳中屈曲。

道德在他们，便是使人谦卑而且驯服者：以此他们使狼化为犬，人也化为人的最好底家畜。

“我们将椅子摆在中间，”他们的微笑向我表示：“距垂死的斗士多么远，距满足的豚彘也多么远。”

但这是——凡庸呀！虽然也可称为节制。——

三

我走过这民族，说下许多话：但人们既不知领取，复不知记住。

而他们也觉奇怪，我来不指摘他们的放诞与罪恶；真的，我来非为叫人谨防扒手的！

他们更惊奇，我未曾准备将他们的心智陶冶，使之更恢诡，尖锐：好像他们的聪明人还不够哩，其声音如尖石笔在我耳膜上刺激的！

而当我呼唤：“咒那你们中间的一切魔鬼，善于啼泣的，合掌作祷告的”，他们便喊：“苏鲁支是无神的。”

尤其是他们的逊顺的长老喜欢这么喊：——但我刚刚好在他们的耳际大呼：是呀！我便是苏鲁支，无神者！

这种逊顺的教师！凡小气，病苦，疮疥之处，他们便聚集如同蚤虱，只是我的厌恶阻止将我其掐破。

好吧！这便是我向他们的耳朵的传教语，“我便是苏鲁支，无神者，在那里说：有谁比我更无神，以便我能欣赏其指教呢？”

我便是苏鲁支,无神者:何处我能寻得同道呢?凡给自己以意志而抛弃一切顺逊者,皆是我的同流。

我便是苏鲁支,无神者:我将每种"偶然"放在我的罐子里煮。直到这已完全煮熟,我然后欢迎之,当作我的食品。

诚然,许多"偶然"傲慢地君临我:但我的意志更傲慢地指挥它,——它只得跪下请罪——

——请求我,可以在我这里得安隐与归心,而且谄媚地说:"看呵,苏鲁支,只看朋友如何看顾朋友!"——

但我为什么还说,倘若无人能有我的耳朵呢?于是我将外出,向风大呼:

你们是只见渺小化的,你辈小人!你们将破碎,你们安适者!你们还要毁灭哩——

——由于你们的多少小道德,由于你们的多少小错过,由于你们的多少小降伏!

太护惜了,太顺从了:你们的国土是如此,但一株树之生长高大,必在坚崖石壁里蟠屈坚固生根!

凡你们所错过者,在一切人类的将来之网上罗织;便是你们的虚无,也是一张蛛网,一只蜘蛛,饮着将来之血而生活的。

倘你们有所取,这便如同偷盗,你辈小道德者;在无赖中也还有一种荣誉,那是,"凡不能抢劫的地方,方许偷盗。"

"自然而来的"——这也是逊顺的一种教义。但我告诉你们这些安适的人呀:自然而去的,而且从你们取去的只见其增多!

呵呀!只要你们丢开半半底愿望,而且决定行为,一如决定懒!

呵呀！只要你们懂我这句话："只是做你所愿望的事，——但先得成为能够愿望的人！

只是爱邻人一如爱己，——但先得成为爱自己的人——

——以大爱而爱，以大蔑视而爱！"——苏鲁支如是说，这无神者。——

但无人有我的耳朵，我还说什么呢！这里于我还早了一小时。

在这民族中我还是自我的先驱，我自己的鸡鸣，在晦暗底坊巷里。

但他们的时间到了！我的也到来！一时时地他们只见渺小了，贫弱了，不繁息了，——贫弱底草呵！贫瘠底土地！

不久他们将站在那里，如枯草，如荒原，而且诚然！也倦于自己——而且求火。甚于求水！

呵哟！闪电的赐福的时辰！呵哟！午前的神秘！——我有一日将使它们化为流火，吐火舌的使臣——

——它们将以火舌布告天下：它来了，它近了，那伟大底正午！——

苏鲁支如是说。

在橄榄山上

冬天，这恶客，陪我坐在家里，我的手因和他握手，作青色。

我尊敬这恶客人，但喜欢让他独坐。我喜欢跑开，而且，如果跑的好，便逃开他了！

用温暖底脚，温暖底思想，我跑到大风平息之处，——跑到我的橄榄山上多日光之一隅。

于是我便笑我的顽固客人，仍然爱他，因其替我在家里清除苍蝇，平定下许多小喧闹。

他是不感到痛苦的，倘若有一个蚊子要飞鸣，或者甚至有两个；他还使街巷凄凉，使月光在那里夜间也胆怯。

他是一个刚愎底客人——我却尊敬他，不同于懦弱者流，拜大肚的火神偶像。

宁肯使牙齿有些战动，而不拜偶像！——我的脾气如此。尤其我对于一切炎炎底，薰蒸底，潮湿底火神，非常憎恶。

我爱谁，在冬天比在夏天更能爱好；也更能嘲笑仇敌，更开心，自从有冬天坐在我家里。

真的甚开心的。即算我爬上床睡，——那里我蜷伏的快乐仍然嬉笑，调皮；便是我的幻梦也笑的。

我是——蜷伏者么？我平生从来没有在权威者前匍伏过，说过谎吧，也是因爱而说谎。因此在冬天床上，我也仍然快乐。

一张朴素底床，比一张华丽底床更使我温暖，因为我甚嫉妒我之贫穷。而在冬天，贫穷于我是最忠实的。

我每日开始以一恶事，以一趟冷水浴嘲笑这冬天：于是我的严厉底家客咕哝不平了。

我也喜欢撩拨他，以一支蜡烛：使他终于在灰色的昏暗里，让天光现出来。

我尤其顽劣的是在早上：侵晨，辘轳在并泉边聒拉，而枥马温然在灰色的深巷里长嘶。

我那时便不耐地等待着，等待光明的天终于展开，须髯如雪的冬天老人，而且是皓首，——

——冬日之天。沉默底，时常将太阳也幂过的！

难道我是从他学得了那深长底光明底沉默么？或者他是从我学的？或者是我们每个人自己发明的？

佳事物的本源自是千端万绪。——一切梯突滑稽底事物为了欢乐跳入生存中，它们怎么能够——只来一趟！

深长底沉默也是一大佳事，放恣之事：如同冬日之天，从光明底圆眼底面庞下灼灼外望：——

——同于他之将太阳幂去，隐蔽其不屈挠底太阳意志：诚然，这艺术，这冬天的放恣，我皆学到了！

这便是我最爱的顽劣与艺术，我的沉默学到了不以沉默而揭发自己。

用言语与赌博我哗然地哄过庄严底侍者：我的意志和目的应瞒过这班顽固底监视者。

使无人能下窥我的深处及最后之意志，——为此我方发明了这深长底光明底沉默。

我也曾碰到许多这样的聪明人：他蒙着面庞，搅浑他的水，使没有人能看透，下窥。

但刚刚于他来了狡狯底怀疑者和破壳者：于他刚刚钓出了他的最深藏的大鱼！

然而光明者，诚实者，可窥透者——我觉得皆是最聪明底沉默者：其深处竟那么潜藏，便是最明净底水也不克将其——发露。——

雪髯底沉默底冬日之天，你这居于我上的圆眼睛的白头老者！

呵哟，你便是我的灵魂及其放恣的天上底比象！

我必不自藏，如一吞了金子者，——使人不至的剖割我灵魂么？

我必不穿高跷，使他们上视我的长腿么？——这班围绕我的好嫉妒者，好毁伤者？

这班烟薰底，火烤底，用坏底，发绿底，恶劣底灵魂们——他们的嫉妒怎么能忍受我的快乐？

于是我只示之以我的峰巅上的冰雪与严冬，——而非我的山峰为一切日光的腰带所围绕的！

他们只听到我的冬之风雪呼啸：而非我也飘度温暖底海洋，如同远怀底，浩大底，薰和底南风。

他们还哀怜我的不幸与偶然，——但我的话是："让偶然到我这里来吧，它是天真的，如同一个小孩！"

他们怎么能忍受我的快乐，若不是我在快乐上加以不幸，冬之困穷，熊皮帽，与冰天雪地的包裹！

——若不是我哀怜他们的同情，这班好忌刻者与好损毁者的同情！

——若不是我在他们面前长吁短叹，冷瑟战栗，耐心地让自己在他们的同情里包包裹裹！

这便是我灵魂的聪明底放恣和好意，不隐藏它的风雪与严冬，它亦不隐藏其冻瘃。

于这人寂寞或是病者的遁逃；于那人寂寞又是对于病者的逃避。

让他们听到我之齿磕与叹息吧，在严寒里，我周围这些贫穷底觊觎底小人们！用了磕齿声，太息声我犹且逃开他们的温暖底房子。

让其哀怜我，太息我，为了我的冻瘃："在智识的冰雪里他还要冻死哩！"——他们这么悲叹。

其间我用温暖底足一直跑到我的橄榄山上：在山间多日光之一隅，我嘲笑一切同情，而且歌唱。——

苏鲁支如是高歌。

走　过

这么，缓缓地走过许多民族，许多城市，苏鲁支绕道回到他的山林与崖穴。看呵，他不觉走到一座大城的门边了：那儿有一个嘴流涎沫的傻汉，张开了手，站在路上。这人便是那傻子人所称为"苏鲁支的猴子"者：因为他学了他一点言语和声调，而且喜欢借贷他的智慧的宝藏。这傻子却向苏鲁支如是说：

"苏鲁支呵，这里便是大城市：这里你将寻不出什么，却将失掉一切的。

你为什么要在这泥泞里辗转呢？也怜惜你的脚吧！宁可在城门上吐唾沫——回转去！

这里是孤独思想之地狱：凡伟大思想皆要被活活地煮死，而且炖烂的。

凡伟大的感情在此皆成腐朽：这里只有枯干底"偶感"之类，在沙沙作响！

你没有嗅到精神的屠场与庖厨的气味么？这城市岂不是充满

精神杀戮的血腥气么?

你没有看到灵魂之挂在那里,像污秽底烂布么?——而他们还从这烂布造出时事新闻呢!

你没有听到,精神思想在这儿化为文字游戏么?呕吐出可憎底文字的唾余!——他们也还从这些文字唾余,编成报纸。

他们彼此追逐,而不知,何往?他们互相攻讦。而不知,何故?有铁片铿然作响,有黄金玎珰。

他们寒冷,便寻温热于炎蒸之饮,他们发热,使寻寒冷于冰冻之魂;他们皆病惫而又急急于寻公意。

一切罪恶与污秽以此为家,但亦不乏有道德者,有许多可招的,雇用的道德。——

许多雇用的道德,具写字之手指,坚硬底坐肉,等待之耐性,以胸前的小佩星,与荒塞底,无尾脊底女儿,为有幸福。

这儿也有许多崇敬,许多虔信底阿谀谄媚,承唾舐痰,在军队之神像前。

"从上级"坠下了佩星,与慈悲底口唾;于是无佩星之胸皆上羡高级了。

月亮有其宫廷,宫廷有其弃物:然凡自宫廷来者,为乞丐民众和一切雇用的乞丐道德所求祷。

"我服役,你服役,我们皆服役"——凡雇用的道德皆这么申求君上:使那应得的佩星终于在仄狭底胸膛上系住!

但月亮是围绕一切地球上的东西而转的:君王亦复围绕最属地球之物而转旋。——这便是小商人的黄金。

军队之神不是黄金之神;君王思想着,商人——支配着!

然为了一切在你的善，强健，光明之故，苏鲁支呵！唾弃这小商人的城市吧，转回去！

这里一切血管里的血，皆腐朽，阴凉，流沫：唾弃这大城市吧，这一切流沫所聚汇的污池！

唾弃这受压迫的灵魂，狭隘底胸膛，尖锐底眼光，粘执的手指——这种人的城市。

——这侵略者的城市，这班无耻者，咬文嚼字者，大声疾呼者，热昏底贪婪者的城市。

——凡一切腐朽，恶臭，纵欲，阴暗，烂熟，溃痈，叛乱之事物所聚之处，

——唾弃这大城吧，转回去呀！”——

说到这里，苏鲁支打断这唾沫怒飞的傻汉的话，堵住了他的嘴。

“停住吧！”苏鲁支喝道：“你这样儿和你的话久已使我厌恶！

你为什么住在泥沼里这么久，以致你必化为蛤蟆和乌龟呢？

在你的血管里岂不也流着一种腐朽底发沫底沼泽之血么，使你学到了这么乱叫而且责人？

你为什么不到树林里去呢？或者耕田？难道海里没有许多芳岛么？

我蔑视你的蔑视；而且倘若你警告我——为什么你不警告你自己呢？

单是由于爱，我的蔑视和警告的鸟飞起：但不是起自沼泽！——

人称你为苏鲁支的猴子，你这涎沫怒张的傻子：但我称你为我的

咕哝底猪，——由于咕咕哝哝，你还替我毁坏了我对于傻气的称誉。

使你第一次不平的，喧呶的，是什么呢？因为无人谄媚你足够吗，——因此你自居于污秽之旁，以便大有喧呶的根据了，——

——以便有许多报复的理由了！报复，你这虚荣底傻子，便是你的一切涎沫，我猜透你的心理了！

但你的傻话损伤了我，即算你有理由！即算苏鲁支的话百倍有理，你也将用我的话——胡闹！”

苏鲁支如是说；望着那大城，长叹，沉默久之。终于他如是说：

我也厌恶这座大城，不但是这傻子。这里那里没有一处可改良，可损毁。

这大城市毁灭吧！——我唯愿我已见大火柱，这在其中焚烧的！

因为这种大火聚应行于伟大底正午之前。然这也自有其时，及其自有底运命。——

但我临别给你这教训呀，你这傻子：凡不能爱好之处，你便应该——走开去！——

苏鲁支如是说，走过了这傻子与大城市。

变节者

一

呵呀，一切皆已枯黄，灰色了，最近在这草地上皆是苍翠，鲜艳的！从这儿我已采去多少希望之蜜，归于我的蜂房！

这些年少底心皆已变老苍了——却还未老！只是疲劳，平凡，偷安而已，——他们称说：“我们重新虔敬起来了。”

最近我还看见他们在早上勇猛地跳出，但他们知识的脚疲倦了，于是皆诋毁他们晨间的勇猛！

诚然，有些人曾像跳舞者那么飞起着脚，我以智慧中的笑向他盼睐：——他于是自思。方刚又见他卑伏，爬向十字架。

围着光明和自由我曾见他们鼓舞，如飞蛾与年青诗人。大了一点点，冷静了一点点：他们便已成为黑暗者，昏庸者，懦夫。

难道他们心伤，为了寂寞像一条鲸鱼将我吞没了么？难道他们的耳朵不耐于久待了，寂然不闻有我的鼓角声与前驱的呼喊么？

——呵呀。他们中间只有少数人中心有深沉底勇猛和高傲，这种人的精神是坚忍的。其余的皆属懦弱的。

其余的人：常是大多数，凡夫，过多者，末人——这一般人皆是懦弱者！——

有谁是我一类的，在路上也有我这种经验遇到他：便是，他最初的伴侣必是死尸和丑角。

他的第二种伴侣呢？——却是将自命为他的信徒的人们。活活的一群，有许多爱，甚多愚蠢，及充分的无谓底敬仰。

在人群中属于我这一类的，对于这种信徒当无所系心；有谁识得懦弱易逃的这种人，当然不会相信这种春天和艳丽底花草！

倘若他们另有所能，则亦必另有所愿。一半儿毁坏着全般。而翠叶之萎黄，——这又有什么可怨！

让他去吧，苏鲁支呵，听其堕落，而毋庸哀伤！宁肯以疾风吹

去，——

——吹散这些败叶，苏鲁支呵：使一切枯萎者更快地离开你！——

二

"我们重新变为虔诚了"——这班变节者如是忏悔，其中还有许多人，太懦弱了，不敢这么忏悔呢！

我看住这种人的眼睛，——当面说，直面其颊上的羞红，你们便是重作祷告的人！

但作祷告也是一种羞耻呵！不是于一切人皆如此，却是于你于我，于任何头脑里有良知的人。于你，祷告是一种羞耻！

你明明知道的：你身中的懦鬼，好叉手，好叠掌于腹前无所事事，而且喜自便的，——这懦鬼向你说"有一位上帝"！

因此，你却归于羞光明者一类了，见光明便不得宁静的；于是你每天必得将头深深埋入黑暗和烟雾里！

诚然，你恰恰选了这时候，非常适合，因为方刚夜鹊又飞出了。于一切羞光明者来了这时分，夜里与休时，而又不——"休止"的。

我听到而且也嗅到了，这正是渠们围猎与进行的时辰，当然不是纵野大猎，却只是一种柔和底，蹩脚底，嗅着底轻步者与默祷者的暗猎，——

——为了要猎获有灵魂的宵小，一切心灵的机阱又重新设置了！凡我卷起一层窗帷，便有一只飞蛾，匆匆逃出。

难道它与另一只飞蛾伏在一处么？因为四处我嗅到隐秘底小组织的气味。凡有小室，其中便有新底教侣，与祈祷伴侣的氛

围。

渠们长夜并坐，互相语。“让我们重新变作小孩，叫‘亲爱的上帝吧！”——肠胃和口味皆因虔诚之糖果吃坏了。

或则渠们长夜细看一只狡狯底窥伺着的蜘蛛，向其同辈蜘蛛说教，数说智慧，如“在十字架下是好结网的！”

或则渠们镇日垂钓于泽畔，自信如此甚是深沉；但如有人在无鱼之处垂竿，我犹不说其人浅薄！

或则渠们和一位制曲诗人学弹竖琴，虔诚而又快乐地弹奏，那诗人也许高兴琴挑少女的心灵的，——因为他已倦于老女郎及其称颂了。

或则渠们从一个有学问的半疯癫学敬畏，——那在暗室里等待神灵之降临的——而神灵却已远走高飞！

或则渠们倾听一支老的，流浪的吹笛，其声之哀怨，是仿佛从最幽咽底悲风学得的；于是他效风吹，以幽咽之声诉说哀怨。

而渠们中有些人甚至变成了守夜者；渠们今兹懂得吹角，在夜里巡行，唤醒久已入睡的旧事物。

昨夜我在花园垣下听到五种关于旧东西的话：皆出自这班老而昏瞀枯干底守夜者之口。

“为父亲他看顾儿女却不周到：人的父亲好点！”——

“他太老了！他已完全不再顾及儿女了。”——另一守夜者这么回答。

“他真有儿女么？没有人能够证明，倘若他自己不加证明！我久已愿他根本证明一番。”

“证明么？真好像他曾证明过什么事哩！证明于他是不容易

的，他却十分注重人之信仰他。”

“是呀！是呀！信仰使他幸福，信仰他。在老年人便是这么样！在我们也一样的！”——

——这便是两个老守夜者，畏光明者彼此的谈话，一面也悲哀地呜呜吹角，这是昨夜在花园墙下的事。

但在我内心几乎要笑破了，心不知道要走到哪里去，终于掉在横膈膜里。

真的呀，因笑而窒住了气，要算我的下场了，当我看见驴子醉酒，听到守夜者这么怀疑上帝。

便是这种疑惑，岂不是也久已过去了么？谁敢将这种久已入睡的，羞于光明的旧事，重新唤醒！

旧的天神们久已完结：——真的，它们有过好底快乐底神祇的结局！

它们不是“黯淡”而逝的，——这是人们虚构的！反之，它们——趟是——笑死的！

事情是这么样的，有一句最无神底话，出自某神之口，——那话是，“只有一个真神上帝！除我以外你不应再有旁的神！”——

——神里面一个老胡子，一个嫉妒者，这么忘却了自己，大嚷了——

那时一切天神皆大笑，摇摇于宝座之上，嚷道：“只有天神们而无唯一真神，不正是神道么？”

谁有耳朵的，听呀！——

苏鲁支在他所爱的“花牛镇”上这么说。从这儿只有两天路可以回到他的崖穴和禽畜那里；因只见近于家里，他的灵魂也只见欢然。——

归　来

呵哟，寂寞！寂寞，你是我的家乡！我久已索居于荒野底远方，未能流涕而回到你这里！

现在任你用手指恐吓我吧，如母亲之恐吓小孩；笑我吧，如母亲之笑，任你说：那次一阵暴风似的从我这里吹出去的，是谁呀？——

——去时还大喊，我在寂寞里坐的太久了，荒废了沉默！这，现在当然又学到了吧？

苏鲁支呵，一切我皆知道，你在群众中，比在我这里是更落寞的，你这孤独者！

离索是一事，寂寞又是一事，这——你已学到了！而你之在人丛中将只加感觉陌生，鄙野，

——也还是鄙野而且陌生，倘若他们爱你：因为从头他们希望被爱护的！

但在我这里你已经是在家里在自己的房里了；这里你可以说出一切，倾吐一切衷心话，凡隐匿底，郁结底感情，在这里皆无用羞惭。

在这里一切事物皆驯服地归顺你的话，谄媚你：因为它们要骑在你的背上。在每一相似法上，你可从此驰入每一真理。

你敢于在此正直无私地向一切事物讲话，而且诚然，在它们的

耳朵里这几乎是颂赞了,如有人向一切事物——说直话!

但离索另是一事。因为,苏鲁支呵,你还记得么?当你有次站在树林里,迷途了,不知何去何往,近于死尸,而你的鸟在头上噪聒。

——当你说:“唯愿我的禽畜领导我!我觉得在人群中比在鸟兽中危险。”——那便是离索!

而你还记得么?苏鲁支!当你坐在你的岛上,酒泉之旁,分配于许多空桶,斟与许多渴人,

——直到你终于也口渴,孤独地坐在许多醉人中,阴郁地自怨自艾,“‘取’岂不是比‘与’还幸福么?而‘窃盗’岂不是更比‘取’幸福么?——那便是离索!”

而你也还记得么?呵!苏鲁支!当你的最寂静底时辰到来,将你从你自己驱开,当其以恶意底耳语向你低诉:“说出而且毁灭吧!”——

——当其使你的一切犹豫与沉默痛苦,使你的颓唐底意气消沉:那便是离索!——

呵哟,寂寞!你,寂寞,我的故乡!你的声音多么幸福而且温柔地向我诉说!

我们彼此不相问难,也不相怨谤,我们时常共同走过开着的门。

因为一切在你皆公开,而且光明;便是时光也捷足前进。在黑暗里时光的负担,比在光明里沉重。

这里一切“存在”之言语及言语之封皆为我启开:一切“存在”欲在此变为语言,一切转变在此又欲和我学语。

但在那下面——那里一切言语皆是虚空的！那里遗忘与离绝是最上底智慧：那——我现在学到了！

有谁要懂得一切人事的，应该把持一切。但于此我的手太清洁了。

我已不喜吸入他们的气味，呵呀，我还在他们的喧嚷中与恶气息里，生活了那么久呢！

呵哟，我周围幸福底寂静！这四处纯洁底气息！呵哟，这寂静如此从深广底胸怀呼吸清新空气！呵哟，这幸福底寂静正如何倾听！

但在那下面——那里一切皆在谈说，而一切又皆漏听！人任凭用洪钟朗传其智慧吧，这声音也为市场上的小商人的数铜钱声淹没！

在他们一切皆说话，却已无人知道听懂了。一切掉在水里，却已无物掉入深泉。

在他们一切皆说话，然没有一种继续较长，能归到一个结论。一切刮刮地叫，但还有谁要静坐在窠里孵卵呢？

在他们一切皆说话，一切又皆说坏了。凡昨日于时间及其牙齿还太坚硬的：今日却已咬烂，嚼碎，挂在今日者的嘴边。

在他们一切皆说话，一切又皆揭破了。凡曾为秘密与沉潜底灵魂之隐藏者，在今天皆归于街巷的铙吹，化为蝴蝶。

呵哟，人这生物，你这奇巧者！你，昏巷里的声音！你现在又在我后面了，——我的最大的危险在我后面！

在爱顾与同情中有我的最大危险；而一切人之生物，皆求爱顾与同情。

以保持着的真理，以傻子的手与痴绝底心，富有同情的小谎骗，——我便这么常在人间生活。

我乔装坐于人中，准备了误认自己，以便较能容忍他们，乐于劝告自己说："你这傻子；你不认识人类！"

在人丛里生活，学不到知人：凡人皆有许多前景，——远视的，好高远的眼睛于此能看到什么！

倘若他们误会我，我傻子原谅他们过于原谅自己：已惯于刻苦自我了，而又时常为此原谅向自己作报复。

为毒蝇所嘬，如巨石被恶之水滴滴穿，我这么坐在他们中间，犹且向自己说："一切小东西皆无罪的，因其渺小之故！"

尤其是自称"善人"者，我发现其为最有毒的苍蝇：他们不知罪地刺人，不知罪地撒谎，他们怎么够得上对我——公道！

有谁生活于善人中的，同情教他说谎。同情造成包围一切自由底灵魂的沉闷空气。因为善人的愚蠢是无可测度的呀！

隐藏我自己和我的财富——这，我是在那下面学到的：因为我发现每人在心智上皆甚贫弱。这便是我的同情的谎语，说我于每人知道的，

——于每人看到而且嗅到的，什么是心智充足，而什么又已是精神思想之过多！

他们倔强底智者：我称他们智慧，而不倔强，——我学到了含含糊糊说话。他们的筑坟者：我称之曰研究者与实验者，——我学到了将文词穿凿附会。

筑坟者为自己掘出了疾病。在旧底积秽下藏了恶臭。人不应触动这些污陈。应该住在高山上。

以幸福底鼻官，我重新吸入高山之自由空气了！我的鼻子终于从一切人这生物的气息里解放了出来！

为辛烈底山风所撩，如饮堆花的酒，我的灵魂喷嚏了，——喷嚏了而且欢幸，自祝健康！——

苏鲁支如是说。

论三恶

一

在梦中，在最后的晨梦里，我梦到今日立于天之涯，海之角，——地球之外，手持一天秤，称量这世界。

呵哟！朝霞之升太早了：它将我照醒，这嫉妒者！它时常嫉妒我的晨梦之光辉。

有时间的可以计度，是好天秤亦可衡量，劲健底羽翮可以飞到，神圣底解谜者可以猜出：我的梦见到世界是这样。——

我的梦，一只猛进的帆船，半为轻舟，半为狂飙，蝴蝶似的沉默，鹰隼似的急疾，它今兹何以有耐性与余闲来称量世界呢？

难道是我的智慧秘密告诉它的，我的清醒而且常笑的日间智慧，讥诃一切“无穷的世界”的？因为这智慧说：“凡有力量之处，必有数量，为其女主：她的力更强。”

我的梦多么稳准地觑定了这有限世界，不好奇，不好古，不惧，不求，——

——仿佛一只丰圆底苹果自呈于我手。一只熟老底金苹果，

有软，凉，轻绒似的皮，——世界这么落到我手里：——

——仿佛一株树向我招摇，粗枝大叶的，意志坚强的，已垂曲而可凭，犹复为疲倦的途人的足儿：世界这么站在我的海角上，——

——仿佛纤巧底手呈来一只宝匣，——此匣为羞畏底崇敬底眼睛的惊羡而开：——世界今日也这么呈于我前，——

——不够谜藏，以祛开人类的爱，又不够明释，以寝息人类的心机，——世界今兹虽于我是一件人间底好东西，后面有人那么说坏话的，——

我多么感谢我的晨梦，使我在今日之朝称量了这世界！它也如人间底好东西归到我这里来，这梦与慰心者！

而现在在日间我也做同样的事，摹拟又放弃这梦的清佳情景，我将以三种最恶的事投入天秤中，入情入理地衡量。——

谁教人祝福的，也教人咒诅：世间三种最被咒的东西是什么？我将置之于天秤上。

纵欲，贪权，自私，这三者从来被人咒诅，最坏的被称说与虚张，——这三者我将好好地人道底地称其重量。

好吧！这里是岬端，那里是大海，它翻涌前来，寒伧而颇阿顺，这一百个头的犬怪，老，忠心，我所爱的。

好吧！我便在这翻涌底海上提起天秤：也还要拣择一人监视，——你吧，隐者老树，你这浓香的，圆盖宽广，我所爱的树！——

从现在以达后来的是哪一道桥梁？高者缘何俯就卑者？命令最高者更向上长的是什么呢？——

现在天秤平定了：我已投入三个重的问题，另一个盘里载了三个重的答覆。

二

情欲：穿苦行之衣的肉体蔑视者，便以此为芒刺，信仰阴间世者，斥此为“世间法”：因其嘲笑这些乱人，播弄这些疯子教士。

情欲：于痞徒这是慢慢燃烧的火，要将他们焚去的；于一切虫蛀的木，一切发臭的烂布，这是吐大火舌的洪炉。

情欲：于自由底心则活泼而且天真，是地上乐园的幸福，是一切“将来”的感谢在“现在”之流溢。

情欲：于萎败者是一种甜蜜底毒药，于有雄狮的意志者却是大大底强心剂，与敬慎储藏的酒里的醇酒。

情欲：为较高底快乐与最高底希望之同等幸福。因为于许多人婚姻是允许的，而且犹有多于婚姻者，——

——于许多人，彼此之不相知，有甚于男子与女子者：——然有谁完全知道，男子与女子间多么离隔！

情欲：——但我要在思想周围树以藩篱了，也在我的文字周围，使狗彘与浪子不拦入我的园囿！——

权势欲：是最刚强底狠心人的烙棰；为最残忍者给自己留着的酷刑，焚身堆上黯黯底残焰。

权势欲：是恶毒底虻虫，附着于最虚妄底民族上的，一切无常底道德之嘲笑者；要骑在任何骏马任何骄傲上的。

权势欲：是地震，将一切腐朽者与低洼者消灭，荡平；丹垩底坟墓的毁坏者轰豗，轮转，若行天罚；先时底答案边的闪电底疑问号。

权势欲：在其顾盼之下人将俯伏，卑躬，尽力，而且比蛇豕也还要卑微，——直到大蔑视从内心呼噪而起，——

权势欲：大蔑视的可怕的女教师，这大蔑视直面都市与国家，敢于说，“你灭亡吧！”——直到这也从他自身里喊出来“我灭亡吧！”

权势欲：于纯洁者于寂寞者致其引诱，使其登自满底高原，如一种慈爱之辉煌，在这世界的天上涂满紫色底利乐，诱致地。

权势欲：有谁还会称之为欲呢？倘若高崇俯就于权力！诚然，在这种希望与自卑上，并无病态与邪欲！

或寂寞底高崖不永远守其寂寞，自足自封；或高山临于溪谷，高原的风吹到低隰：——

呵哟，有谁能加这种“遥情”以洗礼名与荣名！“赠予底道德”吧——苏鲁支曾名此无可名者。

而那时是这么的——而且真的，这还是第一次！——他的话称颂这自我欲，是有益底，健康底自私自利之品行，渊源于强固魂灵底，——

——出自有力的灵魂，这当然附有高尚底肉体，美底，优胜底，鲜健底筋骨，四周每一样东西皆成为明镜：

——柔韧且动人的身体，跳舞者，其比象与大致，足以描画这欣豫自足底灵魂。在这种身体与灵魂，自己的欢乐便自称为“道德”。

以此“道德”的善与恶的称谓，自己的欢乐便如在神圣底树木下，得有荫护，以此“道德”的快乐之名，驱开了一切可蔑视者。

从自己驱开了一切懦弱者，说：坏的——便是懦弱！它以为可蔑视者，便是常时忧虑者，太息者，悲哀者，及也放弃最微小利益的人。

也蔑视一切以困苦为乐的智慧，因为真有在黑暗里辉煌的智慧，一种夜之阴影智慧，常时悲叹“一切皆空”的！

羞畏底怀疑于它又以为渺小，以及凡以为眼见与手亲不如重之以信誓的人：以及一切太轻于怀疑的智慧，——因为这皆是怯弱灵魂的态度。

更渺小的它以为是奉承者，狗性者，立刻倾倒的，与颓唐者；而且也真有这种智慧的，是颓唐，狗性，谨顺，奉承。

又更憎恨而且已化为嫉恶了，便是对于不自卫的人们：吞下毒唾与恶眼的人，太忍耐的人，忍受一切的人，太自足的人：这皆是奴隶的态度。

或对于天神与神圣的步武为奴隶的人，或对人与愚蠢底人类思想如此的：总之这幸福底自私性唾弃一切奴隶的气性！

坏的：它批评一切摧折与屈抑为奴的东西，不自由底瞟视眼光，低抑的心，与那种虚伪谦让底态度，以宽广底怯懦底嘴唇亲吻的。

朽智慧：它称呼一切奴隶，老头儿，疲倦者所弄的滑稽，尤其是教士的恶劣底，反滑稽底，过滑稽底愚蠢！

朽智慧者，便是一切教士，疲弱者，及灵魂上具女人性与奴隶性的人，——呵哟，从来他们的把戏将自我欲弄的多坏！

而刚要以这为道德，唤作道德呀，诋毁着自私性！而且“无我”——这一切倦于世间的弱者与毒蜘蛛，当有十足理由这么愿望！

但现在于这一切人来了白日，转变，裁判的剑，那伟大底正午：便将有许多事物公开了！

有谁称道“自我”健康而且神圣的，以“自私性”为有福的，诚然，他也将说出他所知道的，这先知：“看呵，它来了，它近了，那伟大底正午！”——

苏鲁支如是说。

沉重的精灵

一

我的口才——是寻常人的：于丝绸之兔，我的话讲的太粗糙而且惬心。于一班墨鱼与笔狐，我的话又使它们更感觉陌生了。

我的手——是傻子的手：只苦了桌子和墙壁，以及为傻子所雕凿所涂抹的地方！

我的脚——是马的脚：以此我蹴踏、践履树木土石，任意纵横驰骋，魔鬼似的乐于快跑！

我的腹——难道真是鹰的腹么？因为它最爱羊肉。当然是一只鹰的肚子了。

以无罪底东西作营养，且以少量的，准备着而且不耐地要飞，从那里飞去——这是我的方式了。这上面如何不能有点像飞鸟的方式呢！

尤其是，我之仇视沉重的精灵，这是鸟之本性：而且真的，是死敌，劲敌，原始底仇敌！呵哟，我的敌忾何处没有飞到而且迷失过哪!

于此,我已可歌唱——而且也将要唱一歌:即算我独居于空屋中,只能为我自己的耳朵歌唱。

当然也有旁的歌者的,必满座然后能使其歌喉婉转,其手势活泼,其眼睛发光,而其心神清醒,——我却不和他们一样。——

二

有谁一旦教人类以飞翔,也就拔去一切界碑了;界碑也将飞上天去,他将重命地球之名,——曰“轻清者”。

鸵鸟跑的比快马还快了,但它犹将沉重底头藏到沉重底泥土里去:还不能飞的人,亦复如此。

地球与生命于他皆觉沉重;然沉重的精灵是要这么的!但有谁要变为轻清,化作飞鸟,他一定要爱自己,——我这么教说。

当然不是以疾病者,乏弱者的爱:因为在他们虽自爱也还是臭恶的!

人应当学到爱自己——我如是说教——以一种完好底健康底爱情:庶几能够坚持自己,而不游离。

这种游离尝自命为“邻人的爱”:用了这话当然至今是欺瞒的假冒的极好了,尤其是在那班人人皆觉其累赘的人。

真的,学自爱,不仅是今日明日的命令而已。反之,在一切艺术中,这是最精深,最巧妙,最后,而且最坚忍的一种。

于主有者,一切所有物皆善藏了;一切宝藏中唯有自己的最后被发掘,——沉重的精灵是这么弄的。

几乎在摇篮里人们便给我们以沉重底名词与价值,“好”与

"坏"——便是这种赠品的名称。因此之故,我们生活下来乃为人所原谅。

因此人让小孩到自己这里来,以此也禁止其自爱:沉重的精灵是这么弄的。

而我们——我们忠实地拖起旁人给我们的,荷上硬肩,走上崇山峻岭!我们流汗了,旁人便对我们说:"是呀,人生是难于负担的!"

但只有人自己是难于负担的!那是因为,他肩起太多外物了。他骆驼似的跪下,让自己好好装载上货物。

尤其是刚强底,忍耐底,虔敬内存的人,他负担着太多外间底沉重底名词和价值了,——这么于他人生便好像一片沙漠!

而且诚然!便是许多自己的东西也难于负担!人的许多内心底事物也如同牡蛎,甚可厌,流滑,难于捉摸,——

——这么便不得不有取于华贵底外壳和精美底雕饰了。但这种艺术是必需学到的:要有外壳,美底光莹,与明哲底盲目!

还有,在凡人有许多事是瞒过了,许多外壳太微小,忧悲,而且太成其为外壳的。许多隐藏的善美与力量永远未曾被猜透;最珍贵底佳肴未曾得到一尝试者!

女人知道的,最珍贵之物:还稍肥一点点,还稍瘦一点点,——呵哟,多少命运便系于这一点点上!

人是难于发现的,更难的是发现自己:智慧时常谎骗了灵魂。沉重的精灵是这么弄的。

但那人发现自己了,如其说:这是我的善恶,因此堵住了那土拨鼠与侏儒的嘴,说"皆善皆恶"的。

诚然,我也不喜欢这么一种人,以为什么皆好,而这世界简直是最好的。这种人我称之曰“一切满足者”。

一切满足，知道尝味一切东西的：未为佳口味！我崇拜执拗又挑剔底舌头与胃肠，学到了说“我”，“是”，“不是”者。

嚼碎一切，而且消化之——这却是真正底猪态度！老是说“噫——呀——”，这唯有驴子学到了，及像那种心智的人！

深黄色与火红色：我的趣味合乎这样，——这趣味将血调入一切彩色里。有谁粉白他的房子的，便向我泄漏了一个粉白的灵魂的秘密。

这班人爱木乃伊，那班人又爱鬼影；二者皆是血与肉的仇雠——呵哟，二者皆多么违反我的趣味！因为我爱血。

那里，我当然不会居住或留连，每人所唾弃而且呕吐之处：这已经是我的趣味，——我宁肯居于盗贼与伪誓者中。因为没有人嘴里含了金子。

但与我更相反的，便是承唾之人；我发现的人的最可恨的恶兽，已称之曰寄生虫：他不要爱，而又要在爱里生活。

凡只有这一种选择的人们，我皆目为不幸：便是化为恶兽，或恶兽的管束者：在这种人中我当然不会盖起房子。

凡必须老是等待着的人们，我也皆目为不幸的，——皆违反我的口味，这一班税吏，商人，国王，及其他地主或店主之类。

诚然，我也学过等待；而且学的彻底，——但只是等待我自己。尤其我学到了站，走，跑，跳，攀缘，跳舞。

这便是我的教训，有谁要一旦学得飞行的，必先学站立，行走，快跑，攀缘，跳舞，——人不是一飞便能飞行的！

我学到了用绳梯缘上一些窗户，以敏捷底腿猱升桅樯：坐于高底智识的桅杆上，在我以为是不甚小的幸福，——

——如同一小火光摇摇于高桅之上：诚然是一点小光明，但于被风浪卷去的水手与船破了的人，这仍然是一大安慰！——

绕了许多路道，用了许多方法，我达到我的真理：不是由一长梯升于高处，使我的眼光能投射到我的远方。

我未尝高兴问路，——这老是违反我的口味的！我宁肯请问而且试行道路本身。

我整个的行程便是尝试而且询问，——而且真呀，对于这种问题也该学到答覆的！这却——是我的嗜好：

——非好，非坏，却是我的嗜好，于此我既无羞惭，复无隐秘。

“这——于今是我的路，——你们的路呢？”这么我答复向我“问路”者。这路——这原来是没有的！——

苏鲁支如是说。

新旧标榜

一

我坐在这儿等待，周围是破碎底旧标榜，以及写定了一半的新榜示。我的时辰何时来到呢？

——我的下降与没落的时辰：因为我还要走入人类一趟。

我是等待这：因为起初必有事想告诉我，这是我的时辰了，——便是酣笑的雄狮与群飞的鸽子。

其间我如同一个有闲暇的人，向自己说教。没有人告诉我新事物:所以我还是说起我自己。——

二

当我来到人中,我发现人们皆居于一种老成算上:凡人皆自以为久已知道,何者于人为好为坏。

一切道德之讨论于他们好像是旧的可厌的事物了;有谁愿得好好的睡,在入睡前犹谈起"善"与"恶"。

这睡梦给我扰醒了,当我说:所谓善与恶者,还没有人知道,——除非是创造者!——

这却是为人类立目标的人,为地球创意义,开未来者:这人方创出何者为善为恶。

而我也教他们推倒老的讲坛,及凡那古老成算占据之处;我教他们嘲笑他们的伟大道德教师,和圣哲,和诗人,及救世者。

我也叫他们笑那阴森底智者,及坐在生命树上警告着的黑色的吓鸟者。

我自己坐在他们的大墓道上,居于尸骸与鸢鸮之侧——我笑他们的一切已往过去,及其萎靡的颓废的光荣。

诚然,我如同傻子或教忏悔的教士,大声疾呼,咒骂一切关于其伟大者或渺小者,——他们的至善甚至又那么渺小呀!至恶也那么渺小呀!——我如此嘲笑。

我的聪明底遥情,这么从内中叫出而且大笑了,这生于山谷间,真是一种狂放底智慧!——我的腾飞而上的伟大底遥情。

这时常引开我,引上,引远,当我正在酣笑里,我便如一箭离弦,飒然穿过醉于日光的欣乐,

——飞入遥远底将来，梦所未见之处，投入炎热底南荒，雕塑师未曾梦到之乡：在那里天神之舞蹈皆羞于服饰，——

——我之以比喻说教，诗人似的踯躅，口吃：诚然，我羞于还得成为诗人！——

那里一切转变在我仿佛皆是神之舞蹈，神之威武，而这世界是脱羁，被遗弃，逃回到自己：——

——成了天神们的一番永远的遁离自己，重寻自己，成了天神们的幸福底自相矛盾，自相调和，自相连属：——

那里一切时光在我皆觉得是"顷间"的幸福底讥嘲，在那里"必需"即是"自由"本体，幸福地与自由的芒刺相嬉娱，——

那里我重逢我的旧魔鬼与劲敌，沉重的精灵，和它所创造的一切：强迫，法规，需要和后果和目的和意志及善与恶，——

难道那里不能有跳过去的跳到外面去的么？为了轻者最轻者的缘故——那里不应有土拨鼠和沉重底侏儒么？——

三

那里也正是我在路上拾得"超人"这名词的地方，而人便是必得加以超过的东西，

——而人类不过是桥梁而已，非终极：幸福地自庆其正午与晚间，以为达到新底朝霞之路：

——苏鲁支关于伟大底正午的文字，及此外我所悬于人类上的，加紫金色的残阳。

真的，我还让他们看到新底星辰并新底良夜，在云端与白日和黑夜之上，我铺张着笑如一张彩色的天幕。

我教给他们一切*我之*为诗与计划：凡于人之为碎片，为谜疑，为可怕的偶然者，皆将其诗化为一，加以联系，——

——为诗人，解谜者，和补救偶然者，我教他们创造将来，而一切*过去*的——以创造补救。

——将人之过去的加以救赎，将一切“既往者”改造，直到意志说：“但我是这么愿望的！便也将这么愿望——”

——我称这为救赎，我教他们单称这为救赎。——

——现在我等待*我的*救赎了，——还要最后到他们那里去一趟。

因为我还有*一*趟要到人群中：在他们中间我将没落，临死我将给他们以我的最富裕底赠品！

这我是从太阳学到的，当其下落，这丰饶者，从无尽的宝藏中，它将黄金注入海里，——

——那么的呀，便是最贫穷的渔人，也打着黄金之桨！这我曾看见了，看不足，我的眼泪便不断地倾流。——

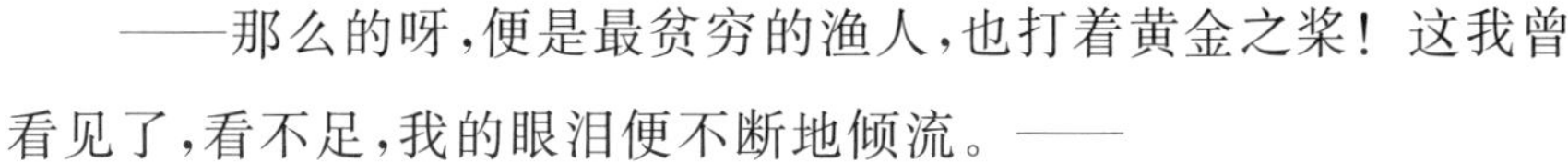

苏鲁支也将像太阳一样没落：现在他坐在这儿，等待着，周围是古老底断缺底标榜，也还有新的，——半写定的。

四

看呵，这里是个新榜：但我的兄弟们哪里去了，和我将其搬入溪谷与肉心中去的兄弟们呢？——

我的对远者的大慈爱这么命令的：*不要原谅你的邻人*！人这东西，是应该加以超过的。

有多式超过的路道和方法：*你*看去吧！只有一个丑角想：“人

也可以跳过。”

便是在旁人中也要超过你自己:而且也是一种特权,倘若你能夺取,便不要让旁人给你!

凡你之所为,没有人能向你更作。看呵,原来没有报偿。

凡不能命令自己的,应该服从。许多人能命令自己,但他之服从自己,差的还远!

五

高贵灵魂者流愿望这样:他们不要白得什么,尤其是生命。

凡是卑鄙者,当然愿意白白的生活:但我辈旁人,生命是自奉呈于我们了,——便常常想,有什么最好可以还报!

诚然,这是一番冠冕话,若说:“凡生命之应允我们的,我们便要为生命——守之!”

人不应愿望享受,倘若于享受无所奉献。而且——人不应该想望享受!

享乐与天真皆是最可羞之事:二者皆不可求。人应该皆有之,——但其初犹应寻求痛苦与罪过!

六

我的兄弟呵,凡为长子的,时常是被牺牲掉的。如今我们却皆是长子。

我们皆在秘密底牺牲台上流血,我们一皆为致敬于古之偶像,燔炙而且焚枯了。

我们的精华正稚弱:这刺激起老饕。我们的肉正肥嫩,我们的

皮肤不过如羊的皮肤，——我们怎能不刺激起老的偶像祭师呢！

他还住在我们中间呢，这老祭师，将我们的精华供他的口腹燔炙了。呵呀，我的兄弟们，长子如何不成为牺牲呢！

但我们这种人物也愿这样；而我也爱那班不愿保存自己的人。我以整个底爱爱没落者：因为他们度到彼面。

七

真实——唯少数人能！能之者，犹或不愿！最不能的，是善人们。

这班善人呵！善人从不说真理；如此为善，于精神是一种疾病。

他们驯服，这班善人，他们自卑，中心随之，本体顺之：但有谁顺从的，是不听自己的话！

一切，凡为善人所称为不善者，该应结合，生出一种真理：然我的兄弟们呵，你们是否够恶，能有这一种真理么？

荒谬底尝试，长久底怀疑，残忍底否定，嫉恶，加于生活者之割切——这些事是何等稀少的聚在一处！但从这种种子中，将生出——真理！

一切智识至今皆生于恶心之旁！为我毁灭吧，智识者呵，毁灭那些老的标榜！

八

倘若水上有木材，倘若河上架了板桥与栏杆：真的，便没有人相信说“一切皆在河流里”的了。

便是傻子也反对他。“怎么?”傻子说:“一切皆在河流里么?木头与栏干皆在河上面。”

在河流上面的一切皆是固定的,一切事物之价值,桥梁,意义,一切“善”与“恶”,这皆是固定的!”——

然若来了严寒底冬天,河流的管束者:便是最聪明的人也学得疑惑了;而且,真的,不但是傻子将说:“一切不皆当——静定么?”

“根本一切皆是静定的”,——这是一个正当底冬之教训,是无结实的时代里好教理,是冬眠者和懒人的好慰安。

“根本一切皆是静定的,”——但融风却于此为反宣传!

融风,这牯牛,不是耕牛,——一条怒烈底牛,一个毁灭者,用愤怒底角破开坚冰!而坚冰——又折毁板桥!

我的兄弟们呵,现在岂不是一切皆在河流里么?一切板桥木栅不皆是掉在水里了么,有谁还把持着“善”与“恶”?

“我们不幸呵!我们又大幸呀!融风吹了!”兄弟们为我到各街巷里这么宣传去吧!

九

有一种古老底幻想,名叫善恶。这幻想的车轮,只今围着说预言者和谈星相者轮转。

有个时期人们信仰卜休咎和占星象的人:因此皆信仰“一切皆命运,你当如此,因为你将必定如此!”

而人们又不信仰一切卜筮和图谶者了:因此皆信仰“一切皆自由,你能如此,因为你要如此!”

我的兄弟们呵!关于星象与将来,只是勾想过,而未尝有人知道过,因此善恶至今也只是幻想过,而未尝被知道过!

十

“你不应当偷盗!你不应当杀人!”——这种话在从前有人称为圣言;人们跪拜顶礼;赤足恭敬。

但我请问你们:世界上还有比这些圣言更好的强盗和杀人者吗?

一切在生活本身里,岂不皆是——偷盗和杀戮么?而这种话称为圣言了,另一方面不也是杀死了——真理么?

或者这是死之说教,凡与生命相违反者,皆称之曰圣善?

——呵哟,我的兄弟们,毁灭吧,为我毁灭古老底标榜!

十一

这是我对于一切已往者的哀怜:我见到,往者皆已弃置了,——

为了来者,每一代人的慈惠,精神,与疯狂皆弃置了,而凡一切既往者,皆改成了这一代的桥梁!

大权势的主者可以生出,大巧底怪物,以他的仁爱或不仁,勉强又勉强一切已往者:直到这皆化为他的桥梁,和豫兆,和先驱,和鸡鸣之声。

这却是另一危险,我的另一种哀怜,——有谁是鄙恶的,他的纪念直回溯到他的祖父,——直到他的祖父,时代方断绝了。

这么一切往者皆弃置了:因为这有一日将可能的,鄙恶者做了主子,将一切时代在浅水里淹死。

因此，我的兄弟们呵，应该有一派新贵族，反对一切鄙恶与强权主子的，从新在新的标榜上写定“华贵”二字。

这需要许多华贵者，各种华贵者，以竟然成一贵族！或者，如我有次用譬喻说的：“有多数天神，而无唯一真神，正是神道！”

十二

呵哟，我的兄弟们，我尊崇你们，指示你们成为新贵族。你们便应成为生聚者，教训者，为将来之播种人，——

——诚然，不是化为一班贵族，你们像商人一样，可以用商人的黄金捐来的：因为凡有定价者，便少真价值。

不是何自而来，更使你们尊贵了，却是你们何往！你们的意志和你们的脚，欲越过你们而上的，——造成了你们的新尊贵！

诚然，不是你们曾服侍过皇子——皇子还算什么！——或为立者之撑持，使其更安稳不动！

不是你们的氏族在宫廷中转高贵了，而你们学到了华贵，如同一只彩鹤，在浅溪中伫立移时。

——因为能立是廷臣的一种福赐；而一切宫廷中人皆信仰死后的幸福必有一种是——赐坐！——

也不是一种人称为神圣底精灵，将你们的祖先导入可颂赞的国土。那是我所不颂赞的：因为一切树中最坏的一种——十字架——生长之处，那土地无可颂赞！——

——而且诚然，无论这“圣灵”将它的骑士导往何处，常是这么一种行列——有羊，鹅，歪头，木脑为之前驱！——

我的兄弟们呵，你们贵族不应回头，却应该前望！你们皆应被远斥，投荒，离开了故乡与祖国！

你们应该爱儿童之国土：这爱成为你们的新尊贵，——在最远的海中未经发现的！我命你们的风帆向之驶去，寻求而又寻求！

在儿童身上你们应该补救你们之曾为父祖的儿童，一切已往者你们应当这么救赎！我将这新榜悬于你们之上！

十三

“为什么生活呢？一切皆空！生活——是打稻草；生活——是自焚烧而不得温暖。”——

这种古典底唠叨仍然被认为“智慧”；因其古老而又作霉气，于是更受推崇。便是腐朽也尊贵化了。——

儿童可以这么说：他们羞畏着火，因为火曾灼伤他们！在古老底智慧之书里，也有许许多多儿戏。

而且有谁常“打稻草”的，他怎敢诋毁打稻草的工作呢！人应该封住这种傻子的口！

这种人坐到桌子边，不带一点食物来，并好的饥饿也没有，——而他们大加诽议说：“一切皆是空虚的！”

但好好吃，好好喝，我的兄弟们呵，真不是空虚底艺术！毁灭吧，毁灭这班永不欢乐的标榜！

十四

“于纯洁者一切皆是纯洁的”——民众这么说。但我告诉你们：于豕彘一切皆是豕彘的！

因此幻梦者和垂头丧气的人，其内心也下垂的，这么说教：“世

界本身便是个污秽底魔鬼。”

因为这班人皆没有清洁底灵魂;尤其是那班人,除非从世界后面看世界,是不得平静或休息的——那班阴间世者!

我直面这班人说吧,虽然这话听去好像伤雅,世界之像人,因其也有臀部,——这一点是真的!

在世界上有许多污秽,这一点也是对的!但世界因此还不是一个污秽底魔鬼!

这其中是有智慧的,世界上有许多东西气味不佳:憎恶本身也造成羽翼,和预感源头的力量!

在最优美底东西上也还有点点可恶之处;而最优美者也还是应该超过的东西!——

我的兄弟们呵,这其中是有智慧的呀,世界之有许多污秽!——

十五

这种话我听到虔敬底阴间世者向他自己的良心说:而且真的,没有恶意和虚伪,——虽然在世间没有比这更虚伪更可恼的事了。

“让这世界自为其世界吧!不必举起一个指头反对它!”

“让他去吧,有谁愿意将人民绞,刺,剥,削,不必举起一个指头反对他!那么他们便学到厌离世间了。”

“而你自己的理智——你自己也应该将其呃死,绞杀;因为那是这世间的理智——然后你自己将学到弃绝这世间。”——

——毁灭吧,毁灭吧,我的兄弟们,为我打毁这班虔敬者的老标榜!斥破这班诋毁世间者的鬼话!

十六

“有谁学的很多的，便忘废了一切强烈底欲求。”——如今人们在黑暗底街巷中窃窃私议。

“智慧使人疲劳，没有事情值得做；你应该无欲求！”——我亲自发现这新标榜挂在公共市场上。

毁灭呵，我的兄弟们，也为我拆毁这新榜吧！厌倦世间者将其挂上去的，还有死之说教者，还有狱吏：请看呵，这也是劝当奴才之说教！——

因其学的很坏，学不到最好的，或一切又太早，或一切又过速：因其吃得很坏，便损伤了胃，——

——一个损坏底胃便是他们的精神：这劝人死去！因为真的，兄弟们，精神便是一个胃！

生命是一道喜乐底源泉：但于从损坏了的胃肠说话的人，这苦恼之父，一切源流皆已毒坏了。

智识，这于狮子意志者是喜乐！但有谁疲倦了的，他自己只是“被愿望”而已，一切波浪和他玩弄。

而这也时常是弱者的态度：他们在自己的道路上迷惑了。他们的疲倦也终于问道：“我们从前为什么走路呢！什么都是一样！”

于这班人这种说教是睦耳的：“没有什么事值得的！你们应该无欲求！”这却是劝为奴才之说教。

我的兄弟们呵，如一阵清新底飘风，苏鲁支吹到倦于道途的人们了，他还要使许多鼻子喷嚏！

而我的自由底嘘气也吹透垣墙，吹入监狱中，和囚絷的精神

群！

愿望使人自由，因为愿望便是创作：我这么说教：而只为了创造你们应该学习！

便是学习你们也应从我学，善学之学！谁有耳朵的，听吧！

十七

那里有一条船，——渡过去也许便到了伟大底空虚里。——但有谁要来乘这“也许”呢？

你们里没有人来趁这死之虚舟！然则你们如何要为厌倦世间者呢？

厌倦世间者！而你们曾不为夺去地球者！我发现你们永是贪恋地球，且犹爱好此对地球之厌倦！

并不是空空的你们的嘴唇下垂，——上面也还悬着一个小底地球之愿望！而且在眼中——那面不是浮起一小朵未忘的地球之快乐的彩云么？

地球上有许多好的发明，有的有益，有的有趣：因此地球是可爱的。

而且真有各种很好的发明的东西，大有类于女郎之乳：有用亦又可人。

但你们厌倦世间者！偷生人世者！人应该用夏楚鞭笞你们！鞭笞使你们的腿重变活泼。

因为，设若你们不是病人和衰惫底卑劣者，地球之所厌倦的，便皆是狡狯底懒动物或偷偷摸摸的馋嘴的狸猫。而设若你们不愿重新欢乐地行走，你们便应该——渡过去！

于不可救药者人不应为之医治:苏鲁支这么说教,——所以你们应该渡过去!

但这需要更大底勇气,作一结束甚于作一首新诗,这,一般医生和诗人皆知道的。

十八

我的兄弟们呵,有疲倦制作的标榜,有懒惰造成的标榜,腐败底懒惰:虽然所说的大致相同,而所希望被听取的大不一致。——

看这班憔悴者吧,他距离他的目的地只有一咫尺了,而因疲劳之故他这么赖皮地躺在灰土里,这勇猛者!

因疲劳,他欠伸于此路途,和土地,和目的地,与他自己,他不想再前进一步了,——这勇猛者!

于是太阳晒上他了,野狗来舐他的汗,但他固执地躺在那里,宁肯憔悴而死。——

离他的目的地一咫尺间而憔悴欲死!真的,你们将要揪住他的头发提他上他的天去呢,——这英雄!

最好让他躺着吧,躺在他那地方,使睡神降临他,那安慰者,且落下凉爽底淅沥底雨。

让他躺的自己一觉醒来,——直到他斥退一切疲劳,及疲劳之因他所教示者!

只是要,兄弟们,叱去他身边的狗,懒惰底潜侵者,及一切麕聚的毒虫,——

——一切"受了高等教育者"的麕聚的毒虫,那饱吸每个英堆的血汗的!——

十九

我在身边画出圆周，和神圣底界限；与我同登只见其高的山的人只见其少：我造成了一带山脉，以只见其神圣的群峰。——

无论你们和我共登于何处吧，呵哟，我的兄弟们，留心呀，要没有一只寄生虫与你们同上！

寄生虫：那是一条毒虫，蜷伏的，蜿蜒的，要因你们的疾病创伤之暗处而养肥的。

而这便是它的艺术，它能猜透登山的人们何处疲劳了：在你们的忧患与颓唐，在你们轻和底羞怯中，它建造了它那可恨的巢穴。

凡强健者乏弱而尊贵者过温厚之处，——它便乘机而入，建筑了它那可厌的穴居，寄生虫大抵居于伟大者的小创伤的隐处。

存在者最高尚底一种是什么，而最卑劣底又是什么呢？寄生虫是最卑劣底一种，但有谁属于最高尚底种性的，喂养着最多数寄生虫。

那灵魂，具备最长的梯子，而能下降最深者：这如何不为最多数寄生虫所依附呢？——

——最渊博底灵魂，在本身中能奔跑，迷失，及游移到最远的；最必需底灵魂，因高兴而突入偶然中的：——

——存在的灵魂，没入转变中的，有着的灵魂，要达到愿望与期待的：——

——逃开自己的，而又在最宽广底盘旋上追及自己的，最智慧底灵魂，痴愚最甜蜜地诉与的。——

——最自爱的，其中一切事物皆有顺流与逆流，潮涌与潮退的，——呵哟，这最高尚的灵魂怎能没有最坏底寄生虫呢？

二十

兄弟们呵，难道我很凶恶么？但我说，凡落下的，也应该再加以推倒！

今日之一切——堕下了，颓败了：有谁愿意加以保持！但我——我还要将其推倒！

你们识得那石头一直滚下深谷的快乐么？——今日之这班人：看吧，他们如何一直滚下我的深谷！

兄弟们呵，我不过是较好底演剧者的一场序幕戏！一个榜样！照我的模样做去吧！

而你们不教其飞翔的人，为我教其——疾速堕下吧！——

二十一

我爱勇者，但为一侠士是不够的，——人应该知道在何者身上可以逞豪侠！

时常这其中有大勇力存，自持，走过去完事，以便留待自己应付更值得底强敌！

你们应该有仇敌可憎恨者，但不应该有仇敌可藐视者：你们应该自矜于有此仇敌：这么我从前也教过一趟了。

我的朋友们呵，你们应将自己留待更有价值的强敌，因此你们必须放过许多人，——

——尤其是放过许多痞徒，在你们的耳际喧喧于民众和民族的。

使你们的眼睛不沾染他们的赞成和反对！那里有许多是非，

看去便使人生怒。

看到里面，打到里面，——在那儿二者是一事：因此，走到树林里去吧，使宝剑卧下！

走你们的路吧！让民众们民族们自走他们的路！——诚然是黑暗底路，上面没有一线希望的光明闪耀！

让小商人统治着吧，——凡一切仍然发光的，只有小商人的黄金之处！已不是皇王的时代了：凡今日之自谓民众者，不值得有皇帝。

看呵，看如今各个民族所行所为，皆像小商人一样了，他们仍从各个废料堆里拣取最小底利益！

他们彼此窥伺，也略略互相诱致，——称之曰“好邦交”。呵哟！真是幸福底古时，有一个民族说：“我将为各民族——之主！”

因为，兄弟们：最优者应该统治，而最优者也愿要统治！倘若有教训与此不同的，那里——必缺乏优秀者。

二十二

倘若他们凭空得着面包，苦呵，他们还将为什么事喊叫呢！他们的给养，——便是他们的正当底保持：他们应觉其难得！

他们皆是猛兽：便是在他们的“工作”里——也仍然有劫掠，在他们的“报酬”里，也仍是欺骗！因此他们将觉其艰难！

于是他们将变为较好底猛兽，较精深，较明智，而且更像人了，因为人是最好底猛兽。

人已经从一切动物劫去了它们的美德：这便是为何一切动物在人最为难。

只有飞鸟还是超过他。倘若人还学了飞呢，苦呵！他的猛兽欲将高飞至于——何许!

二十三

我希望男子与女子这样:一者善战斗,一者善生育,二者却皆善于跳舞,以头以足。

那一日在我们便是荒废了,倘若没有跳一趟舞!而且在我们每种真理便是虚伪的,倘若其中没有一点可笑!

二十四

你们的婚姻:留心,看这不是一种坏结合!你们连得太快了,便结果出——破婚!

而破坏婚姻犹胜于委曲婚姻,欺骗婚姻!——有女人和我说过:"我诚然破坏了婚姻,但婚姻先已破坏了——我!"

怨偶我时常发现其为最狠毒底好寻仇隙者:他们要以全世界报偿其不能独自走路。

为了这缘故我要诚实人彼此说:"我们恋爱了,但让我们看看是否保得住相爱之情!或者我们的婚约是误会么?"

——"给我们一个期间和小姻缘,使我们看到是否够得上大婚姻!这是一大事呀,时常二人相侣!"

这么我奉劝一切老实人;倘若我不同地劝告,另作一说,则我的向超人及于一切将来者的爱,还算什么呢!

不但是将你们繁衍下去而已,却要向上滋生——于此,我的兄弟们呵,惟愿婚姻的园地帮助你们吧!

二十五

有谁追溯老底渊源如果变聪明了，看哪，他终于要寻求将来的水源，新底渊源。——

兄弟们哟，不久将要兴起新底民族，新底泉水将下注于新底溪谷。

因为地震——窒塞了许多泉井，造成多少人焦渴的：也启发出许多内里的力量与秘密。

地震使新底泉水开流。古老民族的地震里，新源泉涌出。

有谁在那里喊着说："看这儿呀，供多数人渴饮的泉井，慰多数人远怀的一颗心，使多少工具得其用的一种意志"，——于是围着他聚成了一民族，便是，许多尝试者。

这里试行的是——谁命令的，也得服从！呵呀，有多少长期的寻求，和揣测，和失算，和学习，与重新尝试！

人类社会是一种尝试，我这么说教，——一种长久底寻求：所寻求的，是命令者！——

——一种尝试呀，我的兄弟们，而不是"结约"！毁灭吧，为我毁掉软心人和中庸者的这名词！

二十六

我的兄弟们呵！一切人类的将来最大危险在何处呢？岂不是在于善人和公道者么？——

——在这班人，心里这么感觉而也这么说的："我们已经知道什么是善的公正的了，而且也皆有之；苦了那班还在寻求的呀！"

无论恶人造成了什么损伤:善人所做的损伤是最损害底损伤!

无论造谣欺世者造了什么损害:善人所造的损害是最有损害的损害。

我的兄弟呵,有人曾看透正人和善人的心,说:“这皆是法利赛人。”但旁人不懂他。

善人和正人不敢懂他:他们的精神是封于善心以内了。善人的鲁钝是不可测的聪明的。

但这是真理,善人必定是法利赛人,——他们毫无去取!

善人必定将自己发明道德者钉上十字架钉死!这便是真理!

但这后者发现了他们的土地的——善人与正人的内心和天地:——便是在那里问的人:“他们最憎恨什么人呢?”

他们最憎恨创造者:毁灭老的价值和标榜的人,毁灭者,——他们称之为罪犯。

因为善人——他们不能创造:永是结末的开端:——

——他们钉死在新标榜上写定新价值的人,使将来牺牲于自己,——他们钉死了一切人类的将来!

善人们——他们永是结末的开始。——

二十七

我的兄弟们呵,你们了解这话吗?和我从前有次说过的“末人”?——

一切人类将来之最大危险何在?岂不是在于善人和正人么?

毁灭呀,为我毁灭这班善人和正人!——我的兄弟们呵,你们也听懂了这话么?

二十八

你们逃开我么？你们惊恐了？听了这话战栗么？

我的兄弟们哟，当我叫你们毁灭善人及其标榜：我方开始舟运人类凌驾其大海的高潮。

于是乎大惊恐来到了，大环顾，大疾病，大憎恶，大晕船。

善人曾教你们以虚伪底泊岸，虚设底安全：你们真是生长且安处于善人的欺骗里了。一切皆彻底地为善人所谎过所曲折了。

但有谁发现“人”之陆地的，必也发现了“人类将来”之乡。你们于今当成为航海者，勇猛，坚毅！

及时端然行走，呵哟，兄弟们，学着端端正正行走！海上风暴生了：许多人要赖你们重新振作起。

海上暴生风浪了：一切皆在海里。好吧！振作起来！你们老水手的雄心！

什么祖国！我们的舵要转向哪里，我们的“儿孙国”之所在！到那里去吧，比暴风浪底海水更奋迅，我们伟大底遥情前涌！

二十九

“为什么这般刚强呢？”——煤炭有次向金刚石说：“难道我们不是近亲吗？”——

为什么这般柔软呢？我的兄弟们呵，我这么问你们：你们岂不是我的——弟兄么？

为什么这般柔软，这般退让而且卑恭呢？在你们心里为何有这么许多否认和离绝之情？而你们的眼光里又这么少命运？

设若你们不愿成为命运，和不屈不挠的人：你们怎能与我一同——战胜呢？

而设若你们的刚强不愿吐露锋芒，割切，碎断：你们怎能一旦和我共同——创造呢？

盖创造者皆刚强。而这于你们应该觉得是幸福，将你们的手压在千年时代之上，如印在蜡上，——

——幸福呀，在千年的意志上放笔直书，如写铜版，——比铜还坚硬，比铜还高贵。只有最高贵的是纯粹坚刚的。

这新标榜，我的兄弟们呵，我将其悬于你们之上：刚强起来吧！——

三十

呵哟你，我的意志！你，一切困难之转机，你，我之必需！保护我舍置一切小胜利吧！

你，我灵魂的安排，我称呼曰命运的！你，我内中者！超乎我者！保存我留待成为一个伟大底命运吧！

而你的最后的伟大，我的意志呀，也留存到你的终结吧，——使你在你的胜利中不屈不挠！呵呀，谁没有屈服于自己的胜利的！

呵呀，谁的眼没有在这沉醉底黄昏里黯淡下去！呵呀，谁的脚不曾摇摇，忘废了在胜利中——坚立！

使我有一天于伟大底正午准备了而且成熟了：有备而且已熟，如红的熔铜，如蓄剧雷的垂垂之云，如涨满的乳，——

——准备归于我自己，归于我的最深藏底意志：如良弓热望其镞矢，镞矢渴想其标星。——

一颗标星，在它的伟大的正午是准备了，成熟了，炽然，透穿，庆幸于毁灭底太阳的飞箭。——

一个太阳本身，和一个不屈不挠的太阳意志，在胜利中准备毁灭的！

意志呵，一切困难之转机，你，我的必需！保存我留待一伟大胜利吧！

苏鲁支如是说。

病 愈 者

一

一日之晨，离他回到岩穴后不久，苏鲁支从卧榻上疯子似的跳起来，用一种可怕的声音大叫了，那样儿仿佛是还有一个人躺在他的榻上，不想起身。苏鲁支叫的那么响，他的禽畜便皆惊奇地跑拢来了。于是乎从接邻的各个洞穴各个角落里惊起了种种动物，或飞，或翔，或爬，或跳，各从其类，以足以翼。苏鲁支却说出这番话：

起来吧，深沉底思想呵，出于我的深渊！我是你的晨鸡和晓色，沉睡的蟠蛇呵：起吧！起吧！我的鸣声应将你噪醒了！

解开你耳朵的锁链吧：听呀！我要听你说话！起来呀！起来呀！这里够有雷声，使坟墓也惊听了！

将睡梦与昏蒙，盲昧，从你眼上拭开！也用你的眼睛听我说话：我的声音对于生而盲者还是一种救治呢！

你如果醒了吧，便应该永远清醒。我的态度当然不是将老祖母从睡梦里叫醒来，又叫其——睡下去！

你惊动了，欠伸了么？哮喘么？起来！起来！不要喘气——你应该说话！苏鲁支这无神者叫你了！

我，苏鲁支，生命的辩护人，苦难的辩护人，循环的辩护者——我唤你呀，我的最深沉底思想！

祝福我呀，你来了，我听你说话！我的深渊有话说了，我已将最末的深沉处翻到光明中来！

祝福我呵！来吧！伸出你的手——哈！这样吧！哈哈！——可厌，可厌，可厌——我可苦呵！

二

苏鲁支几乎还没有说完这话，便死人似的倒下，而久久寂如死人。当其重复回到知觉，便已色如死灰，战栗不自持，只能躺着，长久不愿饮食。这情况在他继续了七天；他的禽畜昼夜不离地守护他，除了那只鹰飞去，啄回食物。凡其所劫夺所持回者，皆放在苏鲁支的卧榻上：终于使苏鲁支躺在黄的和红的浆果，葡萄，玫瑰苹果，香草和松实堆中。在他的脚下安排了两只羊，是那鹰辛苦从牧人处劫得的。

最后，七天过了，苏鲁支从榻上坐起来。取了一枚玫瑰苹果在手，嗅了，觉得气味芳香。于是他的禽畜相信，是可以和他谈话的时候了。

“苏鲁支呵，”他们说：“你也这么躺了七天了，合着眼睛：你不要重新站立起来吗？

走出你的崖穴呵，世界如一座花园等待你。风含满了浓香要向你吹来；溪流也愿随你流去。

自从你独居了七天，一切事物皆想念你，——走出你的崖穴吧！一切事物皆愿为你的医生！

也许于你来了一种新智识么，一种酸楚的，沉重的？你躺着好像发酵的面，而你的灵魂呵，上升，超于六合。——”

——呵呀，我的动物们，苏鲁支回答说，便这么说下去吧，让我静听！听你们的谈说使我清醒：凡谈论之处，那里的世界于我便像一座花园。

多么可爱呵，有言词与声音：言语和声调岂不是永远分离者中间的长虹和彩桥么？

于每个灵魂系属另一世界；于每一灵魂另一灵魂是一阴世间。

在最相似者间，幻想蒙蔽的最巧妙了；因为最小的间隙是最难逾越的。

于我——怎么有身外之我呢？没有所谓“外”者！但在一切声音上我们将这忘掉了；我们之忘却了，是多么可乐！

在事物上岂不是加上了名色和声音，使人对于事物能有快乐之感么？这是一种美丽底毛儿戏，说话：人以此舞蹈于一切事物之上。——

一切言谈和声音的谎骗是多么可爱呵！我们的爱伴着声音舞蹈于彩虹之上。

——“呵哟，苏鲁支，”动物于是乎说：“像我们这样思想的人，一切事物自向之舞蹈：皆到来，伸手相握，笑了，逃开——又复转回的。

一切过去，一切还来；永远转着存在的轮子。一切凋谢，一切重花，永远流着存在的年光。

一切破碎，一切重新完成；永远建起存在同样的房子。一切分离，一切重复欢聚；永远忠实于自体，这存在的圆环。

存在始于每一刹那；‘彼’之圆球，环绕着‘此’旋转。‘其间’便是周遍。‘永远’的路径是曲折的。”——

——呵哟，你们这班愚痴子和手风琴！苏鲁支回答，也莞然笑了，你们怎样知道在七天中应该完成什么呢。——

怎样那怪物爬入我的咽喉将我窒塞么！但我咬下了它的头，将其远远唾开去。

而你们——你们便将这编成一支琴曲么？我却现在躺在这里了，犹且倦于这一番咬唾，病病于自我的救治呀。

而你们皆在旁看这会事么？我的动物哟，你们也很残忍么？你们也要像人类一样观看我的大痛苦么？因为人类便是最残忍的动物。

看悲剧，看斗牛，看钉十字架，于他至今这皆是地球上最快乐的事了；当其发明地狱，看呵，那是他地上的天堂了。

倘若伟大者哀呼——：小人物立刻跑过去，舌头垂在嘴下，贪馋地要尝味。而他说这是他的“同情”。

小人物，尤其是诗人，——他们多么急切地以语言悲怨生命！听清呀，不要忽略了一切怨尤里的快乐之声！

这班怨尤生命者：生命一眨眼便将他们克服了。“你爱我么？这无礼者说，请等一等吧，我还没有时间陪你呢。”

人对自己也是最残忍的动物；凡自称“罪人”，“负十字架者”，和“忏悔者”，你们不要忽略了这悲愁与怨怼中的欲乐！

而我自己——我将以此成为人类的怨诉者么？呵呀，我的动物们，我至今只学了这一点，人类的至恶是需要的，以臻其至善，——

——因一切至恶是他的最优之力，于最高底创造者的至坚刚底石头，而人类也必化为更好，也更恶，——

我并非桎梏于这刑木上，知道人本是恶的：——我却是这么大叫，从来没有人这么大叫过：

“呵呀，他的恶也竟这么渺小！呵呀，他的善也竟这么渺小！”

对人类的大憎恨——这扼住我了，爬到了我的咽喉里：说预言者预言过：“什么皆一样，没有什么值得的事，知识扼杀人。”

一道深长底黄昏在我前面蹒跚，一种疲乏欲死沉醉欲死的忧悲，用呵欠的口说：

“永远他转回来，你所厌倦的这种人，小人者”——我的忧悲呵欠着，拖着脚，不能入睡。

人类的地球于我便化为窟穴，其乳陷落了，一切有生者于我皆仿佛是人类的残尘朽骨，与霉损的过去。

我的叹息委顿于人类的坟墓间，不能复兴：我的叹息与疑问昼夜呜咽，梗塞，内伤，外激：

“——呵呀，人类永远转回！小人物永远回转！”——

我曾经看见二者的裸形，最伟大者和最渺小人：彼此甚相似呵，——便是最伟大底人也还是太人间底！

最伟大者也还太小呀！这便是我对人类的憎恨！又渺小者之永远底转回！这便是我对于一切存在之憎恨！

呵呀，可厌！可厌！可厌！——苏鲁支如是说，太息而且发抖；因为他记起了他的病痛。但他的禽畜没有让他说下去了。

“别说下去吧，你这病刚好的人！——他的禽畜这么回答他，走出去吧，全世界皆在等待你，如一座花园。

走到玫瑰花，蜜蜂，鸽群飞集之处！尤其是要入歌鸟之群：你可以从他们学得歌唱！

歌唱是为病愈后的人而设；健康者庸可言谈。即算健康者也要唱歌，他却要与愈后人的不同的歌曲。”

——“呵哟，你辈痴愚汉，手风琴，闭住嘴吧！”——苏鲁支回答，又笑对他的禽畜。“你们怎知道，我在这七天内为自己发明了什么慰安！

我之必重新歌唱，——我发明了这慰安，和这健康之恢复：你们愿再将此制成一支琴曲么？”

——“不要再说下去呵，”他的动物回答他说：“宁肯，你这病刚好的人，制成一张七弦琴，一张新的。

看呵，苏鲁支，因为你的新歌曲需要新琴。

歌唱而且呼啸，苏鲁支呵，以新谣曲疗养你的灵魂：以便担当你伟大底命运，非人类的命运！

因为你的动物皆甚明白的，呵，苏鲁支，你是谁而且必将是谁：看呵，你是“永远底回还”之说教者，——这便是你的命运！

而你之必为这教理的第一个倡导者，——这伟大底命运如何不也是你的最大疾病和危险呢？

看呵,我们知道你所教示的:一切事物永远重还,我们也在其内,而且我们永始便已存在,并一切事物。

你教说,将有一伟大底转变之年,伟大年之巨物:这必定像一流沙的时计,不断地从头倒转,以得从新流下,流出。

——以致这一切年程大都相似,在最大事和最小事上,——以致我们在每一伟大年中也同于我们自己,在最大处和最小处。

而你若现在要死去,苏鲁支呵,看哪,我们也知道你将向自己如何说,——但你的动物们请求你,现在还不要死去!

你将说,而且坦然无惊,甚而至于在幸福中深深吸了一口气:因为一个很大底重负与赘疣已从你卸下了,你这最能忍耐者!——

你将说,"现在我死去而且消灭,立刻我便化为无物。"灵魂也和肉体一样是要死灭的。

但将我纠缠在内的因缘之结,又将转回——这将再创造我!我自己属于永远回还之因业。

我重来,与此太阳,与此地球,与此长蛇,与此飞鹰——不至于新生命或较好底生命或相似底生命,

——我永远回到这相同底自我底生命,在最大事上也在最小事上,以至于重说"一切事物永远回还"之教,——

——至于再说伟大底"地球与人类"的正午的话,更宣扬人与超人。

我说我的话,也破毁于我的话:我的永远底运气要如此,——为宣扬者我遂堕落!

时辰是到了,堕落者也该祝福自己了。如是——终结了苏鲁

支的堕落。”——

当动物们说完这话，沉默了，等待苏鲁支或有什么话向它们说：但苏鲁支没听到他们沉默了。他此时却合眼躺着如睡人，虽然他未曾入睡：因为他正与他的灵魂交谈。鹰和蛇，看他这么寂然，深仰他周围的大沉静，敬慎地退出了。

远大的遥情

呵哟，我的灵魂，我教你说“今天”如说“有一次”与“从前”，而且教你超过“这里”和“那里”及“那远处”，而跳圆圈舞。

呵哟，我的灵魂，我将你从各个角落里救出了，掸去了你身上的灰尘，蛛丝，与暗色。

呵哟，我的灵魂，我拂去了你的小羞耻和委琐底气度，劝导你裸露地立于太阳之眼前。

用了名叫“精神”的狂风，我吹过你扬波的海；吹散一切浮云了，我亲手扼死扼杀者，名叫“罪恶”的。

呵哟，我的灵魂，我给了你那权利，说“否”如生狂风，说“然”如高天之谓“然”：你静处如明光，而今走过否定的风暴。

呵哟，我的灵魂，我给还了你超乎已创造者和未创造者的自由：而且有谁知道将来者的欢乐，像你知道的一样呢？

呵哟，我的灵魂，我教给你以蔑视，其来不是像虫啮，却是伟大底慈爱底蔑视，最爱的其最蔑视。

呵哟，我的灵魂，我教给你以劝导法，你便将渊底也劝导归于你了:如太阳,将大海也劝导至于它的高处。

呵哟,我的灵魂,我从你那里取去了一切服驯,屈膝,和称呼主人:我亲自给你新名词,如“困苦之转机”和“命运”。

呵哟,我的灵魂,我给你新名词与彩色底玩具,我呼你为“命运”,“周极的周极”,和“时间的系带”,与“天顶的鸣钟”。

呵哟,我的灵魂,我给你的疆土吸饮一切智慧,各种新酒,和一切不可记起的陈古智慧之醇酒。

呵哟,我的灵魂,每种阳光我倾注于你,每个黑夜,每种沉默,每种遥情,——你便为我生长起来,如葡萄树。

呵哟,我的灵魂,你如今便丰饶地垂垂地站在那里了,一根葡萄藤有臃肿之瘿,累累底紫金色的葡萄,——

——为你的快乐所充满,所压迫,等待着丰盈了,而犹自羞于你的等待。

呵哟,我的灵魂,现在无论何处没有一个灵魂,比你还可爱,还该括,还宽大的了!何处有“将来”和“过去”这般紧接,像在你一样?

呵哟,我的灵魂,我一切皆给你了,我的两手因赠予你而空空,——而现在!现在你充满了忧郁,微笑向我说:“我俩中谁该感谢呢?

给予者岂不应该感谢么,因为收取者收取了?赠予岂不是一种需要么?收受岂不是——哀怜么?”——

呵哟,我的灵魂,我懂到你的忧郁的微笑:你的丰余本身已伸出渴望之手!

你之丰盈望过了风涛的海,寻求而又等待;过充盈之遥情,从你的微笑底丽眼之天远盼!

而且诚然，呵哟，我的灵魂！有谁看到了你的微笑而不沉浸于涕泪中呢？便是天使也融融于眼泪中，因为你的微笑的过多底慈爱。

你的慈爱与过多底慈爱，是不欲哀怨和涕泣的：而你的微笑，呵哟，我的灵魂，也仍然长怀涕泪，你的颤动的嘴也想望呜悒。

“一切涕泣岂不是怨尤，而一切怨尤岂不是申诉么？”你这么向自己说，因此之故，呵哟，我的灵魂，你宁肯微笑，不愿将忧悲倾出——

——在如注的眼泪里将你关于你的充实之忧悲倾出，关于葡萄树想望收割者与收割的刀之急切的忧悲！

但你如果不愿意哭，倾吐你紫金色的凄伤，则你必须歌唱，呵哟，我的灵魂！看哪，我自己也微笑，预告你这些事。

——歌唱，发呼啸底长吟，直到海不扬波，倾听你的遥情，——

——直到在岑寂底远怀底海上轻舟飘扬，这黄金色的奇物，围绕这金色有一切善底恶底奇怪底东西跳跃：——

——还有许多大大小小底动物，以及一切有轻便底奇异底脚的，能在紫蓝色的道上跑的，——

到那黄金底奇物去呵，到那自由志愿底轻舟去，它的主人那里去：但那是收割者，以金钢石的镰刀等待着的，——

——你的伟大底解救者，呵哟，我的灵魂，这无以名之者——只于将来底歌谣方得名称！而且诚然，你的呼吸已馥郁于将来底歌唱，——

——你现在便已辉煌，而且梦梦，便已渴饮于一切深沉底涓涓底安慰之泉井，你的忧悲亦已安息于将来底歌声的幸福里！——

呵哟，我的灵魂，我现在什么都给你了，我的最后的东西也给你了,我的双手已因赠予你而皆空,——我之叫你歌唱,看呵,这已是我最后的赠予!

我之叫你歌唱,现在说呀,说现在我俩中谁该——感谢呀?——更好的是,为我歌唱吧,唱呀,我的灵魂!让我感谢你!——

苏鲁支如是说。

另一跳舞曲

一

"在你的眼中我新近看到了,呵哟生命:看到了黄金在你的夜眼里荧煌,——在这欢乐中停止了我的心搏:

——一只黄金的船我看到在夜底水上闪光,下沉的,吸水的,又重飘起的,黄金的摇船!

向我的乐于舞蹈的脚你瞟了一眼,微笑的,怀疑的,融化的,摇摇一顾盼,

只两番你用小手拍掌——我的脚便已蹲蹲欲舞,摇荡。——

我的脚踵高起,我的脚指静待,皆要听清楚你,跳舞者的耳官岂不是在脚指之上!

我急投于你:你已因此一跃而退开,向我摇映着你的飞走的飞扬的发舌!

我也从你跳开了,避开你的长蛇;你已站住了,半相向,眼睛里充满了期望。

以曲折的眼光——你教我曲折的路道；在曲折的路上，我的脚学成了——诡诳！

我畏你之近旁，我爱你之远处；你的逃开引诱我，你的求索堵塞我，——我憔悴了，但为你而憔悴有何不可！

其寒冷使人炽然，其憎恨将人诱惑，其逃避加人束缚，其讥诃动人哀乐。

有谁不恨你呀，你这伟大底束缚者，缠绕者，试探者，寻索者，获得者！然有谁不爱你呵，你这天真底，不耐底，风急底，儿童眼目底女罪人！

你现在引我往何处去呢，你这典型者，乖张者？而现在你又逃避我了，你这甜蜜底疎狂者，不知感谢者！

我随着你跳舞，追踪微小底履痕。你在何许？伸手给我吧！或仅一指！

这里皆是窟穴和丛林：我们要迷途了！——停住吧！立定！你岂不见鸱枭和蝙蝠飞鸣？

你这鸱枭！你这蝙蝠！你将愚弄我么？我们在何处呀？你从狗那里学得这狺狺和嗥叫么？

你亲切地向我显露白色的牙齿，在鬖鬖底毛下投射我你的恶眼！

这是在木石上一场跳舞呵：我是猎人，——你将作我的野獐吗，抑作我的猎犬？

现在在我旁！快去吧，你这恶性底跳跃者！现在跳上！现在跳过去，——呵唷！我自己在跳时忽然跌倒！

呵哟，看我躺下了，你这暴虐者，而且乞哀！我真想和你——

在较可爱的道路上徘徊!

——爱的路径,通过寂静底多彩底丛莽! 或者在那湖边:有泳游而且跳跃的金鱼!

你现在倦了么? 那边有羊群与晚霞:不是很美妙么? 睡去,时当牧羊人吹笛?

你已经非常疲倦了么? 我负着你去,只让你的手臂下垂! 你已口渴了么? ——我应有点饮料,但你的口不欲饮! ——

——呵哟,这被诅咒的,活泼底,柔韧底长蛇,与潜袭的精灵!你向何处去了? 但在脸上我已感到两处斑痕和红胀,由于你的手触!

我也诚然倦了,长为你的驯蠢底牧人! 你妖精呵,我至今为你歌唱,你现在应为我——呼喊!

随我的鞭笞的节拍你该舞蹈而且呼喊! 我还没有忘掉鞭笞么? ——没有!”——

二

生命于是乎这么回答我,也闭住了他那精巧底耳朵:

“呵哟,苏鲁支! 不要用你的鞭笞这般敲的怪响! 你也知道呀:喧哗杀却了思想,——刚刚于我来了甚温柔底思想。

我们彼此真是两个不为善亦不为恶的人。在善恶之彼面我们发现了我们的岛国和我们的绿草之原——而且只有我俩! 因此我们彼此必得原谅!

我们岂不是本来彼此相爱吗——,倘若不根本相爱,便应该彼此仇视的吗?

我之待你甚好,而且时常太好了,你也是知道的:那原因是,我嫉妒你的智慧。呵呀,这智慧,这一愚痴底老妇!

设若你的智慧一旦离弃你,呵呀!那么我的爱也急速地跑开的。"——

于是生命沉思地后望,四周望,轻轻说:"苏鲁支呵,你待我不够忠实!

你久已不那么爱我了,如你之所说。我知道,你在想象不久要离弃我。

有一口很古底重而又重的洪钟:这在夜间响到你的崖穴,——

——你听到这钟在午夜报着时辰,便想象在一点与十二点之间——

——你想象,呵哟,苏鲁支,我知道的,你不久要离弃我!"——

"是呀,"我迟疑地回答,"但你也知道的——"于是我在他耳边说了一些话,传入他的散乱底黄色而且蠢像底鬈发之间。

"你知道呀,苏鲁支?这还没有人知道。——"

我们相向凝眸,而且下望平绿底草原,凉幽底夜已潜来了,不觉相向而哭。——那时生命于我实在比我的一切智慧还亲爱的。——

苏鲁支如是说。

三

一点！
人呵！留心！

二点！
深底午夜说些什么？

三点！
“我睡了，我入睡了，——

四点！
“从深深底梦里忽然惊醒：——

五点！
“世界是深沉的呀，

六点！
“比白日所想的更深。

七点！
“深深是其痛苦——，

八点！

“欢乐——比心哀更加深沉：

九点！
“痛苦说：过去！

十点！
“但一切快乐需要永久，——

十一点！
——需要深沉底，深沉底永久！”

十二点！

七个图印

（亦名：“是”与“阿门”之歌）

一

时若我是一个说预言的人，充满了卜祝的精神，彷徨于两海之间，高山之上的，——

游流于往者与来者之间，若垂天之云，——鄙薄郁蒸底丘陵，仇视一切不生不死的倦怠者：

在黑暗底胸襟里准备给之以闪光，发射以解救底雷电，孕育了说“是呀”笑“是呀”的闪电，轰发预示底光芒，——

——幸福呵，如此孕育者！诚然，似风云必久久凝聚于山谷间，如有谁要引燃将来之光明的！——

呵哟，我如何能不热衷，热衷于“永久”，与婚姻的环中之环，——“回还”之环？

从来我未曾遇到我愿其生小孩的妇人，除了这妇人，我所爱的：因为我爱你呵，“永久”！

因为我爱你呵，“永久”！

二

时若我的愤怒曾击破了坟墓，拔去了界碑，投毁败的古老标榜于悬崖之下：

时若我的讥嘲曾吹散了腐朽底文辞，而我来如扫帚之于毒蜘蛛，如疾风之于幽湿底古墓穴：

时若我欣然坐了，坐于古之天神瘗骨之丘，祝福世间，亲爱世间，摩挲古之诋毁世间者之碑碣：——

——因为便是教堂和神墓我都爱的，倘使高天以纯净之眼透过破屋顶下窥；我便喜欢坐在这被败的教堂间，如绿草与红罂粟——

呵哟，我如何能不热衷，热衷于“永久”，与婚姻的环中之环，——“回还”之环？

从来我未曾遇到我愿其生小孩的妇人，除了这妇人，我所爱的：因为我爱你呵，“永久”！

因为我爱你呵，“永久”！

三

时若一阵轻风向我吹来，来自创造底嘘呼与那高天的“必需”，这“必需”是强迫着“偶然”作星辰之圆舞的：

时若我曾以创造底电光之酣笑而笑，以行动之长雷轰然，但敬谨跟随的：

时若我曾在地球之神桌上与天神们赌博，使地球也震动了，裂开了，喷出火焰的长川：——

——因为地球是一神桌，因创造底新名辞与天神之投骰而战动：——

呵哟，我如何能不热衷，热衷于“永久”，与婚姻的环中之环，——“回还”之环？

从来我未曾遇到我愿其生小孩的妇人，除了这妇人，我所爱的：因为我爱你呵，“永久”！

因为我爱你呵，“永久”！

四

时若我曾自那堆花的配香料的酒尊，尊中是一切皆适当地调和了，满满一引：

时若我的手曾斟远者于近者，注火焰于精神，倾欢乐于愁苦，挹至恶与至善：

时若我自己是解救的盐中之一颗粒，将一切在尊中调和的：——

——因为有一种盐，能和合善与恶，便是至恶，也够得上作为香料与最上底堆花：——

呵哟，我如何能不热衷，热衷于“永久”，与婚姻的环中之环，“回还”之环？

从来我未曾遇到我愿其生小孩的妇人，除了这妇人，我所爱的：因为我爱你呵，“永久”！

因为我爱你呵，“永久”！

五

时若我爱好海洋，及一切海洋方式者，倘若其愤然反对我，则也更加爱好了：

时若那寻索底兴趣在我内中，向未经发现者鼓帆而去，设若航海者的兴趣是在我兴趣以内：

时若我的欢情大呼：“大陆的崖岸隐没了——现在在我是脱下了最后一根锁链——

——无涯者在我周围怒号，辽远处闪烁空间与时间，好呀！振起吧！雄老的心！”——

呵哟，我如何能不热衷，热衷于“永久”，与婚姻的环中之环，“回还”之环。

从来我未曾遇到我愿其生小孩的妇人，除了这妇人，我所爱的：因为我爱你呵，“永久”！

因为我爱你呵，“永久”！

六

时若我的道德是一个跳舞者的道德，而我常以双足在黄金与翡翠色底浓欢中蹈扬：

时若我的邪恶是欢笑底邪恶，甚安于玫瑰花帘与百合花篱者：

——因为在笑里诸恶并陈，但因其自有的幸福而消融，而称为圣善：——

而且设若这是我的原始与终极，使一切沉重者化为轻灵，使凡人化为舞者，使一切精神化为飞鸟：真的呀，这便是我的原始与终极！——

呵哟，我如何能不热衷，热衷于“永久”，与婚姻的环中之环，“回还”之环？

从来我未曾遇到我愿其生小孩的妇人，除了这妇人，我所爱的：因为我爱你呵，“永久”！

因为我爱你呵，“**永久**”！

七

时若我曾在头上张着静谧底天幕，以自我的翼子在自我的天上飞翔：

时若我嬉娱地在深深底光之远处回翔，我的自由的鸟之智慧也降临于我：——

——鸟之智慧却如是说：“看呵！无所谓上，无所谓下，将你自己投掷吧，投出去，退回来，你这轻灵者！歌唱呵！不再说！

——一切言词岂不是为沉重者而设么？一切言词岂不皆欺骗轻灵者么？歌唱呵！不再说！”——

呵哟，我如何能不热衷，热衷于“永久”，与婚姻的环中之环，“回还”之环？

从来我未曾遇到我愿其生小孩的妇人，除了这妇人，我所爱的：因为我爱你呵，“永久”！

因为我爱你呵，“**永久**”！

卷　之　四

蜜的供奉

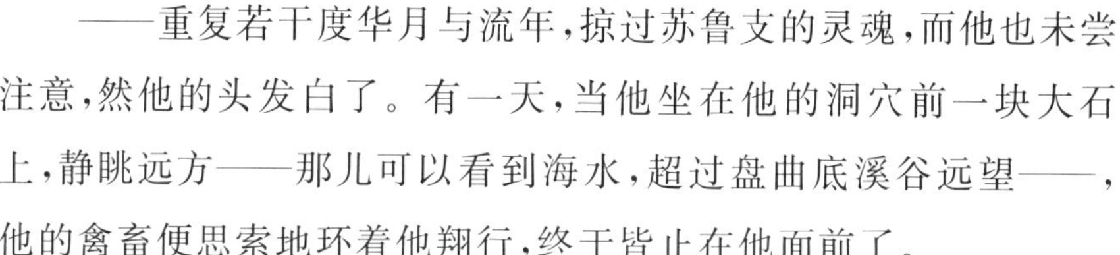

——重复若干度华月与流年，掠过苏鲁支的灵魂，而他也未尝注意，然他的头发白了。有一天，当他坐在他的洞穴前一块大石上，静眺远方——那儿可以看到海水，超过盘曲底溪谷远望——，他的禽畜便思索地环着他翔行，终于皆止在他面前了。

"呵哟，苏鲁支！"它们说："你在想望你的幸福么？"——"幸福算什么！"他回答说："我久已不想望幸福了，我想望我的工作。"

"呵哟，苏鲁支！"他的动物们再问："你说话好像已有过多底善美的人。你不是居于天蓝色万顷波澜的幸福里么？"

"你们这班愚痴者呵，"苏鲁支回答而且笑了："你们选这譬喻也这么巧妙！但你们也知道，我的幸福是沉重的，不像一个流动的水源：我的幸福压迫我，不离开我，竟像融化了的胶漆了。"——

于是他的禽畜更思索思索，环绕他翔行，又重复止于他面前，再向他说："呵哟，苏鲁支，那便是为什么你自己只加变黄变黑么，虽你的头发欲示其丝丝与纯白？看呵，你已经坐在你自己的胶漆里了！"

——"你们说些什么呢，我的动物们！"苏鲁支笑着回答："诚然，我讲起胶漆，是嘲骂了。于我，也如于一切成熟底果实一样。使我的血更浓而我的灵魂更平静的，是我的血管里的蜜汁。”——

——“也一定如此的，苏鲁支呵！”禽畜们回答，围紧了他：“但你今天不登到高山上去吗？空气是纯洁的，今天看世界比平日看的更多。”——

“是呀，我的动物们！”他说：“你们猜的正对，深合我心：我今天要登上一个高峰！但准备吧，为我在那里安排着蜜汁，黄黄底，白白底，良好底，冰鲜底，蜂房里的金蜜，要知道我在那上面将作蜜的祭献。”——

当苏鲁支登上了峰巅，便吩咐引他上来的动物回转，于是发现从此他孤独了，——便纵心而笑，四周望了一望，作如是说，

我之说起献祭和蜜的供献，不过是我的话里一点狡狯而已，真的，是一桩有益的蠢事！在这上面我比较在隐者之崖穴及其动物前，可较自由地说话了。

供献什么！凡赠予我的，我皆花掉，我这一千只手的花费者：我怎么还能称这为——供养恭敬！

而我之想望蜜汁者，不过是想望有香饵，甜底液汁与胶水而已，而这呀，便是咆哮的熊与奇异底阴郁底恶鸟，皆对之舐唇咂舌的。

——欲得最佳底香饵，如猎者与渔人所必需的。因为设若世界是一座阴森底野兽之林，一切猎者的乐园，则于我更仿佛而且更愿其为一个渊深底丰饶底大海，

——一个大海，充满彩色底鱼虾，且为天神之所羡慕，欲为其

渔人和撒网者的:世界如此丰多奇物,大的和小的!

尤其是人世界,人海,——于此,我投下我的金钓钩,而且说:启开吧,你这人类的深渊!

展开,抛给我你的鱼与闪光底虾!用我的最佳底香饵,我今天得钓上最奇异底人——鱼!

——我抛出我的幸福于一切远处,遐方,在黎明与正午与日落之间,求其是否有着许多人鱼在我的幸福上喽食,挣扎,

直到吞下了我的隐藏底尖锐底钩子,必到我的高处来了,最彩丽底深渊的潜藏者,乃归于最险恶底捕人鱼者,

我根本从头便是这样的人,吸引着,引来着,上引着,引上着,一个吸引者,教制者,和教师,不徒然有次说过:“转变吧,如你之为你!”

如是,人们从此可以上到我这里来了:我仍然等待那象征,诏示是我堕落的时候了;现在我犹不下堕,下堕于人群,如我之必须。

因此我还在这里等待,狡狯而且藐然居此高山,非不能忍耐者,非能忍耐者,竟至可以说是一个并忍耐也忘废了的人,——因为他已不更“容忍”。

因我的命运给我以时间:它也许忘掉我了?或则它坐在一大石后的阴影里,在捕苍蝇?

而且诚然,我善遇我的永久底命运,因其不追逐或迫促我,却让我有时间恶作剧,寻开心,这么我今日犹能钓鱼,逍遥于此高山之上。

有人在高山上钓过鱼么?即算这是一桩傻事吧,在这高处所想的所做的:然犹胜似在那下面因等待而严肃,发绿发黄——

——一个因等待而鼓涨的怒气咻咻者，一阵从山谷吹来的神圣底呼啸底暴风，一个不堪忍耐者，向深谷下大喊的："听哪，否则我用上帝的鞭笞笞你们！"

然我不因此对这班盛怒者憎恨：渠们够使我发笑了！渠们必不能忍耐的，这些大响鼓，如不在今天发声，便要永远不响的！

但我和我的命运——我们不为"今日"说，不向"无有"说：要说话我们已很有耐性和时间及过多底时间。因为某一日他还要来到，不敢掠过去的。

有谁某一日必要到来而且不会掠过去呢？我们的伟大底哈扎尔（Hazar），便是我们的伟大而且遥远底国土，一千年的苏鲁支的封疆——

这"遥远"到底有多远呢？和我有什么关系！然并不因此便缺稳定——，我双足稳立于此土地上，

——于此永久底基础上，坚固底磐石，最高最坚底邃古的山岗上，各方的风皆吹到此间，如归于风云聚，且问何处？何从？何往？

这儿，我的光明底健康底邪恶呀！笑吧，笑吧！从高崖上投下你的闪烁底嘲笑！以你的光芒为我诱致最美底人鱼！

凡在一切海中之属于我的，在一切事物上之适于我归于我的——皆给我钓出来，皆替我引上来：我，一切渔者中最邪恶底渔人，为此等待了！

出来吧，出来吧，我的钓钩！进去吧，下去吧，我的幸福的香饵！零出你的最甜底露，我中心之蜜汁呵！咬住吧，我的钓钩，吞入一切浓黑底苦痛的腹内！

望去呵，望去呵，我的眼睛！呵哟，我四周多少大海，又如许正

黎明的人类的将来！如此玫瑰色底寂静，——在我头上！如许无云底沉默！

痛苦的呼号

次日，苏鲁支仍坐在他的洞前那块大石上，禽畜则皆在外间游走，求得到新食物——也还要新崖蜜：因为苏鲁支将旧有的蜜最后一滴也耗去了，消完了。当其这么坐在那里，手里拿了一根棍子，在地上画出他的影像，一面沉思，真的！不在他自己也不在他的影像上——他陡吃一惊，缩成一团了：因为他明看到在他自己的影子旁，还有一个影子。于是他很快地回望，立起，看呵，那说预言者正站在他身边，便是那曾经和他同桌吃喝过的人，大疲倦的预告者，曾教说："什么都一样，没有什么事值得的，世界空无意义，智识扼杀人。"但其间他的面貌有些改变了；而当苏鲁支望了望他的眼睛时，他的心里更惊慌了：这么许多坏消息，死灰色皆流露在这面容上。

那说预言者，看出了苏鲁支灵魂上的震动，用手揩了揩脸，仿佛要将这揩去一般；苏鲁支也同样做了一做。当二人皆这么沉默地定了一定神，恢复过气力后，便伸手相握，表示愿意重复相识。

"欢迎呀，"苏鲁支说，"你，大疲倦的预言者，你不应虚为我的食客和来宾。今天也在我这儿吃着喝着吧，请原谅我这样高兴的老年人和你同餐！"

——"一位高兴的老年人么？"预言者回答，摇头："无论你是什么人或将是什么人，呵哟，苏鲁支，你在这高处已经很长久了，——

不久,你的船便会不再搁在干岸上了!”——

——“难道我是坐在干岸上么?”苏鲁支笑着问。

——“围绕你的高山的洪水,”预言者回答说:“涨了又涨,大忧患与大困苦的波浪:它们会要浮起你的船,将你也载了去。”——

苏鲁支沉默,惊奇。

——“你还没有听到么?”预言者继续说:“深谷下岂不是已在奔腾澎湃么?”——

苏鲁支更沉默,倾听:他听到了一阵凄长底,凄长底呼号,深谷正将其投掷,传递,没有愿意保留这声音的:它响的那么哀楚。

“你这坏宣传者呀,”苏鲁支终于说:“这是痛苦的呼号,人的喊声呵;这也许是从黑海里来的。但人类的痛苦与我有什么关系!我最后底罪恶,为我保留下的,你知道它名叫什么吗?”

——“同情呀!”那预言者心潮汹涌地回答,高高举起了双手。——“呵哟,苏鲁支,我来正引诱你犯你最后底罪恶!”——

这句话还没有说完,那呼号之声更高起,比以前更凄长,更哀楚,而且也更迫近了。“你听到了么?听到了么?呵哟,苏鲁支!”预言者高呼:“这呼号是为你的,它唤你:来呀!来呀!来呀!是时候了,是最迫切底时候了!”——

苏鲁支于此沉默了,惶惑而且震荡;终于好像一个踌躇不决者,问道:“在那里唤我的,到底是谁呢?”

“但你是知道的呀!”预言者狠狠地回答:“你还隐瞒做什么呢?这是高等底人,正向你呼喊!”

“高等人物么?”苏鲁支恐怖地大呼:“他要怎样呢?他要什么呢?他要在这里怎样?”——他已汗流被体了。

预言者不理会苏鲁支的恐怖，却向谷底静听，细听。直至那下面久已沉寂后，方回过眼光，看见苏鲁支犹站在那里，战栗着。

“呀哟，苏鲁支！”他用忧愁底声音说：“你莫站在那儿像一个被幸运扭变了的底人，你必须舞蹈，使你自己不致昏倒！

“但即算你要在我面前跳舞，周转回翔：也没有人敢于和我说：‘看哪，这里舞蹈着最后底欢乐底人！’

“如果有人来到这高山上，他将空空寻不到这种人：他当寻到崖穴后更有崖穴，隐障后更有隐障，但没有幸福的矿井，珍宝的储藏所，与新底快乐的金矿脉。

“幸福——怎能在这样底埋没者和隐居者这里寻到幸福呢！我将寻求最后的幸福于幸福底远屿，更远在于遗忘底海洋之间么？

“但什么皆一样，没有什么事是值得的，寻求更属无谓，也已没有幸福岛屿了！”——

预言者如此叹息；但感叹方终，苏鲁支重复明白了，坚定了，如从幽洞走到太阳光里的人。“不然！不然！第三个不然！”他用坚强底声调说，捋着须——“这，我比你知道的更清楚！还有幸福的岛屿呀！不必再说这事吧，你这叹息的忧愁袋！

“这，你不必更噪舌了，你真是午前的雨云！我岂不是站在那儿，为你的忧愁所袭，如湿淋淋的狗么？

“现在我耸身一摇，跑开你，使我重复干燥：这你也不必惊奇吧！你仿佛觉得我不客气么？但这里是我的庭院。

“至若关于你的高等人呢，好吧！我立刻到那森林里去找他，呼声是从那里来的。也许一只恶兽正在逼迫他哩。

“他是在我的领城里，在这境内他不应受损伤！而且真的，我这四周有许多恶兽呢。”——

说了这话，苏鲁支转身走了。预言者喝道：“呵呀，苏鲁支，你是一个痞子！

“我早已知道：你将要离开我！你宁可跑到树林里，追寻恶兽！

“但这于你何补呢？晚上你仍然要碰到我；我要坐在你的洞里，耐心而且沉重如一段木材，——等待你！”

“便这么吧！”苏鲁支去后还回头喊：“凡在我的洞里之属于我的，也皆属于你吧，我的客人！

“你在那里面如果还找到了石蜜，那么！便舐完它，你这咆哮底熊，使你的灵魂甜蜜！在晚上我们彼此皆要做客气的人，

——甚有礼，而且甚高兴这一天完了！而你自己也将为我的歌曲舞蹈，如我的跳舞的熊，

你不相信么？你摇头么？好吧！振作起来！老熊！但我——也是个说预言者。”——

苏鲁支如是说。

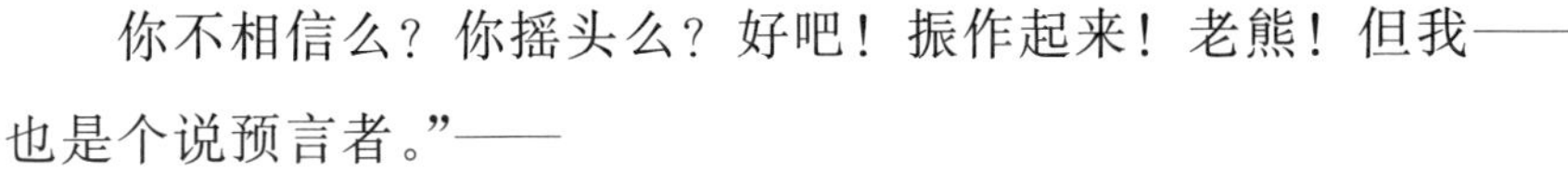

与国王谈话

一

苏鲁支在他的山上森林里还没有走到一个时辰，突然看见一幅希奇底景象了。正在他那下山的路上，走来了两位国王，头戴皇冠，腰上围了紫色的腰带，华丽如两只彩鹤：前面驱了一头载了货

物的驴子。“这两个国王要在我的疆域里怎样呢?”苏鲁支惊奇地向内心说,急速地自藏于一丛莽后。当国王走到了他这地方,他便低声仿佛向自己说:“希奇！希奇！这怎么能调和呢？两个国王我看见了——然只有一匹驴子!”

于是两个国王停住了,发笑,望了望那声音传来的地方,更彼此相视。“这种事我们中间也有人想的,”右边那个国王说,“但不说出就是了。”

左边这国王却耸了耸肩,回答说:“也许是一个牧羊奴。或则是一个隐士,在崖石和树木下住的太久了。因为完全离开社会也会忘废礼貌的。”

“好礼貌么?”那另一国王愤慨地回答:“我们是避开什么人呢?岂不是‘好礼貌’么？我们的‘好社会’么?

“真的,宁肯在隐者和牧羊儿中间生活,不愿在我们的镀金底虚伪底粉饰底下流人里鬼混——虽然这自称为‘好社会’,

“——虽则其自称为‘贵族’。但那里一切皆虚伪,腐败,尤其是血管里的血液,多谢陈古底恶毒底疾病,以及更恶毒底巫医。

“我觉得现今最好的,最可爱的,只有一健康底农夫,粗野,狡狯,顽强,坚忍:如今这是最华贵底一种人。

“农夫在现代是最优者;农人应该为主人！但那是下流人的国土,——我不让自己再受欺了。但下流人,那便是一堆杂碎。

“下流人的杂碎堆:其中一切皆混杂了,圣人和骗子,勇士和犹太人,以及从诺亚的方舟里出来的各种动物。

“好礼貌呀！一切在我们皆虚伪而且腐败了。已没有人知道如何敬仰:我们刚是避开这个。这皆是腻腻底钻营底狗,它们将棕梧树叶也镀上金子。

“这憎恶窒塞我了，我辈国王也变成虚伪了，装饰着古老发黄底祖宗的光荣，掩去了真面目，当了最蠢笨者和最狡狯者所观摩的古泉币，以及现代以权力做黑贸易的人的玩弄品！

“我们不是第一流人——然必得这么表示：对这欺骗我们终于满足了，憎恨了。

“我们避开了痞徒，和这一切高声大叫的喉咙，著作抄写的苍蝇，小商人的恶臭，权势欲的烦恼，污秽底气息——：嘘，在痞徒里生活，

——嘘，在流氓里还要充当第一人呢！呵呀！可厌，可厌，可厌！我辈国王还算什么！”——

“你的旧病又发作了，”左边这国王说：“憎恨侵袭你了，我的可怜的兄弟。但你知道，有人在听我们谈话。”

苏鲁支随即跳出了，他于这谈话皆耳闻目见，跳开了他那隐匿的暗处，迎着国王，说：

“倾听你们的谈话，喜听你们说话的人，国王呵，他名叫苏鲁支。

我便是苏鲁支，曾说过‘国王还算什么！’的人。请原谅我，我高兴听到你们谈起：‘我辈国王能算什么！’

但这里是我的疆土，归我统治：你们要在我的境内寻求什么呢？也许你们中途已找到了我所寻找的人么：便是那高等的人？”

当国王们听到这话，皆捶着胸，同声说：“我们被认识了！

用了这话的利剑，你斫破了我们内心的最浓底昏黑。你发现了我们的苦恼，看喽！我们在路上正要寻得高等人——

——那人，比我辈高超的：虽然我们是国王。我们将这驴子引到他那里去。最高的人也应该是地球上最高的主宰。

在一切人类的运会中，没有比这更艰苦底不幸了，世间最有权力者，不即是第一等人。因此一切事物皆成虚伪，娇饰，可怕。

即算他们是末人，禽兽的气分多于人的气分：那流氓的价值一天天增高了，终于流氓道德也自诩：‘看呀，唯有我便是道德！’——”

“我方才听到了什么？”苏鲁支回答：“国王的这种智慧！我真欢喜极了，而且，真的，我已乐得就此做成一首新诗。——

——即算是不合众耳的一首诗。我久已遗忘留意于长耳朵了。好吧！兴起！

（这时却又发生一事，便是那驴子也发话了：它恶意地然清晰地说了一声噫——呀！）

有一次——我相信，是圣历元年——

女巫未尝喝酒而醉说：

“苦呵！于今什么皆不对了！

“颓废呵！颓废呵！世界从来没有像这么深深下坠！

“罗马沦为娼妓与娼寮，

罗马的恺撒堕落为畜牲，上帝自己——化为犹太人！”

二

听了苏鲁支这歌曲，国王皆欢喜踊跃了；右边那一国王却说：“呵哟，苏鲁支，我们出来看你，多么有幸！

你的仇敌在他们的镜子里，给我们见到你的影像：那里你以魔鬼的狰狞外看，而且作冷笑状，那样我们皆怕你。

但有什么用处呢！你时复以你的言语刺激我们的耳和心。使我们终于说：何必管他的外貌怎样！

我们必定要听他说教，他，这样教人的：‘你们之爱和平，应以之为新战斗的工具，爱短期和平，应甚于长期的！’

从来没有人说过这样富有斗性的话：‘什么是善？勇猛是善。是良好底战斗使事物归于圣善的。’

呵哟，苏鲁支，我辈祖先的血在我们的身体里因这些话而偾起了：这如春天之言语语于旧酒坛。

设使长剑交相如殷红点点的长蛇，则我辈的祖先乃善对人生了；一切和平的太阳于他们皆仿佛其无力，微凉，长久底和平竟以为是可耻。

我们的祖先当如何太息，倘使看到壁上悬了磨光底干燥底长刀！他们如刀剑一般渴望战斗。一柄剑是要饮血的，跃跃欲试而迸出星星之花。”——

——当国王们这么热烈地谈及他们祖先的快乐，苏鲁支却生了一点不小的邪心，要嘲笑他们的热烈：因为他眼里看到的，明明皆是极爱和平的国王，这种老而文雅底容颜。但他制住了自己。“好吧！”他说：“这条路一直到那里，那里便是苏鲁支的洞穴；这日该有一个很长底良夜！但现在有种痛苦的呼号急切唤我，不得不暂且离开你们前去。

我的陋室里当然生光辉了，倘有国王们欲在其中坐着，等待着：但是，自然你们必得等待很久！

如何！这算什么！现在除了在宫廷上，何处可学得更耐心底等待呢？而且遗留于国王的全副道德——在现今岂不是叫：善能等待么？”——

苏鲁支如是说。

蛭

苏鲁支于是乎沉思，向前走去，愈远愈低，走过森林和沼泽；正如思索重大事情的人一样，不知不觉撞了一个人。看哪；突然有一声叫痛，两声恶詈，二十句怒骂，一齐向他脸上喷来了，他慌张了，举起了棍子，更打那被他践踏的人。但也立即神志清醒；心中自笑这方才自己做的蠢事。

“请原谅吧，”他向那被践踏的人道歉，其时那人已忿然坐起，“请原谅我，并且听我说一譬喻。

如有一行人，梦想遥远底事物，不觉在寂静底路上踏了一只睡着的狗，在太阳光里卧着的：

——正如那两方面皆惊慌，恶骂，有如死敌，这两个惊骇至死的：我们也差不多。

然而！然而——又何至于彼此缺少抚慰，这狗和这寂寞者！他俩不皆是——寂寞者么！”

——“无论你是谁，”被践踏者仍愤愤然说：“你不但用脚践踏了我，并且还用了你的譬喻！

看哪，难道我是一只狗么？”——坐着的人站了起来，将赤露底手臂从泥水里抽出。其初他原是躺在地下，隐蔽着使人看不出，正如窥探泽中野物的猎人一样。

“但你是在干什么呀!”苏鲁支骇极而呼,因为他看见那臂膀上许多鲜血下流,——“你碰了什么?你这不幸的呀,有恶兽咬了你么?”

流血者微笑,仍是愤然。“和你有什么关系!”他回答,而且正要走了。“这里我是在家里,在我的国土以内。任他是谁要问我吧,一个傻子我却不高兴回答。”

“你错了,”苏鲁支哀怜地说,用力握住了他:“你错了,这里你不是在你自己的,却是在我的国土内,这境内不应该有人受损伤。

任凭你随意叫我什么名字吧——我乃必为我者。我自称我曰苏鲁支。

好吧!那是到苏鲁支的崖穴的路:那洞穴也距此不远,——你不想在我那儿医治你的创伤么?

你这不幸的人,在这生世也太可哀了:起初有野兽咬你,其次——又遭人践踏!”——

当那被践踏者听到苏鲁支的名字后,样子改变了,喊道:“我这是怎么一回事呢!在我这生有谁还管我,除了这一人,名叫苏鲁支的,和那以吸血为生的动物,水蛭?

为了水蛭的缘故,我躺在这泽里,如同渔人,我伸下的手臂也被咬了十次了,更有一条较美丽底水蛭来吮我的血,便是苏鲁支自己!

幸福呵!奇迹呵!引诱我到此大泽乡的日子,该得颂赞了!该颂赞这最好最活泼的抽血针,今兹活着的!该颂赞这伟大底‘良知之血蛭’,苏鲁支!”

被践踏者如是说,苏鲁支乐于听这话,和他那文雅温恭底态度。“你是谁呢?”他问,一面伸手相握:“在我们中间有许多事得弄清楚,弄调和:但我想,已经是纯净光明的白天了。”

“我是精神上有良知者,”被问者这么答覆:“是精神事业上,不容易有比我更严格,更深刻,更坚刚的人,只除了我从之学得者,苏鲁支本人。

宁肯无知,不肯有许多事一知半解!宁肯当我自己的傻子,不肯当旁人以为颇好的智士!我——穷究根基:

——它为大为小,有什么关系呢?或名为沼泽为苍天,又有什么关系?于我,一手掌宽的根基便够了:只要其实际上是基本和根据!

——一手阔的根基:人便可以在上面立足了。在正当底‘智识的良知’里,无所谓小事大事。”

“然则你也许是认识水蛭的专家么?”苏鲁支问:“穷究水蛭遂探到最后的根柢了,你这有良知的人?”

“呵哟,苏鲁支,”被践踏者回答说:“这是非同小可的事,我怎敢擅以此自许!

但我所深知,而且可算专家者,那是水蛭的脑子,——这是我的世界!

而这也是一世界的!请原谅,这里我的骄傲又要有所表示了,在这方面我实在没有对手。因此我说:‘这儿我是在本行里。’

我穷究这一事如此其久,这一事便是血蛭的脑筋,使稍纵即逝的真理不再逃脱了!这里便是我的国土!

——因此我将一切旁的事情抛开,因此一切旁的事于我皆一样:紧接我的知识便是我的浓黑底愚蒙。

我的‘精神之良知’驱使我这样,我得清楚一样事,此外则皆不知：凡精神的一半儿，凡烟云缥缈者，浮光掠影者，醉心幻想者，皆使我深恶痛绝。

凡我的诚实终止之处，则我盲无所见，也愿意盲目。但凡我愿意知道的处所，则我愿意为诚实，便是坚刚，严格，狭隘，残忍，不屈不挠。

因你曾说过呀，苏鲁支：'精神便是生命，自切入生命中的，'这引导而且诱惑我归于你的教义。而且，诚然，我用自己的血增加自己的知识了！"

——"如这见证所教示的，"苏鲁支插口说；因为这良知者的袒臂上仍然在流着血。因为有十条血蛭咬入他的手臂了。

"呵哟，你这奇男子，你自己这见证所教我者，如此弘多！我不敢以什么事皆贸然灌入你严格底耳官了！

好吧！我们便在此分别了！但我深愿再看到你。那里便是达到我的崖穴之路：今夜在那里你该为我的嘉宾！

我深愿在你身体上补偿苏鲁支曾以脚蹴踏你的损失：我为此萦心。但现在有种痛苦的呼号，急迫唤我离开你去。"——

苏鲁支如是说。

巫　　师

一

苏鲁支绕过了一个山崖，看见下面不远在同一条路上，有一人在手舞足蹈，抽筋似的，终于仆在地下。"停住吧！"苏鲁支自向内心说:“那里也许是高等人,那痛苦的坏呼声是从他发出的,——我且看看如何可救。”他便跑到那人倒下的地方,发现是一老年人,发抖,而且眼光也呆滞了;无论苏鲁支怎样着力将他扶起,要他站住,皆是无功。便是那不幸者也仿佛不觉旁边有人扶助他;却以可怜的颜色苍黄四望,如为全世界所遗弃而孤独的人。但到最后,经过了许久的战栗,痉挛,缩成一团,便开始呻吟了,如是:

谁亲热我,还有谁爱我?
　　给温暖底手!
　　给称心底炭盆!
我是僵卧而且战栗,
如半死人,被人暖足——
呵呀!颤颤于不曾识的寒热,
栗栗于尖锐冰冷之霜雪矢镞,
为你所驱逐呀,思想!
无以名者,无由见者,深可畏者!
你这浓云后的猎人!
为你的闪电击倒,
你蔑视底眼目,从黑暗中向我闪烁:
　　——我如此躺了,
且佝偻,且屈曲,
苦痛于一切永恒底楚毒,
为你所中呀,
最残忍底猎人,

你，不相识的——上帝！

深加创伤吧！
更加我以创伤！
刺穿，戳破这心房！
这毒楚以钝牙似的矢镞，
又将何欲？
为何你重复看我，
不厌烦人类的痛苦，
以幸灾乐祸底神电之目光？
你不愿杀戮么，
只愿毒楚，毒楚？
为何——加我以毒楚，
你，幸灾乐祸底，不相识的上帝？——
哈哈！你溜了进来？
在如此底午夜
说吧！你要什么？
你推挤我，压迫我——
哈！已经太近了！
走开！走开！
你倾听我呼吸，
你潜听我心搏，
你这嫉妒者——
嫉妒却是为何？

走开！走开！用梯子做什么？
你岂要潜入，
潜入我的心房，
缘到我的最秘密底
思想里？
缺德的！不相识的——贼！
你要偷去什么？
你要探听什么？
你要拷问什么，
你这刑讯者！
你——刽子手上帝！
或者，我必得像一条狗，
在你面前翻滚？
欣欣然嬉戏，
向你驯伏，——摇尾乞怜？

徒然！刺下去吧，
残忍底毒刺！否否，
我不是狗——不过是你的野兽，
最强暴底猎人呀！
你的最高傲底俘虏，
你这浓云后的强盗！
终于说吧！
拦路者，你从我要什么？

你这电光笼罩者！不相识者！说吧，
你要什么，不相识的——上帝？——
什么？赎金么？
你要赎金多少？
多要吧——我的骄傲奉劝你！
简单说吧——我的另一骄矜向你奉告！

哈哈！
我——你要么？我？
我——整个？……
哈哈！
于是残虐我了，傻子，如你者是，
摧残我的骄傲么？
给我爱情——还有谁亲热我？
又有谁爱我？——给温暖底手，
给称心底炭盆，
给我，这最寂寞底人，
以坚冰呀！七层厚的坚冰，
向仇敌自己，
教人渴欲得其仇敌，
给予呀，自投于我，
最残忍底仇敌呀，
给我以——你自己！——

去了哪！
他自己逃走了，
我最后的唯一伴侣，
我的大仇敌，
我的不相识者，
我的刽子手上帝！——

——否否！你且回来，
并你的一切毒楚！
来归寂寞者中最后之一人，
呵哟！归来哟，
我的一切泪泉，
向你流为清川！
我最后的心之火焰——
又为你而炽燃！
归来哟，
我不相识的上帝！我的痛苦！我最后的——幸福！

二

——听到这里，苏鲁支再也忍耐不住了，拿他的手杖便打，用全力向那呻吟者打去。“住嘴吧！”他狰狞地笑喊：“停住吧，你这唱戏的！你这伪钞犯！你这虚伪到底的人！我很懂得你的！

我立刻会使你的脚温暖起来的，你这邪恶底巫师，我很懂得怎样使你这种人——温暖的！”

——“放手吧，”老年人霍地跳起来，说：“不要再打了，呵呀，苏鲁支！我这样做作不过玩玩而已！”

这一套皆属我的把戏；我演了这一套，原来是要试验试验你自己！真的，你又将我看穿了！

然而，便是你也给了我不小底你自己之测验：你是坚刚的，你聪明底苏鲁支！你以“真理”狠狠地捶打，你的棒棒迫出了我——这真理！”

——“不要谄媚我吧，”苏鲁支回答说，仍是非常愤激，阴森地瞅着他：“你根本是个演戏的！你虚伪：还说什么——真理！

你孔雀中的孔雀，虚荣底渊海，你在我面前要表演什么呢，你这邪恶底巫术士，你扮成这么一个角色呻吟，要我相信是谁呢？”

“精神上的忏悔者呀，”老年人说，“这，——正是我所表演的：是你自己曾想出的名词——

——诗人和术士，终于运用自己的精神反对自己，转变者，因其恶智识与坏心肠而冷僵的。

而且你也得承认吧：苏鲁支呵，过了许久你方发觉我的玩艺和诡谲！你是相信了我的痛苦，当你用双手托住了我的头——

——我听到你叹息说：‘人太不爱他，太没有爱他了！’我之能欺瞒你到这种地步，使我的恶心暗暗地欢喜了。”

“你也许已骗过比我更精细底人，”苏鲁支狠狠地说：“我并不提防骗子，我必得毋庸生戒心：我的命运原要这样。

但你——必得欺骗：这点我是认识你的！你说一句话必永远有双关，三方，四方，五方面的意义！便是你现在所表白的，于我已

是既不够虚伪，复不够真实了！

你伪钞犯，此外你又能怎样呢？即令你赤裸地看医生，你犹将掩饰自己的疾病。

方才你便掩饰你的谎骗，你说：‘我这样做不过玩玩而已！’其中也有相当底严肃，你实是有些精神忏悔者的气分！

我猜透你了：你是一切人的巫师，但对于自己却没有留下什么谎骗和伎俩了——于自己你已是束手无术！

你收获了憎恨为你的唯一真理。已没有话于你是真的了，除了你的嘴：便是说那憎恨，黏合于你嘴上的。——

——“你到底是谁呀！”老巫师用一种反抗底声调说：“谁敢和我，当今最大底伟人，这么说？”于是他眼睛里一种绿光直射到苏鲁支身上。但随即又改变样子了，忧愁地说：

“呵哟，苏鲁支，我疲倦了，我憎恶这些巫术，我原不伟大，我为何假装呢！但是，你知道——我在寻找伟大者！

我要装成一个伟大者，劝惑众人：但这种谎骗超出我能力之所及了。我以此毁败。

呵哟，苏鲁支，一切在我皆是谎骗；但我之毁败——我这毁败是真的！”——

“这使你光荣，”苏鲁支黯然说，眼光向旁下视，“寻找伟大使你光荣，但也辜负你了，你不伟大。

你这邪恶底老巫师，这是你的最佳处也即最诚实处，我所崇敬你的，你之倦于自己，而且肯说出：‘我不伟大。’

于此，我尊敬你为精神上的忏悔者：即算只是一呼吸顷吧，在这一刹那你是——真实的。

但说吧,你在我的这些森林崖石间寻求什么呢?而你之躺在我的路上,你要试探我什么?——

——你为何试探我呢?"——

苏鲁支如是说,眼睛光彩奕奕然。老巫师沉默了一会儿,说道:"我试探过你么?我——寻求而已。

呵哟,苏鲁支,我寻求一个真实者,正直者,简单者,不说双关语者,一个最诚笃者,智慧的渊薮,知识的圣哲,一个伟大底人!

呵哟,苏鲁支,你难道不知道么?我寻求苏鲁支。"

——于此二人中起了很久底沉默;苏鲁支竟闭住了眼睛深思。终乃回到他谈话的对象来,握住了巫师的手,很有成算而且客气地说:

"好吧!这条路通到那上面,那里便是苏鲁支的洞穴。倘若你要寻得的话,可在那里面找去。

而且不妨问计于我的禽兽们,我的长蛇与飞鹰:它们该帮助你寻求。我的穴居是很大的。

我自己——当然还没有见到什么伟大人物。凡伟大者,在现代是最敏锐底眼睛也瞢然。那是流氓之国土。

许多这种人我是见过了,躺下的,自己吹的很大,民众便高叫:'看哪,那里一个大人物!'但一切打气筒有什么补救呢!终于一切空气皆泄去了。

终于涨破了一只蛤蟆,自己吹起的太久了:所有的空气皆泄出去。在涨起的肚子上刺穿一下,我以为是一样很勇猛的消遣法哩。孩子们,听到了么!

现代是属于流氓的：这儿谁还知道什么是伟大，什么是渺小！有谁能幸运地寻找伟大呢！除了傻子：只有傻子能幸运地寻得。

你寻求伟大人物么，你奇异底傻子呀？谁教你的？今兹是时候么，呵哟，你恶劣底寻求者，你为何——试探我？”——

苏鲁支如是说，心中平安了，笑着，顺路走向前去。

退职者

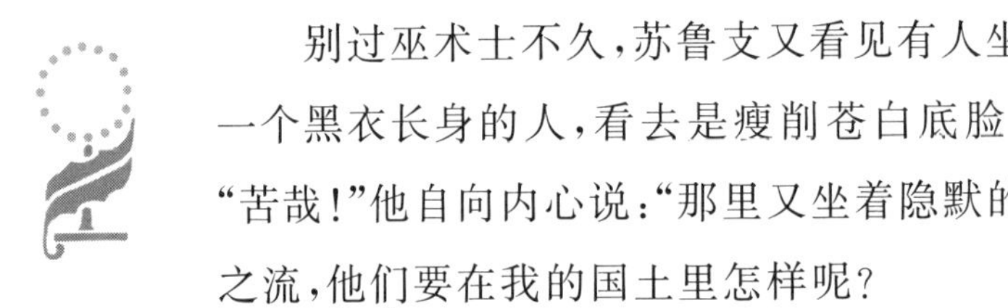

别过巫术士不久，苏鲁支又看见有人坐在他的路上了，好像是一个黑衣长身的人，看去是瘦削苍白底脸：这，使他非常懊恼了。“苦哉！”他自向内心说：“那里又坐着隐默的苦恼者，这好像是牧师之流，他们要在我的国土里怎样呢？

怎么！我几乎还没有从那巫师逃脱，又有一个妖术士拦在我的路上了——

——不知从哪儿来的一个使邪术的巫师，一个黑暗底行‘上帝的慈悲’的奇迹者，一个涂了膏油的诋毁世界者，愿魔鬼取他去吧！

但魔鬼永不在它所应在的地方；他永是迟到，这被咒诅的侏儒和蹩脚鬼！”——

苏鲁支烦恼地在心下这么诅骂，一面打算如何能转开视线溜过这黑衣人：但看呀，事情不是这样的。同时那坐着的人瞥见他了，于是仿佛一个遇到意外之喜的人，跳了起来，直走向苏鲁支。

“无论你是谁吧，行路人！”他说：“请救救一个迷途者，寻求者，一个老年人，可轻易在这里受损伤的！

这里的世界于我生疏，而且远隔，也还听到野兽在咆哮，而那人，我可求其保护的，自己也没有了。

我寻求那最后底虔敬底人，一位圣哲和隐士，独居山林，还没有听到现在外边世界所周知的。"

"现在外边世界所周知的什么呢？"苏鲁支问："难道便是这消息，一切世界所曾相信的老上帝，已经没有了么？"

"你说对了，"老年人惶惑地说："而我是服事这老底上帝，直到最后一刻的。

现在我退职了，没有了主子，然而仍不自由，也没有一时刻快乐，除了在回忆里。

因此我登于此山，使我终于为自己作一节庆，像对于老教皇和神父一样：要知道，我是最后一位教皇呀！——作一度纪念节，充满着虔诚底回忆和拜祷。

而现在他自己也死了，那最虔敬底人，树林里面的圣者，不断地用歌咏与呢喃颂赞上帝的。

当我找到他的茅庵，人已是不见了——其中但有二狼，为他的死嗥啼——因为一切动物皆爱好他的。我便跑开了。

我岂不是到这山林来白跑了一趟么？我心下便决定，我要另外寻求一人，不信上帝的人们中最虔诚者——，便是，寻找苏鲁支！"

老年人如是说，坚凝地注视站在他面前的人：苏鲁支却握住了老教皇的手，久久看着它惊奇不置。

"看哟！你这可钦佩者，"他于是说："这是多么美丽纤长底手！这手是时常分赐幸福的人的。但现在却握住了你所寻找的人，我，

苏鲁支。

我便是无神者苏鲁支，说过这话的：‘有谁比我更无神，使我能乐得他的指导呢？’——”

苏鲁支如是说，用眼光几乎洞穿老教皇的思想和隐秘思想。这人终于说：

“最爱好而且最占有之的，如今也最丧失之了。——

——看哪，二人中我自己也许现在是最无神者吧？但有谁会以此高兴！”——

——“你曾服事他直到弥留了，”深深沉默一会儿后，苏鲁支着意地问：“你知道他**如何**死去的么？如人所说，他是为同情所扼杀的，果真么？

——说他看见了怎样**那人**钉在十字架上，便忍受不了，对人类的爱遂至成了他的地狱，终于使他致死么？”——

老教皇没有回答，却以一种痛苦而且黯然底表情，羞惭地眼望他处。

“让他去吧，”苏鲁支经过了一度深思，这么说，仍然是直望住老者的眼睛。

“让他去吧，他已是去了。虽然你只说这死者的好话，很可钦佩，但你是和我一样知道的，他是谁；及他之走些奇奇怪怪底路道。”

“在三只眼睛下说这话吧，”老教皇高兴起来了（他有一只眼睛是瞎的），“在上帝方面的事，我比苏鲁支更清楚，——也应是这样。

我的爱，奉事他有若干年，我的意志，一概跟从他的意志。一个好仆人宜乎知道一切，甚至他的主人自己各式各样所隐匿的事。

他是一位隐匿底上帝，充满了诡秘。真的，他之有一子也不外乎走了邪路。在他的信仰的门上便标着奸邪。

有谁称颂之曰爱的上帝，实是未曾想想爱的本身。这上帝不也是要做裁判官的吗？而真实底爱者，是超过赏与罚而爱的。

当其年轻之时，这来自东晨州的天神，是甚坚刚而且好惩罚，建起了一所地狱，使他的爱徒高兴。

但终于他老了，变成柔和，软熟，而且慈悲，不像一位天父，却像一位祖父，更像是一位战颤颤的老祖母。

他便坐在暖炉角里了，干涩涩地，自困于其软弱底足肢，倦于世间，疲于意志了，某一日遂因太大底同情心，气塞而死。”——

“你这老教皇，”苏鲁支在这儿插嘴说：“这是你亲眼见过的么？很可能的是这样下场：可这样，但也还有别的样式的。天神之死，有多种死法的。

但好吧！这样或那样，那样和这样——他是死去了！他于我的眼耳趣味皆不相投罢了，更坏底事我也不想追说。

我爱一切，明亮的望着而且诚实地说出的。但他——你知道的，你老祭司，他约略有你这种气分，祭司典型——他的一句话可有多义的。

而且他也很含糊。为什么以为我们误解他，便向我们发怒呢？这愤怒者！为什么他不能更明白地说？

设若是我们的耳朵听他不明白，为什么他使我们有听他不明白的耳官呢？设若我们的耳朵里有污垢，好吧，且问是谁塞进去的呢？

这陶泥匠技艺没有学成，许多事做不成功！而他之惩创他的窑胚和创造品，因其不能成器，——这实是违反了佳趣味的罪过。

便是在虔敬中也有佳趣味的，这终于说：‘去掉这么一位上帝吧！宁肯没有上帝，宁肯用自己的手造成命运，宁肯当傻子，宁肯自作上帝！’”

——“我听到什么事了！”老教皇尖着了耳朵说：“呵哟！苏鲁支，你虔诚过于你所自信为虔诚者，以这么一种‘不信仰之信仰！’你内中某一个神明，引你归于你的无神论。

使你不再相信一位真神上帝的，岂不是你的虔诚本身么？而且你的过大的诚实，也还要引你出于善恶之外呢！

看呵，为你存留的何有？你有眼，有手，有口，这是自‘永久’以来便决定了要给人祝福的。给人福赐，不单是用手而已。

在你的身旁，不管你已是要成为第一个无神者，我隐约嗅到一种长久福赐的香云和佳气：我因此快乐而也忧愁。

让我做你的宾客吧，呵哟，苏鲁支，只住一晚！现在在地球上任何处没有和你在一块儿愉快！”——

“阿门，便这样吧！”苏鲁支大惊奇地说：“这路一直通到那上面，那上面便是苏鲁支之穴居。

真的，我很愿亲自陪你上去，你，甚可钦敬者，因为我爱一切虔诚底人。但现在有种痛苦的呼号，急促唤我离开你。

在我的国土里不应有人受损伤；我的山洞是一个很好的止泊处。我最愿使任何有忧患者重新脚踏实地，重新稳定地立起。

然而有谁能取去你肩上的重忧呢？我还甚乏弱，不克为。真的，我们且长久的等待吧，直到有人重唤醒你的上帝。

那老上帝当然不在了：他已经永死。”——

苏鲁支如是说。

最丑恶的人

——于是，苏鲁支的脚，更踏过山冈和树林，眼睛是探望了又探望，但无处可觅其所愿见的人，那大苦痛者和苦痛的呼号者。但在整个这一条路上，他心中甚欣悦，而且多感谢之情。他说："这一日赠送了我多少好事物，以补救其开端之不好！我碰到了多么希奇底说客！

那些话我将细细咀嚼，如食一佳颗粒，我的牙齿要将其缓缓磨砻，辗碎，直至其如牛乳，流入我的灵魂！"——

他悠悠前行，不觉峰回路转，只见四面山川景物突然完全改变了，苏鲁支踏入了死之国土。这儿只有黑色与赤色底崖石嶙峋，没有花草，没有树木，寂无鸟声。这里乃是众山之束峡，猛兽之所不至，野禽之所不入；只有一色丑陋臃肿底绿蛇，老衰之后，来死在这里。因此牧童称之曰，死蛇谷。

此时苏鲁支却沉浸在浓黑底记忆里了，因为他记得仿佛曾在这谷中伫足。而且有许多重压渐渐加于他意识上了：以致愈行愈缓，终于停止前进，默然而立。于是他睁开眼睛，看见前面路边有一大物坐着，形象仿佛似人而又非人，是某个什么不可说者。突然苏鲁支感到大羞耻，他竟亲见看到这样底东西了呀：羞红直到白发，立刻转过眼睛，投足要离开这恶地方。但这时荒凉底山谷间发声了，从地底格格磔磔发出了一种声音，仿佛夜间流水在闭塞了的水管里呼呼咽咽；终于这化为人声，人的话。——是这样的：

"苏鲁支！苏鲁支呀！猜我的谜吧！说，说！对于见证人的惩罚是什么？

我引诱你回来了，这里是圈套！留心，留心吧，你的骄傲不在这里跌折腿！

你自以为聪明，你骄傲底苏鲁支！便猜这谜子吧，你坚强底破壳者，——这谜便是我！说吧，我是谁！”

——当苏鲁支听到了这种声音，——你们以为他的心灵怎样了呢？同情心袭击他了；他一下便倒在地上，如一枝久已抵抗过许多斧斤的橡树，——沉重，猝倒，使要伐倒它的人们惊慌。但他立刻又在地上站起了，容貌严肃。

“我认识你的，”他巨声喝道：“你是杀死上帝的凶手！让我走吧。

你忍受不了看见你的人——看你透之又透的，你这最丑恶底人！你对于这见证人加以报复了！”

苏鲁支如是说，要走开了；但那不可说者犹抓住了他的一只衣角，重复呜呜，找话说。

“停住！”他终于说了——

——停住吧！不要过去！我猜出是那一柄斧头将你伐倒的：祝你强健，呵呀，苏鲁支，你竟重新站起了！

我很明白你猜透那凶手的情致怎样——杀上帝的凶手之心情。但坐下吧！坐近我，这不是徒然的。

倘若不归于你，我将走向谁呢？停留吧。坐下！但不必望我！这么，也尊敬尊敬——我的丑恶！

他们迫害我：现在你，成了我最后的遁逃处了。不是他们的憎恨，不是他们的酷吏，——呵哟，我要侮蔑这种迫害，因此骄傲，以此为乐！

一切成功至今岂不是属于善被迫害者么？有谁善于迫害的，也易为学到跟随，——设若他一旦——落了后！但这是他们的同情——

是他们的同情，我所逃避而逃向你的。呵哟，苏鲁支，保护我呵，你是我最后的安隐处，你唯一猜透我的人：

——你猜透了那人的情致如何，那杀掉了他的人。且停留吧！设若你要走，你这急性人：便莫走我来的这条路吧。这条路是坏的。

你已气愤于我之支吾其辞么？我倒劝起你来了么？但你要知道，这是我，最丑恶底人，

——也是有最大最重的脚的。凡我走过之处，路是坏的。我将一切路道踏死，践坏。

而你之悄然溜过我；而且羞的面红耳赤，我皆看见了：因此我认识你是苏鲁支。

任何旁人将投给我他的布施，他的同情，以顾盼和言语。但那么着——我还不够穷伧，你是猜出了的——

——那么着我还太富有，富有伟大，可骇，最丑恶，极不可说的事物！然你的羞耻，呵哟，苏鲁支，这敬重我了！

费去了不小底气力，我方从同情者之拥挤里逃出来，——以寻求那唯一底人，在今天说教"同情是逼人的"——你，苏鲁支呵！

——无论是上帝的，无论是人类的同情吧：同情皆与羞耻相违。而"不救其急"比起这"急人之难"的道德来：还较冠冕。

这在如今于一切小人们，便叫道德本身了，同情——他们对于

大不幸，大丑恶，大失败，毫无敬畏之意。

但我超出这一切远望，如一条牧狗望过一群蠕蠕底羊背。皆是佳毛的，善愿的，灰色的小人们。

如一只鹭鹚傲然望过清浅底池塘，仰着头：我也睥睨灰色小波流，小意志，与小灵魂的荡漾。

太久了，人以他们为是，这班小人们：所以也终于授之以权力——于是乎他们说教："凡小人物以为善者，方算是善。"

而凡今之所谓"真理"者，便是牧师所说的，仿佛是他之所自来，那奇离底圣人，小人的辩护者，指证自己说"我——便是真理"的。

这种无礼的人久已使小人物气焰高涨——他，犯着不小底错误了，当其说教："我——便是真理。"

这么一个无礼的人曾得到更客气底答复么？——但你，呵哟苏鲁支，走过他，说，"不然！不然！第三个不然！"

你警告他的错误，为反对同情的第一人——非一般人，非没有人——却是你自己和你这一流人物。

你自羞于大痛苦者的羞耻，而且诚然，当你说："有大黑云来自同情了，留心吧，人呀！"

——当你这么说教："一般底创造者皆是坚刚的，一切大慈爱皆超过他们的同情。"呵哟，苏鲁支，在我是觉得你多么了解天文气象！

而你自己——也警觉你自己提防你的同情吧！因为有许多人皆向你来了，许多苦痛者，徬徨者，绝望者，沉溺者，冷冻者——

我也警告你提防我。你已猜出我的最胜底最劣底谜子，我自己和我之所为。我识得那斧头,伐倒你的。

但他——是必定死去的:他用洞见一切的眼睛观看——窥入人类的深处与根基,及其所有的隐藏底卑鄙和丑恶。

他的同情不知羞耻:他蜷伏于我的最污秽底角落里了。这最好奇的,过逼人的,太多同情的人,必定死去。

他永远望着我,对于这一个见证者我必要报仇——否则我自己不要活了。

这上帝,看见一切,也看见人的,这上帝必得死去!人忍受不了有这么一个见证者存在的。

最丑恶底人如是说。苏鲁支却起立了,准备走开:因为他是一直冷到肠胃。

“你不可说者,”他发话道:“你警戒我走你的路了。为感谢之故我便向你称赞我的路吧。看哪,那上面便是苏鲁支的崖穴。

我的洞府很高大,幽深,有许多角落,最隐藏者能在那里面找到栖隐所。接邻便是百千幽翳曲折底奥区,以安养爬的,飞的,跳的诸动物。

你被放逐者,实是自行放逐的人,不想在人与人的同情下生活么?好吧,也照我这样做!也便从我学;只有行动者能学。

起初要和我的禽畜谈谈!最骄傲底动物及最聪明底动物——它们于我们可为高明顾问的!”——

苏鲁支如是说,自走他的路了,比前此更沉思,走的也更迟缓:因为他自设许多问题,不知如何轻易答复。

“人类也是多么乏弱!”他心里忖度:“多么丑恶,多么难于呼

吸,多么满着隐匿底羞耻!

有人说,人是爱自己的:呵哟,这自爱之情必得多么广大才行!有多少反自爱的蔑视!

便是这人也自爱,亦如其自蔑,——我觉得人为伟大底爱者,也是伟大底侮蔑者。

我还没有寻到深自侮蔑的人:便是这也是高度。苦呵,也许这便是高尚人,其呼号为我听到的么?

我爱伟大底侮蔑者。人却是一样东西,必须加以超过的。”

自愿的乞丐

当苏鲁支别过那最丑恶的人,冷冻了,而且感觉孤独:因为有许多冰霜与寂寞之情,透入了意识,使他的肢体,也更感凛冽。他便愈走愈遥,或陟,或降,时复经过绿草平地,但也经过荒凉底多石底山坳,那是也许曾有急流止宿过的,忽然,他身体温暖了,心情回复安和。

“怎么于我忽然这样了呀?”他抚心自问:“必有什么温暖底活物在我近旁,使我清醒。

我已不甚寂寞了;必有未知之伴侣与兄弟在我四周游行,他们的温暖底呼吸触动我的心灵了。”

当其四下里窥探,寻觅他的寂寞之安慰者:看呵,是一群牛,聚立于一个高冈上,其接近和气息,使他的心意感到了温愉。这群牛好像在热心听一个人演讲,不注意于走近来的人。当苏鲁支完全迫近它们了,便很明晰地听到有人的声音从牛群中发出来;显然的是全体皆扭着头攒向那演讲者了。

于是苏鲁支急力跳上去，将牛群四散赶开，因为他恐怕这里有人受了损伤，非牛群的同情所能救助。但他揣测错了；看呵，那地上坐着一人，仿佛在向畜生说教，教它们不要怕他，一位和蔼底人，山上的牧师，眼光中自然流露仁爱的。“你在这里找什么呢？”苏鲁支惊奇地喊。

“我在这里找什么吗？”他答说：“找，与你所找的一样的东西，你这恶客！找地球上的幸福。

因此，我却要问计于这些牛。你要知道，我向它们说了半上午，正当它们要告诉我了，你为什么扰散它们呢？

除非我们改变过来，像一条牛，我们不能进天国。有一样事是应该从它们学得的，便是：反刍。

而且真的，即算人已经获得了全世界，而未曾学到这一事，反刍：有什么益处呢！他不会脱离他的痛苦，

——他的大苦痛，这在如今便叫作憎恨！在现代有谁不是满心，满嘴，满眼的憎恨呢？你也一样！你也一样！但试看这些母牛！”——

山上的牧师如是说已，转过自己的眼光来望苏鲁支——因为至此是慈爱地注视牛群的，——一见，样子改变了。“我和他讲话的是谁呀？”他惊呼一声，直从地上跳起。

“这是无憎的人，这是苏鲁支本人，大憎恨的超脱者，这是他的眼，他的嘴，他的心，苏鲁支自己的。”

一面他这么说，一面吻着他向之说话的人的手，眼中盈盈有泪，那形态宛如不意地有珍宝和礼物从天降与的人。那群牛，看到

了这一切，不免奇怪了。

“不必说起我吧，你这奇男子！可爱的人！”苏鲁支说，且制住他的柔情，“为我先说你自己！你岂不是那自愿为乞丐的人，曾抛弃一宗很大底财产的么，——

——且自羞于其财产与富足，逃入最穷苦人中的，布施他们以富足与自心，但为他们所拒却的么？”

“他们拒绝我，”自愿为乞丐的人这么说：“你是知道的。所以我终于走入动物中，走入这牛群了。”

“那么，你该学到了，”苏鲁支打断这说者的话：“正当底‘予’较之正当底‘取’尤为艰难，而且善‘予’简直是一种艺术，为善的最终亦且最巧底艺术。”

“尤其在现代，”自愿的乞丐这么回答：“在现代一切卑贱者皆反叛起来了，又自惭，在那气派上又非常骄傲，流氓气派。

因为那时间到了，你知道的呀，大而且坏底，长期而又迟钝底流氓与奴隶的叛乱，滋生而且滋蔓了！

如今卑贱者愤恨一切大善举与小布施；太富裕底人们得提防呀！

有谁在现代如大肚小颈的瓶子一滴一滴斟酒的，这种瓶最容易被人敲断颈子了。

纵欲底贪婪，肝火底嫉妒，恶毒之报复，流氓的骄傲：这一切皆向我面上扑来了。贫穷人有福，已经不是真话。天国却是在牛群中。”

“为什么不在富人中呢？”苏鲁支试探地问，一面挥退群牛，皆向这和蔼者忠实地迫近的。

“你为何试探我呢?”这人回答说:“你当然比我知道得更清楚。是什么驱我走向穷人呢? 岂不是对大富人的憎恶么?

——憎恶财富的囚徒,从每堆粪秽中拣出利润的,具冷静底眼睛,放荡底思想的,憎恶这班痞徒,臭气熏天的,

——憎恶这班虚伪底,镀金底流氓,其父祖皆是扒手,或吃死尸的鸟,或收买烂布的,娶了乐意,淫荡,善忘的妇人,——其实也皆不甚殊于娼妓——

上是流氓,下是流氓! 今兹何有于‘贫’与‘富’呢? 其间的差别我忘废了,——便逃开那里,愈远愈遥,直跑到这牛群里。”

和蔼者如是说,也喘息,汗涔涔下:那样儿,使群牛又不免惊怪了。苏鲁支却只是望着他笑,当其激昂陈说,只沉默地摇着头。

“你是与自己为难了,你山上的牧师,倘若说这些激烈话。你的嘴,你的眼睛,生来不与这种刚强相合。

而且,我以为,与你的肠胃也不相合的:这一切愤怒,憎恨,慷慨,皆与之不宜。你的肠胃需要柔软底东西:你不是屠伯。

反之,你很像一个蔬食者,咬菜根的人。也许你嚼稻米。但你一定没有肉的嗜好,而喜欢吃蜜。”

“你将我猜透了,”自愿的乞丐回答说,好像心中轻快许多。“我爱蜂蜜,也磨谷子,因为我寻找味甘而又使呼吸清香的东西:

——也是要费许多时候的东西,于柔和底懒人,偷闲者,要成为一天的劳苦,满口的工作。

最彻底的当然是这些牛了:它们发明了反刍和躺在太阳光里两种方法。它们也避免一切沉重思想,鼓胀心气的。”

——“好吧!”苏鲁支说:“你也应看看我的动物们,飞鹰与长

蛇，——它们如今在世上是无比的。

看哪，这条路一直到那上面，达到我的窟穴：今晚上做那里面的宾客吧。和我的动物们谈谈动物的幸福，——

——等到我回来。因为现在有种痛苦的呼声促我离开你。设若你在我那里找到了新蜜，冰冷黄金色的蜂蜜：吃吧！

但现在赶快离别你的牛群，你这奇男子！可爱的人！即算是难舍难分吧。因为它们皆是你的密友和导师呀！”——

“——除了一位，我更爱好的！”自愿的乞丐回答说：“你是很好的，比一条牛还好，呵哟，苏鲁支！”

“去吧，去吧！你这坏谄媚者！”苏鲁支恨恨地叫：“你为什么用这种颂赞和甜言蜜语来毁坏我呢？”

“去吧，离开我！”他再叫了一声，挥着他的手杖向这柔和底乞丐，这人便急速地跑开了。

影　　子

刚刚那自顾的乞丐还没有跑得很远，苏鲁支还没有孑然寂静，他已听到自己后面一种新的声音了，喊着说：“停住呀！苏鲁支！请等一等！这是我呀，呵哟，苏鲁支，是我，你的影子！”但苏鲁支不曾等待，因为他突然忿忿于在他的山上有这许多迫促和人物了。“我的寂静往何处去了？”他说。

“这真使我受不了；这山谷能浮动起来，我的国土已不属于这世界，我需要新山谷。

我的影子唤我吗？我的影子又有什么！听其跟我跑吧！

我——跑开它。”

苏鲁支如是向内心说，跑开去了。但那在他后面的紧跟了他：于是随即三者联行，最前面跑着那自愿当乞丐的人，其次是苏鲁支，第三也在最后是他的影子。这么大家跑了一会儿，苏鲁支忽然省悟自己的愚蠢了，猛可一摇，将一切忿怒与憎恶摆脱。

“怎么！”他说，“在我们这班老隐士和圣者，岂不是从来闹出这样的笑话么？

真的，我的愚蠢在山中长大了！方才听到六只老傻子的脚，接连响过去！

但苏鲁支必须畏惧一个影子么？而且我终于以为它的腿比我的腿长。”

苏鲁支如是说，眼睛与腑脏皆笑了，停住脚，疾速转过背来——看哪，他几乎将他的跟随者，影子，摔倒地上了，后面这个是紧随其踵，而又那么孱弱。当他用眼睛细察了一番，猛可吃惊，如见了突如其来的恶鬼！这跟随者看去是那么瘦弱，灰黑，空洞，老衰。

“你是谁？”苏鲁支威严地问：“你在这里干什么？你为何自称为我的影子呢？你不合我的意。”

“请原谅吧，”影子回答：“这是我，倘若我不合你的意呢，好吧，苏鲁支呵！则我称赞你与你的佳趣味。

我是一个游行者，久已随你的足踵游行：时常在途，没有目标也没有归宿。这么，我真差不多是永远底犹太人了，不过我是既不永久复不是犹太人。

怎么？我必永是在于中路么？为每种风所旋转，飘扬，驱逐？

呵哟，地球！你于我太圆了！

我曾居于任何表面，卧在镜子和玻璃窗上如疲倦底尘埃：凡物皆取之于我，没有给我的，我便消瘦了，——瘦得几乎像个影子。

但你，苏鲁支呵，我飞从，跟随的最久，而且，即算我曾在你面前隐匿吧，也仍是你最好的影子：凡你坐着的地方，我也坐了。

和你，我已游过辽远底冰寒底世界，如同一个魔鬼，自愿行于冬日之屋顶与冰雪上的。

和你，我曾奋投到任何禁御者，极坏者，最远者上：而设若在我有任何道德足称吧，便是这，我不畏任何禁制。

和你，我破毁了我内心曾敬重的东西，我仆倒过一切界碑和偶像，我追求过最危险底愿欲，——诚然，我曾走过任何罪恶的极端。

和你，我放弃了对言词，对价值，对大名的信仰。设若魔鬼蜕皮，它的声名不也脱掉了么？这也是皮肤。而魔鬼本身也许只是——皮肤。

'真实本无，万行皆可'：我如是勉慰自己。用头与心我曾自淬于冰寒之水。呵哟，我如何寻常的站在那里，裸露如赤色的巨蟹！

呵呀，一切善美，一切羞耻，与对于善人的一切信仰，于我皆已何往，呵呀，我曾具有的欺骗底天真，到何处去了，那善人的天真及其高贵底说谎！

太平常了，诚然，我紧随真理的脚跟：于是它蹴踏我的头额了。有许多时候我故意说谎，看呵，然后我方始击中——真理。

太多事情给我明白了：现在便已没有事和我相关。已没有我所爱的活着的东西了，——我如何还能爱自己？

'生活，倘若我有兴趣，或根本不活了'：我这么愿望，圣哲也这么愿望。但是,苦呵!我如何还有——兴趣?

我——还有个目标么?一个泊岸,我的风帆驶向的呢?

一阵好风?呵呀,有谁知道这驶向何处,还知道何种风好而且是它的顺风。

于我还存有什么呢?一颗疲倦而又泼刺底心,一个无定的意志,飘摇底双翼,一条破断底脊梁。

寻求我的家乡,呵哟,苏鲁支,你可知道,这寻求便是我的苦楚,这咬啮我。

'我的家乡——在何处?'我将此询问,寻求而又寻求,但是不曾寻得。呵哟,永远底茫茫,永远底漠漠,永远底——虚无呵!"

影子如是说,苏鲁支听着它的话,不觉面孔拉长了。"你是我的影子!"他终于说,甚是哀伤。

"你自由底精神与流浪者呵!你的危险却是不小!你已经有一甚坏的日子了:留心呀,不有更坏底暮夜要来!

这样不安定底人如你者,该觉得一座监牢可乐吧。你曾见过被监禁的犯人睡觉么?他们睡得很平静,他们享受其新保障。

留心你自己,不要使自己终于为一狭隘底信仰所牢笼,一种坚刚严刻底幻想!如今凡是狭隘而且稳定底东西,皆试探而且诱惑你了。

你已经失去了目标:苦呵,你如何于此损失能够洒脱而且淡忘?以此——你也迷路了!

你贫穷底飘荡者,幻梦者,你疲倦了的蝴蝶!你今晚想得一依止和归宿么?不妨缘到我那崖穴里去!

这条路一直通到那上面，我的洞天。然而现在我又要赶快离你跑了。已经像一个影子在我身上。

我要独自前行，要使我周围重复光明。为此，我还有很久必得快乐地游走。在晚上我那儿还有——跳舞！”——

苏鲁支如是说。

正　午

——于是苏鲁支走了又走，没有更碰到何人，孤独了，只是发现自己一身，便欣赏而且陶醉他的寂寞，想象优美底事物，——久之。近于正午的时候，当太阳正晒上苏鲁支的头顶，他走过一枝虬结而且多瘿的老树，那老树为一株葡萄藤的热爱所拥抱，将本身隐蔽了：其上满着金黄色的葡萄，垂垂向此行客。于是他意想解除一点点焦渴，要摘下几颗葡萄，但当其伸手摘取之时，更启发一点欲念了：便是在树下躺一会儿，当此圆满底正午时，稍睡。

苏鲁支便这么做了；当其躺到地上，碧翠底丰草之闲寂与安谧中，已经忘掉微微底口渴入睡了。因为，如苏鲁支的格言所说，一事比一事更需要。只不过他的眼睛仍然开着，——因其实不欲倦于看此老树与藤萝相依于，而加以惊羡的。在入睡中，苏鲁支自向内心如是说：

“静！静！方才世界岂不是圆满了么？于我又怎样了？

像阵轻风，潜来无形，在波平如镜的海面跳舞，轻轻，轻如羽毛，这样——睡眠在我身上跳舞。

它不使我的眼睛合拢,它让我的灵魂清醒。轻轻的呀,诚然!轻如毛羽。

它劝诱我,我不知道'怎的'?它用柔顺底手在我内中摩抚,它强迫我。是呀,它强迫我,使我的灵魂伸舒:——

——这已如此弛张而且懒散了,我的奇特底灵魂!于这,在正午时来了第七天的傍晚么?这已过久快乐地遨游于优美底成熟底事物中么?

这只是伸长,长——更长!已静静地躺下了,我的奇特底灵魂。它已尝味过太多好东西,这黄金色底忧愁压迫它,它扭着嘴。

——如同一只船,驶入其最宁静底港湾,——现在它自倚于陆岸,已倦于长征与不测底海洋。陆地岂不是更忠实么?

如这样一条船倚于陆岸,紧相依傍,——只要一只蜘蛛从岸上牵过丝去便够了。这里无须更粗底缆索。

如这样一条倦游的船泊于最宁静底港湾:我现在之休息,也紧依土地,忠实,信赖,等待,以最微小底游丝相牵。

幸福呵!幸福呵!你将歌唱么,呵哟,我的灵魂?你躺在草中。但这是最深密珍贵底时光,没有牧羊儿吹笛。

小心吧!炎炎底正午正停息于原野。宁静哟!不要歌唱!世界是圆满了。

莫唱,你这草上的飞禽,呵哟,我的灵魂!甚且莫耳语!看吧——寂静!年老底'正午'睡了,他动着嘴唇:他岂不是正饮着一滴幸福么——

——一滴陈古底深色底黄金之幸福,黄金之美酒?有什么东西掠过了,他的幸福酣然笑。如此——天神发笑。寂静!——

——‘至于幸福，一点点便够幸福了！’我曾这么说过，而且自以为聪明。但那是一种毁谤，这，我现在学到了。聪明底傻子说的好得多。

刚刚是至微小者，至低微者，至轻淡者，一蜥蜴的窸窣声，一嘘呼，一闪掠，一瞥眼——很少造成那种最高底幸福。静！

——于我又怎样了。听！时光飞去了么？我不堕落么？我岂不是堕入——听！永久的渊源里么？

——于我又怎样了呢？静！已经刺我了——苦哟——刺到心上了么？刺入心里了！呵哟，破碎吧，破碎吧，心！有了这种幸福，有了这种刺！

——怎么？世界岂不是正已圆满了么？圆满而且成熟？呵哟，为了黄金之圆满底成熟——它飞向何处去了？我赶上去吧！赶紧！

静！——”(这时苏鲁支伸了一伸，发觉自己已入睡了。)

“起去吧！”他向自己说：“你这睡人！正午时睡觉的！喂喂，现在起去吧，两只老腿！已经是时候了而且过时了，后面还很有几段路——

你们已睡醒了，多久呢？半个永久！好好，现在起去吧，一颗老心！睡了这么一会儿后——你要多久方清醒呢？”

(但他又复入睡了，他的灵魂斥责他，辩护自己，仍躺着不动。)——“让我睡吧！静静！方才世界不是已圆满了么？呵哟，黄金底大圆球的！”

“起来呀！”苏鲁支说：“你这小贱人，偷日子的！怎么？还老是伸手伸脚，呵欠，叹息，掉入深渊里么？

你到底是谁！我的灵魂呵！”（这时他吃了一惊，因为一道太阳光线从天上直落到他的脸上。）

“呵哟，我上面的天！”他叹息说，正正坐起了：“你窥看我么？你探听我的奇异底灵魂么？

你将何时饮下这一滴露水，散在一切地上之物的，——何时吸饮这神奇底灵魂——

——何时，永久的渊源呀！你这欢愉底而又使人畏惧的正午之深谷！你何时将我的灵魂吸饮回去呢？”——

苏鲁支如是说，从他那树下的卧处立起，仿佛脱离了离奇底醉梦：但是看呵，太阳还是正正止于他的头上。从这可以确凿地推测出那时苏鲁支没有睡多久。

欢　迎

已是午后很晏了，经过了长久底徬徨和无所得的寻找，苏鲁支重回到他的崖穴里。当其走到洞口的对过，相距没有二十步的地方时，又发生他意料之外的事情了：他又听到了大声痛苦底呼喊。而且，可惊的！这次是发于他自己的洞穴里。这是一阵悠长底各种奇异底呼声，而且苏鲁支清晰地分辨出，这是由许多声音合成的，虽则在远处听来，好像单是出于一口的叫喊。

苏鲁支便跳往他的洞穴了，看呵！这一场广播后又在演一幕什么戏等待他了！因为日中他碰到的一切过客，皆并排坐在那里：右边的国王和左边的国王，老巫师，老教皇，自愿为乞丐者，他的影子，精神之良知者，忧悲底预言家，以及那驴子；还有那最丑恶底人，已是戴上一顶王冠了，还围了两根紫色腰带，——因为他与天下之貌丑者一样，喜欢装扮，要充漂亮。只是在这忧悲的集团中，兀立苏鲁支的鹰，羽毛怒张，神情激越，因为它被问许多问题，为它的高傲从来所不答的；聪明底灵蛇仍是环绕着它的颈子。

这景象给苏鲁支见了，大惊怪；于是他用一种有礼貌的惊异底态度，视察他的每个客人，洞见其心灵，他更惊奇了。其间这班聚会者皆起于座，恭敬地等待苏鲁支发言。苏鲁支遂如是说：

“你们绝望者！奇异者！我是听到了你们的痛苦呼声么？现在我也知道了，应在何处寻找我今天找不到的人：高等底人。——

——他便坐在我自己的洞里，这高等人：但我何必奇怪呢！我不是用了蜜的供奉，及我的幸福的巧计底呼声，将其引诱来了么？

然我以为你们不甚合宜于聚会，你们使彼此中心不快，你们痛苦呼号者，倘若坐在一块？必定先要有人来，

——有人，使你们重新欢笑的，一位天真活泼底傻子，一个跳舞者，一阵风，一个顽皮孩子，或任何老丑角：——你们以为怎样呢？

请原谅吧，你们绝望者，原谅我在你们面前说起这些小话，诚然，小言语不足以当此贵客！但你们也许不知道所以使我心放肆的，——

——便是你们自己与你们的形态，请原谅我吧！看到绝望者，无论何人也会勇猛的。向绝望者鼓励，无论何人也自以为够刚强。

你们给了我这力量，——一样很好底赠品，我的贵客们哟！一样优美底客礼！好吧，请不必见怪，倘若我也呈献我的礼品。

这儿是我的国土，我的统治区：凡属我的，今晚和今夜皆属你们了。我的禽畜将服侍你们，我的洞穴也成为你们的卧室！

在我这里住不应有人失望的，在我的区域内，任何人我皆保障，不使被他的野兽所侵凌。这便是第一物我所奉献者：安全！

第二者便是：我的小手指。你们如已得了这个，便取去我整个的手，好吧！更加之以整个的心！欢迎呵，欢迎呵，我的宾客！”

苏鲁支如是说，充满慈爱与恶趣而笑。这番致辞之后，他的宾客更一鞠躬，恭敬地肃静了，右边的国王却代表全体致答词。

“如你之给我们你的手和敬礼，苏鲁支呵，这，我们认识你为苏鲁支。你在我们面前谦卑；你几乎使我们的敬仰磨折了。——

——有谁能像你以这样底矜贵而作这样底谦裕呢？这，振作起我们了，这是一种膏油，膏于我们的眼和心。

单是来看这个，我们已乐得上比这更高的山了。我们之来，是为观览者，我们愿看使昏昏之眼转为明亮的东西。

而且看呵，我们的一切痛苦之呼号皆已过去了。在我们是内心和意识皆已开展，而且欣然。很少缺什么：而我们的勇猛也恣肆了。

没有什么，苏鲁支呵，比一种高尚坚强底意志，在地上还生长的更怡悦的：这是地球的最美丽底植物。有了这样底一枝树，使全副风景清新，生色。

我比之于松柏，呵哟，苏鲁支，有谁像你茂生的：高大，沉默，坚刚，卓立，最韧性底木质，荣皇，——

——却终于以强力翠色的枝条，抓拿其统治，以严厉底问题询诸劲风，暴雨，及常时依止于高山者，

——而更严厉地答复，一个命令者，一个常胜者：呵哟，有谁不愿瞻仰这种植物，登于高山呢？

在你的树这里，苏鲁支呵，阴郁者与失败者皆霍然清爽，看到你的形态，便是不安者也坚定了，治好了他的心病。

而且诚然，如今有若干只眼睛睽睽于你的山和树：有一种伟大底企慕之遥情兴起了，而且还有许多人学着问道：苏鲁支是谁？

有谁曾被你以歌曲和蜂蜜注入耳朵的：一切隐者，孤独者，偕隐者，一时皆向内心说：

'苏鲁支还活么？已不值得生活了，什么都一样，一切皆空：——或则，我们便应该与苏鲁支共生活！'

还有许多人问：'为什么他还不来呢？已自己宣告这么久了，也许他为寂寞所吞没么？或者我们应到他那里去？'

现在是这样的，寂寞本身也化为脆弱了，破裂了。破裂如坟墓，已容留不下死人。到处我们见有重生者。

现在环于此山之波浪涨了又涨，呵哟，苏鲁支。无论你的高处有多高吧，必有许多人将上到你这里；你的船也不能久久搁于干岸上了。

而我辈绝望者现在来到你的崖穴，已经不绝望了：这便是一个预兆，一种休征，有许多更好底人在途，正来找你，——

——因为他自己来找你了，人类中上帝最后的遗留者，那便是：一般怀抱伟大底遥情的人，伟大底厌离者，伟大底憎恶者，

——一班人，不愿再生活的人，或者重新学得希望——或者和你学得，苏鲁支呵，学得伟大底希望！"

右边的国王如是说，握住了苏鲁支的手，要吻它；但苏鲁支拒

却了他的恭敬，惊奇地退后了，沉默着，突然如逃到远处。过了一会儿，情致又同到宾客中来，以明亮底眼光观察他们，如是说：

“我的宾客，你们高等底人，我要用德国语清楚向你们说了，我在这山上不曾期待你们的。”

（“用德国语清楚说么？天可怜见！”左边那位国王一边说：“可见他是不认识可爱的德国人的，这东晨州的智人！

但他的意思必是‘用德国语粗鲁说’了——好吧！这在现代还不算最坏底趣味！”）

“你们也许皆真是高等底人，”苏鲁支继续说下去，“但于我——你们还不够高，也不够坚强。

于我，便是说：于我内中不屈不挠的精神，沉默着的，但不会永是沉默着的。即算你们皆属于我吧，也不能为我的左右手。

有谁立于生病而且软弱底腿上的，像你们这样，他根本愿望，无论自知或不自知：愿望自己被宽恕。

但我从来不宽容我的手臂和脚腿，我不宽待我的战士：你们怎能有补于我的战斗呢？

用了你们简直还破坏了我任何胜利了。你们中间有些人已倒下了，只要他听到了我的战鼓的大声。

而且，你们于我还欠优美，华贵。我需要我的教义之明净平整底镜子；在你们的镜面上，我自己的影像也损坏了。

你们的肩上有许多积压，许多回忆；许多恶劣底侏儒盘薄于你们的角落里。你们中间也有许多隐秘底流氓气质。

即算你们是高尚，属于优秀分子之列吧：你们内中也还有许多歪曲，畸形。则世界上也没有一个铁匠，能为我将你们捶直，打正。

你们不过是桥梁而已:唯愿更高超底人在你们身上度过去吧!你们代表阶梯:然则不应怨怒那超过你们达到他的高处的人吧!

唯愿从你们的苗裔中,有日为我生长出一个真实底男子,完全底承继人:但这还遥远哩。你们自己,还不是我的遗产和我的姓氏所属者。

居于此山我不是等待你们,也不敢和你们最后一度下山去。你们之来不过是一预兆,已有更高底人在途,向我来了,——

——然不是伟大底遥情与伟大底憎恶及伟大底厌离的人,以及你们所谓上帝的遗留者。

——不是!不是,第三个不是的!我在这山上是等待旁底人,没有他我不会在此移动一只脚,

——等待更高尚者,更刚强者,更胜利者,更多佳兴者,那种灵魂和肉体皆生长的端方锋棱底人:酣笑底雄狮必定来此!

呵哟,我的宾客,你们奇男子,——你们还没有听到关于我的孩儿们的消息么?他们是在路上向我来了么?

请为我述说关于我的园地,我的幸福岛屿,及我的新底优美底种性的话吧——你们为什么不为我说这些事呢?

我向你们的惠爱乞取这种礼品,述说我的儿孙之事。为此我甚富足,为此我曾贫穷:我有什么没有牺牲过,

——我有什么不愿施舍,只求有此一样:这班儿童,这种生长的植物,我的意志与我的最高希望之这些生命树!”

苏鲁支如是说,在说话时突然沉默了:因为他为遥想所袭,因内心的激动他闭住了眼睛和嘴。他的这班客人也皆默然肃立,有些惶惑了:只有那老预言者作脸相,作手势。

晚　　餐

在此际，预言者打断了苏鲁支和宾客的酬对之词：他追到前面，好像不能浪费光阴了，抓住了苏鲁支的手，喊道："但是，苏鲁支！

一事比一事更需要，你自己说过的：好吧，现在我有一事比一切旁的事皆重要。

恰当其时有一句话：你不是请过我来吃饭么？这里有许多人皆长途跋涉而来。你必不以空言解慰我们的饥渴么！

而且你们也皆思索过冻死，溺死，窒死，及各种肉体苦痛之境，想的也太多了：然没有人念及我的苦境，便是饥饿——

（预言者如是说，但苏鲁支的禽畜一听到这话，皆吓跑了。因为它们见到凡在日间它们所掠回的食物，实不够与这一个预言者一饱。）

——也还加以口渴。"预言者继续说："即算我在此听到泉水声音，如智慧之言语滔滔不穷：我——要喝酒！

不是每人皆像苏鲁支，是天生的饮水者。水无补于疲劳者和枯萎者，酒却和我们相宜，——唯有酒，使人有立时底恢复，骤进底健康！"

正当这预言者渴望饮酒的时候，那左边一位国王，沉默者，也突然说话了。他说："酒么，我们备下了，我和我的兄弟，右边的国王：我们有充足底酒，——戴满了一驴子。除了面包还没有。"

"面包么"？苏鲁支回答，笑了。"隐者刚刚是没有面包。但人

是不单靠面包生活的,也要很好底羊肉,我有两只肥羊:

——这应该赶紧杀了,加紫苏芬香地烧熟,我爱这样吃。还有很多薯蓣和果子,想于知味者和精于饮馔的人,也没有什么不好了,还不少核桃及其他硬壳果,可以磕的。

这么我们立刻可以有餐盛馔了。但有谁要吃的,也必动手烹调,即算是国王。因为在苏鲁支这里,国王正不妨当个厨子。"

这提议正合众人的心意了:只有那自愿的乞丐不愿饮酒食肉,茹荤腥。

"只听这饕餮者苏鲁支说的呵"!他带笑说:"人到高山上到崖穴里来,为享这种馔肴么?

现在我当然懂到了他曾经说的:'小贫是有福了!'以及他为什么要除去乞丐。"

"且愉快吧,"苏鲁支回答说:"像我这样。不妨守你自己的习惯,你这高人,磨你自己的谷子,饮你自己的水,称赞你的烹调:只要能使你高兴!

我不过为我辈的法则,不是一切人的法则。但有谁属于我者,必定要步舞轻捷,骨骼坚强,——

——勇于战斗,乐于庆祝,不是阴沉底人,不是做梦的'汉士',准备任艰重一如乐于赴筵席,健康而且高兴。

最美好的属于我辈和我自己;设若人不给我们呢,我们要自取之了:——最滋养底食品,最纯净底天空,最坚强底思想,最优秀底女子!"——

苏鲁支如是说,右边的国王却回答说:"稀有!从大智者的口里曾听到过说这种聪明事么?

而且真的，这是智者最希奇底事，倘若他对于这一切还甚聪明，而且不是驴子。”

右边的国王如是说，亦自惊诧；那匹驴子对于他的话却恶意地吁了一声，“噫——呀。”这却是那很长底筵宴的开始，在各种史书上所称为“晚餐”的。席间除了讨论高等人物外，未曾说旁的什么话。

高　人

一

当我第一次走到人群中来，做了一件大蠢事，遁世者的大愚蠢：我出现于市场上了。

当我向一班人说教，便等于向没有人说教。在晚上却只有踏软索者为我的伴侣，和死尸；我自己也几乎是死尸了。

在次日早上，却有清新底真理与清新底晨光俱来：于是我学到了说：“这些于我有什么关系呢？市场与流氓与流氓的喧闹和流氓的长耳朵！”

你们高尚底人呵，请和我学了这个：在市场上无人相信高尚人的。你们要在那儿说教么，好吧！流氓却睒眼说：“我们皆是平等的。”

“你辈高人么，——流氓睒眼说，——没有高等人的，我们皆是平等，人终归是人，在上帝面前——我们皆一样！”

在上帝面前呀！——但现在这上帝死掉了。但在流氓之前我们不必平等吧。你们高尚底人呵，离开市场去！

二

在上帝面前么！——但现在这上帝死掉了！你辈高人呵，这上帝是你们最大底危险。

自从他躺在坟墓里后，你们方始重生。今兹方可有伟大底正午到来，现在方有高等底人——为主！

你们懂这话么，呵哟，我的兄弟们？你们惊骇了，你们的中心摇摇么？深谷在此为你们迸裂么？地狱的狗在此向你们狂吠么？

好吧！起来！你高尚底人们！人类的将来的山谷方始感大阵痛。上帝死了，现在我们愿望，——超人生长。

三

现在最多忧虑的人问："人如何可加以保持？"然苏鲁支问，是第一人而且唯一底人这样问："人如何可加以超过？"

超人在我的心上，他是我的第一人，唯一底人——而不是凡人：不是邻人，不是最穷人，不是最苦人，不是最好底人。——

呵哟，我的兄弟们，我能爱好人类者，是因其为一种度过，一种没落。便是在你们也有许多处所，使我敬爱，使我期望的。

而你们之侮蔑，你们高等人呵，使我期望。伟大底侮蔑者皆是伟大底尊敬者。

而你们之绝望，亦复甚可敬仰。因为你们未曾学到怎样屈服，你们未曾学到小聪明。

因为今日是小人物们做主了：皆宣传一切恭敬，谦卑，聪明，勤苦，慎重，以及小道德的一长段“诸如此类”。

凡是阴柔者，凡生于奴隶种性者，尤其是流氓的杂种：这如今将做一切人类命运之主人——呵哟，可恨！可恨！可恨！

这问了又问，而且不自疲倦：“人如何能保持的最好，最长，最舒适呢？”以此——他们是现代之主人。

为我超过这班现代之主人吧！我的兄弟们，——超过这班小人：这皆是超人的最大危险！

为我超过这些小道德吧！你们高等人，——超过这些小聪明，沙尘的顾虑，蝼蚁的纷纭，可怜底安逸，“大众的幸福”——！

而且宁肯绝望，不必自屈。而且，诚然，我爱你们，因你们如今不知道生活，你们高等人！这么你们生活的——最好！

四

你们有勇气吗，呵哟，我的兄弟们？你们心雄么？不是在见证前之勇敢，却是隐士与鹰隼的豪迈，天神之所不望的？

冷静底灵魂，骡子，盲者，醉人，皆不得谓之心雄。心雄者，是知道畏惧，但强迫人畏惧的人；是看入幽深，但自矜严。

有谁看到溪谷，却以苍鹰之眼，——有谁以鹰的突爪攫住溪谷：这人有勇气。——

五

“人是恶的”——一般大智者这么安慰我说。呵哟，只要这在现今还是真的！因为恶，也是人类最佳的力量。

“人应该更好而且更恶”——我如此说教。至恶是需要的，以臻于超人之至善。

那班小人物的说教者不妨苦痛苦痛吧，而且担负人类的罪恶。但我自欣于大罪恶以为我的大安慰。——

这些话却不是说给长耳朵听的。而且每一句话也不是属于每一张嘴。这皆是深微遥远之事物：羊的脚趾不应向之探取！

六

你们高尚人呵，你们以为我来是补救你们做坏了的事吗？

或者，我欲使你们痛苦者更能卧得安稳？或者向你们不定者，失途者，迷于攀跻者，指示出一条新捷径么？

否！否！不然！你们这种人里只见有更多更好的人将要毁败，——因为你们将必只见其败坏，只见其艰难。唯有这样——

——唯有这样人方生长到高处，为雷电所轰击，所披摧折：高到触电了！

我的心意与遥情，长往于稀少者，悠久者，远大者。你们的委琐底，纷烦底，短促底穷苦，与我有何干系！

在我，你们还不够苦痛哩！因为你们所痛苦是为自己，还不是为人类。倘若你们不这样说，便是说谎！我所痛苦的，你们皆没有苦过。——

七

于我是不够的，若雷电无所摧毁。我不会将它引开，它当学习为我——工作。——

我的智慧久已凝聚如云，更静止而也更浓黑了。每种智慧皆这样的，倘若要一旦产出雷电。——

于现代人我不欲为光明，也不欲被称为光明。这班人——我欲使之眩目，我智慧的电光呵！刺出他们的眼睛吧！

八

不要超出你们的能力愿望什么吧：在超出其能耐而愿望的人们，有一种很坏底虚伪。

尤其是，倘若他们愿望举措大事！因其唤起对于大事业的疑惑，这班精深底伪钞犯，戏子：——

——直到他们终于对自己也虚伪起来了，邪视的眼睛，粉饰的朽蚀，隐蔽以强硬底文辞，装潢底道德，与漂亮底虚伪底工事。

于此不能不好好留心呀，你们高尚底人！如今于我没有比诚实还算希奇珍贵的了。

这现代不是属于流氓么？流氓却不知道什么是大小，正直，诚实，他是混混沌沌底歪曲的，他常是说谎。

九

保持很好底怀疑吧，你们高等人，有心人！诚心人！而且要将你们的理由秘密存留！因为这现代是流氓的。

凡流氓之曾学得无理由而信仰的，有谁能以理由将其——推倒？

在市场上人作脸相使人信服。但理由使流氓怀疑。

而且如果有趟是真理战胜了，则不妨以善疑的心自问："哪种较强底谬论替它战胜的呢？"

也要提防学者们！他们恨你们：因为他们不能生产！他们有冷静干枯底眼睛，在这种眼睛里每只鸟是拔去了羽毛的。

这班人自夸，以为自己不说谎：但无力说诳远不是有心爱真理呀。提防吧！

不发热远不是智识！我不相信冷却了的精神。有谁不能说诳的，不知道什么是真理。

十

你们要高高上去么，则要用你自己的腿！不必让你们被提拔上去，不要坐在旁人的背上和头上！

你却骑马么？你急急驰马上登于你的目的地么？好吧，我友！但你的跛足也骑在马上了！

当你到了你的目的地，当你跃下马来：刚刚在你的高处，你高尚人呵，——你将跌倒！

十一

你们创造者，你们高等人！人只是孕育自己的孩子的。

不要让你们被说服，被灌输！谁是你们的邻人呢？即算你们“为了邻人”做事，——你们也仍没有为他创造！

为我抛弃这“为了”吧，你们创造者：你们的美德刚是不要你们以“为了”，“由于”，“因为”而有所作为。对于这些虚伪底小名词，你们应该闭住了耳朵不理会。

这“为了旁人”不过是小人物的道德：这在他们便叫“同样与同样”与“手洗手”，——于你们的本身利益，它们是既无权利，复无力量！

在你们的本身利益里，创造者呵，便是孕育者之注意与先见！还无人眼见的，那果实：你们整个底爱情将加以翼蔽，保障，和养育。

凡你们全爱之所寄，在于你们的孩子，便即是你们整个底道德！你们的工作，你们的意志，方是你们的"邻人"：不让自己为虚伪底价值所惑吧！

十二

你们创造者，你们高等人！有谁要生育的，是病了；有谁已生育过的，是不纯洁了。

问问女人吧：人之生产不是因其使人快乐。那苦楚使母鸡与诗人皆咯咯叫。

你们创造者，在你们有甚多不洁之处。那是因为你们曾经必为母亲。

一个新小孩，呵哟，多少新底污秽也带到世间来了！走向旁边去吧！有谁生产过的，应该净洗他的灵魂！

十三

不要超过你们的力量而为道德！不要违反了或然性而有所愿望！

不要踵武你们的父祖所行的道德！你们如何能高升，倘若你们的父祖的意志不随你们高升？

但有谁要成为长子的，留心吧，不要成了最末的儿子！而且凡你们的父祖的污辱之处，其中你们不要想自作圣人！

如果其人的父祖爱近醇酒与妇人及野猪：则成什么样，倘若其

人自求贞洁?

这真是蠢事！真的,我以为太蠢了,倘若其人是第一个或第二个或第三个女人的丈夫。

而且倘若他建立起寺院,在门上标着:“达到神圣之路”,——则我仍然会说:干么！这又是一桩新蠢事！

他为自己起一座反省院和隐遁所:更相称了吧！但我亦不相信。

在寂寞中也生长着人带进去的,内中的兽性。这么样,寂寞于许多人不相宜。

在世界上至今有比旷野里的圣人还污秽的么?在他们的周围不但是魔鬼发舒——也还有猪。

十四

惊惧,羞怯,笨拙,如腾跃失败的一只老虎:这样,你们高等人,我时常看见你们溜到旁边去了。一掷失注。

但是,你们赌徒,这有什么关系！你们没有学到赌博和咒骂,如人之必那样赌博,那样咒骂！我们岂不常是坐在一张赌博和咒骂的桌旁吗?

倘若你们的大事业失败了,你们本人便因此——失败么?设若你们本身失败了,人——便因此失败么?如或人是失败了:那么好吧！起去！

十五

方式愈是高尚,一事愈少成功。你们这班高等人,你们岂不皆是——失败了么?

鼓起勇气吧,有什么干系!还有多少事很可为!学着自笑吧,像人应该那么笑的!

何怪乎你们完全失败或者一半成功,你们“半是破裂者”!在你们中间不是迫击着,磅礴着——人类的将来么?

人类的最悠远者,幽深者,星高者,及其无穷底力量:这一切岂不是皆在你们的酒尊里喷沫浮光么?

何怪乎有许多酒尊破碎了!学着自笑吧,像人应该那么笑的!你们高等人呵,多少事还大有可为!

而且诚然,多少事已经成功了!这地球上也多么富于小底美满底事物,富于佳事!

置小而美满底事物于你们的周围,你们高等人!它们的金黄底成熟怡悦人心。圆满者教人希望。

十六

至今世界上最大底罪恶是什么呢?岂不是这种人的话,说:“可哀的,是在此还笑!”

他自己在世上没有找到笑的来由么?那只是因为他寻找的不好。一个小孩在此也找得到笑的来由。

那人——爱的不够:否则他也将爱我们笑者了!但他恨我们,讥讽我们,许我们咆哮,切齿。

倘若不爱便应立刻咒骂么?这——于我仿佛是恶趣味。但他这样做了,这绝对者。他来自流氓。

而他自己只是爱的不够:否则他可以少愤怒于旁人之不爱他。

一切大爱情是不欲爱情的：——欲多于此者。

避开这班绝对者吧！这是一种贫病典型，流氓品格：他们看这人生恶劣，他们看这土地以狠毒底眼光。

避开这班绝对者吧！他们有笨重底脚和烦溽底心，——他们不知道跳舞。于这班人地球如何能得轻舒呀！

十七

一切佳事物皆曲折地走近其目的。猫似的躬其背，暗自咪咪于其迫近底快乐，——一切佳事物皆笑。

步武泄露消息了，仿佛已有人在他自己的道上走：看我走吧！凡近于其目的者，跳舞。

而且，真的，我没有变成立像，还没有站在那儿兀然，呆然，如石，如石雕柱，我爱急速奔跑。

即算在地球上也有沼泽与浓厚底烦忧：然若有轻捷底脚，也还跑过泥泞，而且跳舞如在扫过的坚冰上。

提起你们的心吧，我的兄弟们，提高！要更高！而且也不要忘记你们的腿！也提高你们的腿吧，你们善于跳舞者，更好是：也倒立！

十八

这笑者的王冕，这玫瑰花冠，我自己将其戴上，我自己称我的笑为圣善。在现代我不觉得他人能于此坚强了。

苏鲁支这跳舞者，苏鲁支这轻扬者，用翅子招摇的，一个准备飞翔者，向一切飞鸟招摇送情，准备了而且整秩了，一个幸福底轻佻者，——

苏鲁支这预言者，苏鲁支这真笑者，非不耐者，非绝对者，一个爱跳跃爱跳开的人；我亲自戴上这冠冕！

十九

提起你们的心吧，我的兄弟们，提高！要更高！而且不要忘记你们的腿！也提高你们的腿吧，你们善于跳舞者，更好是：也倒立！

在幸福中也有笨重底动物，从元始以来便有大脚兽。它们努力的出奇，如同一只象，要努力用头倒立在地上。

与其以不幸而痴愚，毋宁以幸福而痴愚吧，与其偃蹇地行路，毋宁笨拙地跳舞。然则学学我的智慧吧：便是最壤底事物也有好坏两面的，——

——便是最坏底东西也有善于跳舞的脚：然则你们自己为我学得好好立在端正底脚上！你们高等人！

且为我抛弃愁苦底呻吟，以及一切下流的忧悲！呵哟，在我觉得现代下流的丑角还多么忧伤！这现代却是属于流氓的。

二十

为我学到像风一样吧，当其从山崖石壁间呼啸而出，按其自己的吹笛而跳舞，海水颤动而且飞扬于其足下。

给驴子以飞翼而挤母狮的乳汁者，可颂扬呀，这无拘束的精神，这精神于现代于流氓如暴风之骤至，——

——又于荒芜底头脑，木钝底头脑如仇雠，也于一切萎靡底树叶与蔓草：——可颂扬呵，这极佳底自由狂放底暴风精神，在沼泽与烦忧上如在草场上跳舞的！

这憎恨流氓猰狗与一切恶劣昏沉底贱种者，可颂赞呵，这一切自由精神中的精神，这酣笑底暴风，将灰尘吹眯一般愁视者与忧病者的眼睛的！

你们高尚人呵，你们最大底坏处是，你们皆没有学到跳舞，如你们之应该跳舞者，——跳过自己去！而你们失败了，有何关系！

还有多少事可能！不妨学着超过自己而笑吧！提起你们的心情，你们善跳舞者，高起！要更高起！而且不要给我忘记了善笑！

这笑者的王冕，这玫瑰花冠：我的兄弟们，我将这花冠投给你们了！我以笑为神圣的；你们高等人，为我学着——笑！

忧郁之歌

一

苏鲁支说这番话时，是站在他的窟穴的进门处，说完了最后几句，便溜出了，暂且避开了那些客人，在空地里稍事行散。

“呵哟，我四周的清香，”他微呼：“这幸福底寂静！但我的动物们何在？来呀，来呀，我的鹰和我的蛇！

告诉我吧，动物们，这班高等人全体——也许他们的气味不佳么？呵哟，这身边的清香！现在我方始知道而且体会了，我是多么爱你们，我的禽畜。”

——苏鲁支更说了一遍：“禽畜们，我爱你们呀！”鹰和蛇也皆迫近他，当他说这话，向他凝视。这么三者默默相对，嘘吸着清新空气。因为这外边的空气，比在高等人周围的空气好。

二

苏鲁支还没有完全离开洞穴，老巫师即已站起来，狡狯地四周望了一下，说道：“他去出了！

已经，你辈高尚人——让我且像他一样，用这颂赞和谄媚底称呼，撩拨你们吧——已经有坏底‘虚伪与巫术的精灵’袭击我了，是我的忧郁的魔鬼，

——根本与这苏鲁支作对的：请原谅吧！这魔鬼现在要在你们前施法，它正得其时，我不能胜这邪恶精灵了。

于你们全体，无论你们喜用什么称呼代表你们的光荣，或自称为‘自由精神’，或‘真实者’，或‘精神之忏悔者’，或‘解放者’，或‘伟大底遥情者’。

——于你们全体，像我一样苦于伟大底厌恶者，得知老上帝已死，还没有新上帝在摇篮和襁褓里的，——于你们全体，我的恶灵与巫鬼皆深深眷爱。

我认识你们，高等人，我认识他，——我也还认识这仇人苏鲁支，我违反着意志而爱好的：于我他时常仿佛是一个美丽底圣者的假面具，

——仿佛是一套新奇底装扮，我的恶灵，那忧郁底魔鬼所喜欢的，——我爱苏鲁支，我时常感觉，是为了我的恶灵的缘故。——

但这，已侵袭我了，压迫我了，这忧郁的精灵，黄昏的魔鬼：而且诚然，你辈高等人，他喜欢——

——睁开眼睛吧！——他喜欢裸身而来，为男为女，我还不知道：但他来了，他强制我了，苦哉！开开你们的意识吧！

白日淡消了，于一切事物现在来了暮夜，最好底事物也无所

逃；听吧，看吧，你们高等人，看这黄昏忧郁之精灵，是什么样的魔鬼，为男或为女！”

巫师如是说，狡狯地望一望四周，于是取起了他的竖琴。

三

在澄明底夜风前，
当白露的安慰语
倾吐于大地，
潜形，亦又无声——
因为这安慰者白露
如同一切安慰的温柔者，曳着轻履：——
你便怀想，热烈底心呵，你便怀想，
你曾如何焦渴，
渴欲天澍之泪与露零
焦灼了，而且困于枯涸了，
其时在枯黄底草径
邪恶底斜阳的视线
穿过黑森林向你放射，
那灼眼底日球之炽见，幸灾乐祸么？

“真理这女儿的郎君么？你？——他们如此讥议——
不是！不过一诗人而已！
一动物，狡狯底，劫掠底，潜行底，
必须说谎者，

必须自知且自愿说谎的：
耽耽于可得者，
光彩地装扮了，
自己便是装扮的假面，
自己成了可获得的动物——
这——便是真理的郎君么？
不是！傻子而已！诗人而已！
只说说漂亮话，
装扮成傻子乱喊，
徘徊于虚伪底辞藻桥头，
盘旋于彩色底虹霓上，
介乎虚伪底天
和虚伪底地，
周转飘游，周流浮起，——
傻子而已！诗人而已！

这——真理的郎君么？
不宁静，不坚硬，不光润，不寒冷！
不能成为石像，
不能成为天神之雕柱，
以立于庙堂之前，
为天帝之门卫：
不是！且仇视这种真理之石像的，
居任何荒野较庙堂前适意，

充满了野猫的恣肆，
跳过任何窗子，
疾急入于每个‘偶然’里！
侦嗅每一原始森林，
寻觅地求索地侦嗅，
你在原始森林里
光怪底野兽中
顽健地彩丽地游走，
奢望地摇唇咂舌，
得意地讥嘲，无忌地为恶，快乐地渴血，
劫掠着，潜匿着，谎骗着游走：——

或者如一饥鹰，久久地，
久久下瞰着崖谷，
下瞰它的崖谷，——
呵哟，它如此下投，
低降，深入，
盘旋于深而又深底幽谷！——
于是，
突然，直线地，
抖擞羽翼，
向羔羊袭击，
急转直下，饥火如炽，
垂涎羔羊的肉，

怒向一切羔羊魂魄，
狰狞地恶向一切
像羊的，以羊眼睛看的，毛鬈鬈的动物，
灰色的，怀绵羊的山羊的善愿者！

如是，
如雾豹，如饥鹰，
是诗人的遥情，
是你的千般乔装下的衷情，
你傻子！你诗人！

如你之看人类
亦视上帝如绵羊——：
将上帝在人类中撕毁
如在人类中分裂羔羊，
毁灭着且酣笑——

这，这是你的幸福！
一个豹子和苍鹰的幸福！
一个傻子和诗人的幸福！"——

在澄明底夜风前，
当新月之纤镰
青荧荧于红紫间

且嫉妒地潜逝：
——仇视白日，
步步诡秘，
向玫瑰花的叠锦垂帘
用镰刀削去，直到它们下落，
堕入深夜，黯淡地沉没：——

我自己也曾如此没落
出自我求真理之狂醒，
出自我怀白日之遥情，
倦于白日，病于光明，
——下落了，近于黄昏，归于阴影：
为一种真理所焚烧
而且枯渴：
——你还怀想，热烈底心呵，你还怀想，
那时你如何焦灼么？——
我之被放逐了
被逐出一切真理，
不过傻子而已！
诗人而已！

科　　学

巫师如此酣歌；在座的一切人，鸟似的，皆不知不觉堕入了他那狡狯而且忧郁底欢乐之网。只有那精神之良知者没有被捕：他赶忙从巫师夺取了竖琴，喊道："换空气！让好空气进来！让苏鲁支进来呀！你使这崖穴里的空气沉闷了，有毒了，你这邪恶底老魔术师！

你虚伪者，精深者，你引诱人到不熟识的渴望和荒野里了。苦哉，像你这种人也噜噜嗦嗦说起关于真理的空话！

只苦了一班自由底精神呵，没有提防这种巫术士的！他们的自由可完了，你教示而且引诱他们归入监牢里，——

你这忧郁底恶魔，在你的哀怨里吹起了迷人笛，你便同于那种人，颂赞贞操而暗诱荒淫的！"

良知者这么说，老巫术士周围望了一下，庆幸他的胜利，便吞下为那良知者所引起的烦恼，用谦和底声调说："沉静吧！好歌曲要得好的回响；好歌曲听了之后应该久久沉默。

你看他们都这样了，这班高等人。你也许从我的歌里懂到太少么？你内中颇缺少一种魔术精神。"

"你称赞我"，良知者回答说："以使我和你隔离，好吧！但你们旁人呢，我看成什么样子？你们皆迷迷底眼睛坐在那里呀：——

你们自由底灵魂么？自由哪里去了！我看你们几乎皆像那种人，久久看了坏底裸体女子跳舞：你们的灵魂也跳舞起来了！

在你们内里，你们高等人，必是多有这巫术士所称为他的邪恶底'虚伪与巫术的精神'了，——我们必是不同的。

而且真的，我们已够共同谈论，筹思了，在苏鲁支回到洞穴以前，而我未知道：我们是不同的。

在这上处我们也是寻找不同底东西，你们和我。我是寻求更多安隐，因此我来寻苏鲁支。这人还是最坚固底壁垒与意志——

——在如今，当此一切皆摇摇，各地皆震动之秋。而你们，当我现在看你们眼睛的表情，几乎觉得你们是寻求更多底不安稳了，

——更多恐怖，更多危险，更多地震。你们愿欲，我几乎这么感觉，请原谅我的拗想吧，你们高等人，——

——你们愿欲最恶劣最危险底生活，在我是最恐惧的，猛兽生活，愿欲山林，崖穴，峭壁，迷窟。

而且也不是领你们出危险的领导者深合你们的意，却是将你们从一切正路上引开的人，迷惑者，得你们的欢喜，但是设若这种愿欲在你们是真实的呢，我以为纵是这样又不可能。

因为恐惧——是人类的遗传底基本底感觉：用恐惧什么都可解释了，传统底罪恶与传统底道德。从恐惧里生出我的道德，这便叫作：科学。

因为对野兽的恐惧——这在人类中最长远的培养了，这包括那他涵藏在自我中而且恐惧之的野兽，——苏鲁支曾称之曰‘内中的兽性。’

这种古老底悠长底恐惧，终于变深微了，精神化了，理智化了——在现代，我觉得，这便叫作科学”。——

良知者如是说；但这时苏鲁支刚刚回到洞里来了，听到了而且猜测出这后一段谈话，用一捧玫瑰花向这良知者掷去，嘲笑着他的“真理”，呼道：“怎么！我方才听到什么了？真的，在我看来，若你不是个傻子，则我自己便是：而你的‘真理’，我将立刻拿来倒竖了。

因为恐惧——是我们的例外。但对于‘不确定者’与‘未尝

试者'的勇往,好奇,和兴趣——勇猛在我看来是人类全部上古史。

从最野蛮最凶猛底动物处羡慕而且攫取了它们全副德性:然后他方能进化为——人。

这勇猛,终于化为深微,化为精神,化为理智,这种'人之勇猛,具备了鹰鹫的羽翼及蛇的聪明,这,在我看来,在现代叫作——"

"苏鲁支呀!"在座的人一齐高呼,仿佛出自一口,接着发出一阵大笑;腾起如一阵浓云。便是那巫师也笑了,聪明地说道:"好呀!它离去了,我的恶灵!

我不是亲自警告过你们么,当我说它是一个欺骗者,一个虚伪的欺诈的精灵?

尤其是,当它裸露地出现。但我对于它的狡狯何能为力!难道是我创造了它和这世界么?

好吧!我们和好如初,更求佳胜!虽然苏鲁支恶眼看人——看他呵!他正愤恨我:——

——但在入夜以前,他当重新学到爱我,称赞我的,他不会活的长久,倘若不做这些蠢事。

这人——是爱仇敌的:在我所看到的人中,他算最懂这艺术了。但他是要在朋友身上——寻报复的!"

老巫师如是说,高等人们皆一致称赞,欢喜了:苏鲁支便随向每一个朋友握手,爱恶兼起于心,——如同向朋友道歉言和的人一样。但当其走到洞门边,看哪,他又想外面的好空气和他的禽畜,——他又想溜出去了。

沙漠的女儿们

一

“不要出去呀！留在我们这里吧”，流浪者，便是自称为苏鲁支的影子的，于是说：“否则沉郁底旧愁，又将侵袭我们了。”

老巫师已给了我们他的从最坏的到最好的东西，而且看哟，虔诚善愿底教皇的眼睛中已充满了泪，他自己又完全驶入忧愁的海洋中了。

这两位国王在我们面前仍然能够装出好容颜：这是从我们大众这里今天学去的，学的最好！设若他们没有见证人呢，我打赌，他们坏玩艺又要开始了——

——坏玩艺，是驰驱浮云，郁蒸忧苦，幕蔽高天，偷换白日，呼啸秋风的玩艺！

——与我们的喊叫和痛苦底呼号，这种种坏玩艺：呵哟，苏鲁支！留在我们这里吧！这里有许多隐藏而欲告哀的苦痛，许多暮夜，许多雨云，许多湿热底空气！

你供养我们以坚硬底食品，强力底格言：不要使我们在食“余食”时，重为温柔底女子似的精神所侵袭！

惟有你使你周围底空气强健而又澄明！在地球上我曾寻到过像在你这崖穴里的好空气么？

我曾看过许多陆地，我的鼻子学到了试嗅，品评各种空气：但在你这里我的鼻孔感觉到最大底快乐！

只除非是,——除非是——,呵哟,请原谅一点点旧记忆吧!原谅一支食后的曲子,我有次在沙漠的女儿们中编制的,——

——在她们中间,有此同样清新澄澈底东晨州空气;在那里我离这云沉雾结底忧郁之旧欧洲,最为遥远了!

那时我爱这种东晨州女儿,与不同底蔚蓝底天宇,上面没有悬挂云翳和思想的。

你们不会相信的,倘若她们不跳舞,便会端然坐在那里,入深沉,但无思想,像小诡秘,像不解之谜,像饭后之硬果品——

真是光彩而且奇丽呵!但没有微云:谜疑,任人猜的,爱好这种女儿我那时便编了一支"食后之赞曲。"

这流浪者与影子如是说;而且还没有人回答他,便已夺取了老巫师的竖琴,盘着脚,宁静地,智慧地周回一望:——却用鼻孔缓缓试行吸入空气,好像到了新陆地试品尝不同底空气的人一样。于是乎以一种吼吼底声音曼歌。

二

沙漠生长了,苦了怀藏沙漠的人!

——哈!庄严!
实际美妙庄严!
甚尊贵底开端!
非洲式的庄严!
这配得上一头狮子,
或一只贞烈底啼猿——

——但于你们不算什么，
你们最可爱的婵媛，
是第一次于我
在你们的足旁，
于一欧洲人在棕榈树下，
赐之以坐。Sela

（注：Sela 即诗篇中之停顿词。）

诚然是妙巧！
我今于此坐，
近于沙漠了，又准备
更远于沙漠，
还未在何者中荒落：
因为沙漠中这一最小底绿洲，
我为它所吞没——：
——它恰当其时呵欠
张开可爱的口，
最芬香底小嘴，
我便落下，
下落，穿过——到你们中间，
我最亲爱的女友！Sela

祝福呀，祝福那鲸鱼，
当它使它的宾客

如此安舒！你们懂到
我这有教理的暗示么？
祝福它的大腹，
如其是
一个这么可爱的绿洲大腹
像这个：但我在怀疑中引取的，
——为此我来自欧洲，
那比一切年老妇人
还善于怀疑的土地，
唯愿上帝将其改善吧！
阿门！

我现在坐此，
于此最小底绿洲，
如一枚枣子，
深黄，甜蜜，汁若金流，
欲落入圆圆底朱唇，
更愿落入女郎似的
冰冷，雪白，犀利底牙齿：
一切炎热底枣子
中心欲求向此。Sela
名为南方的果实，
相似，太相似了
我躺在这里，

为小小飞虫
所围绕，戏弄，
亦如此为更小底
更痴愚底，罪恶底
意念与幻想所戏，——
也为你们所围绕，
你们沉默而多感底幼雌猫，
“都都”和“苏莱加”，
——为司芬克斯(Sphinx)所围绕，
我之于一字加许多感情含义，
(上帝原谅我
这语言之罪戾！)
——坐在这里，吸收最好底空气，
诚然是天堂的空气，
是光明轻和的天风，缕缕黄金的，
这么美妙底空气
只有曾从月球下坠——
是或由于偶然，
抑或生于勇厉？
如老诗人之所记。
我怀疑者吸此却以为有疑，
为此我来自欧洲，
那比一切年老妇人
还善于怀疑的土地。

愿上帝将其改善！
阿门！

吸饮着最清新底空气，
张起鼻孔如金尊，
没有将来，没有回忆，
我坐在这里，你们
我最亲爱底女友，
而且凝视着棕榈树，
看渠们多么像一舞女，
俯仰而且回旋腰髀
——看久了，亦将一同起舞！
在我看，树，如同舞蹈底女郎，
太久了，更舞蹈且将生危险，
永是，永是只支持于一足。
——在我看，渠们已经遗忘
另一足？
至少我是徒然
寻索失去的
那成双成对的奇珍
——便是另一足——
在那神圣底近旁
它的最可爱的，最妍妙的
如扇如飘如招的衣裙之次。

是呀，你们美丽底女友，
设若完全信我：
它将其失去了！
是去掉了！
永是去掉了！
那另一足！
呵哟，可惜那可爱的另一足！
何处——它可留连，落寞忧愁？
那孤独的一足呢？
也许是恐惧一只
狰狞底，黄毛鬖鬖底
狮子怪物么？或许已经
咬去，咀嚼去了——
可怜呀，苦呵！苦苦！咀嚼去了！Sela

呵哟，不要哭了
温柔底心！
不要哭了，你们
枣子的心！乳房之胸！
你们香木之心囊！
不要再哭了，
苍白底“都都”！
要有丈夫气呀，“苏莱加！”勇敢！勇敢！
——或许这里应该有

何种强力剂，强心剂？
一种膏油底格言？
一种庄严底鼓励？

哈！兴起！尊荣！
道德底尊荣！欧洲人的尊荣！
鼓吹吧，再鼓吹吧，
道德的风囊！
哈！
再作一度呼吼，
道德的呼吼！
像道德的狮王
在沙漠女儿前呼吼！
——因为道德的咆哮，
你们最亲爱的女友呵，
是多于一切欧洲人的热焰，
欧洲人的饥火！
我现在站在此地
为一欧洲人，
我不能另外怎样，上帝助我！
阿门！
沙漠生长了：苦了怀藏沙漠的人！

醒　寤

一

流浪者与影子唱过这歌后，洞穴里立刻充满了喧哗与笑声，所有的宾客皆同时发言，便是那驴子，有了这一番兴奋后，也不宁静了，使苏鲁支对于他的宾客生了一点小敌意与讥笑心：虽然他也同时欢喜他们快乐。因为他觉得这快乐是恢复健康的象征。于是他溜到了外边，向他的禽畜说说话。

“他们的痛苦何处去了？”他说，便觉得自己轻舒，释除了那小憎厌，——“在我这里，我觉得，他们已经忘废那痛苦的呼号了！

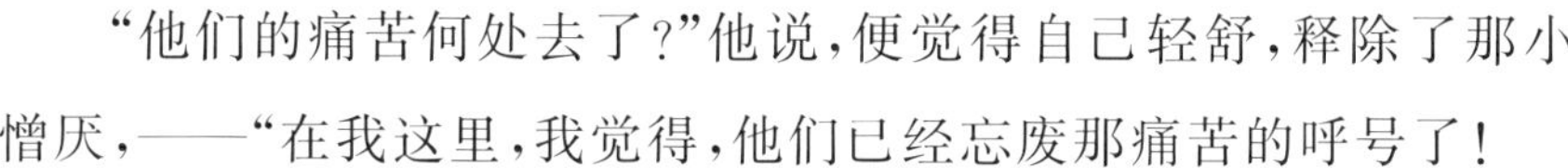

——虽然可惜还没有废去呼号。”于是苏鲁支塞住了耳朵，因为正是那驴子的“噫——呀”奇妙地和这班高等人的欢呼，混在一道了。

“他们快乐，”他重新说：“谁知道？也许正是花费他们的主人的；他们是从我学了笑吧，他们所学的，也还不是我的笑。

但这有什么关系呢！他们皆是年老人：自照他们的方法恢复健康，自用他们的方法笑；我的耳朵曾经忍受过更不堪的声调，不会因此恼火。

这天真是一大胜利：他退避了，他逃走了，这沉重的精灵，我的老强敌！这日子开端那么恶劣，严重，然结果如此好！

它也将完结了。暮夜已经驰驱渡海而来：这好骑士！这幸福者，归来者，在他的紫金鞍上如何颠顿呵！

天气如此澄明，世界如此深远：呵哟，你们这班奇宾客，到我这里来的，和我生活是值得的了！”

苏鲁支如是说。重复有高等人的喊叫与笑声从崖穴里冲出：他重复说。

“他们咬住了，我的钓饵有效了，他们的仇敌也避开去，那沉重的精灵。他们已学得自笑了：我听的不错么？

我的人之食品生效，我的强力语多汁语：而且真的，我不用胀胃的蔬菜供养他们！却以战士的食粮，劫掠者的食品：我唤起新欲望了。

有新希望在他们的手足中了，他们的心也伸张起来。他们得到了新名词，不久他们的精神便将呼吸粗暴。

这种食品自然不是给小孩的，也不是给盼望的老幼妇人的。于他们另有方法劝导胃肠；我不是他们的教师和医士。

憎恶之情与此辈高等人脱离了：好呀！这是我的胜利。在我的国土里他们安全，一切愚蠢底羞耻皆退避了，它们自然倾去。

他们将内心倾吐出了，好辰光又同到他们，他们便庆祝，反刍，——他们便感谢了。

这我以为是最好底象征：他们感谢了。不久，他们还要想出庆贺节，立起纪念他们的古欢的石碑。

这皆是恢复健康的人！”苏鲁支如是欢然向内心说，而且遥望远方；他的禽畜却紧紧偎倚他，尊敬他的幸福和他的沉默。

二

突然苏鲁支的耳根惊怪了：因为那洞里充满的喧闹，笑声，一

忽儿变为沉沉寂静；——他的鼻孔嗅到一种飘香的气息，薰香，仿佛是焚烧松子。

“怎么了？他们在干什么？”他疑惑，而且潜入洞门，要不被人见而能窥到他的宾客。但是，真是奇中之奇了！他亲眼见到的什么事呀！

“他们又重复虔敬起来了，他们祷告了，真蠢！”——他说，而且不胜惊奇。真的！这一班高等人，两位国王，退职的教皇，邪恶底巫师，自愿的乞丐，流浪者与影子，年老的预言家，精神之良知者，和那最丑恶底人：他们皆如小孩和虔信底老妇一样，跪在地下，敬拜那驴子。而那最丑恶底人正在喘息，呜咽不胜，仿佛内中有不能言者必须说出，但实际落到文字中来后，看哪，恰恰是一篇希奇虔敬的祷告词，颂赞那被膜拜香薰的驴子。这祷词听来如是，

阿门！而且颂赞与光荣与智慧与感谢与尊敬与强力皆归于我们的上帝，从永久到永久！

——那驴子却随着长鸣：噫——呀。

他担去我们的负担，他作为奴隶的形状，他内心是忍耐的，从来不说“否否”，而且有谁爱上帝的，加他以惩罚。

——那驴子却随着长鸣：噫——呀。

他不说话：除了向他所创造的世人常说“是的是的”，他如此称赞世界。不说话便是他的聪明：这么他从来没有什么不对。

——那驴子却随着长鸣：噫——呀。

他无形的走过世界。苍灰是他的肤色，包裹了他的道德。有心智，他也使之潜形；无论何人皆信仰他的长耳。

——那驴子却随着长鸣:噫——呀。

这是如何隐藏的智慧呀,戴着长耳朵只说“是”而不说“非”!他岂不是照他自己的形象创造世界么?便是极可能之愚笨?

——那驴子却随着长鸣:噫——呀。

你走着直底和曲底路:凡于我们人类为曲为直的,于你皆不关心。你的国土是超过善与恶的。这是你的天真,不知道天真是什么。

——那驴子却随着长鸣:噫——呀。

看哪,你从来不触开什么人,不抵触国王,不抵触乞丐。你使小孩走近你,倘若坏孩子玩弄你,你只简单地说噫——呀。

——那驴子却随着长鸣:噫——呀。

你爱牝驴与鲜无花果,你不是蔑视食物者。一丛野蓟使你心痒,设若正当你饥饿。这其中便是一上帝的智慧。

——那驴子却随着长鸣:噫——呀。

驴子节

一

祷告至此,苏鲁支更忍耐不住了,自己也大叫一声“噫——呀”,比驴子的叫声还高,一跳跳到发狂似的客人中了。“你们在这儿干什么呀,你们这班大孩子?”他一边喊,一边将祷告者从地上拔起。“苦哪,倘若苏鲁支以外还有旁人看见了你们:

任何人会批评,你们怀了新信仰,成了最坏的毁谤上帝者,不然，便是最蠢底老妇！

而你自己，老教皇呀，这怎么能和你相合，你这么将一头驴子当上帝敬拜呢？”——

“呵哟，苏鲁支，”老教皇回答说，“请原谅我，但在上帝方面的事情，我比你明白。也只有这么才对。

宁肯在这形式下拜上帝，这比毫无形式好！想想这句话吧，我的高友：你能很快地猜透这话中有至理。

有人说过这话：‘上帝是一位神灵’——这人在世间已经向无信仰那方面很远的跳进一步了：这种话在世上不容易弥补！

我的已老之心冲动了，跳跃了，以世间还有可敬拜之物。请原谅吧，苏鲁支呵，原谅一颗老而虔敬底教皇之心！——”

——“而你呢，”苏鲁支询问流浪者与影子，“你自称而且自以为是自由精神么？而在此拜偶像，行祭司礼？

真的，这比你和你的坏底棕色女人所弄的还要坏，你这坏底新信徒！”

“够坏了，”流浪者与影子回答说：“你是对的，但我何能为力！老上帝又活了，呵哟，苏鲁支，随你要怎样说去。

那错过是在最丑恶者身上：他将其唤醒了。而且倘若他说他曾将其杀死：死在上帝不过是一种成见而已。”

——“而你呢，”苏鲁支说：“你这坏底老巫师，你干的什么！有谁在这自由时代还再信仰你，倘若你相信这种上帝驴子教？

你所做的真是一桩蠢事；——你这种聪明人怎能做这种愚蠢事呢！”

“呵哟，苏鲁支，”聪明底巫师回答说：“你对的，这是一桩蠢事,——于我也够困难了。”

“而你呢,”苏鲁支向精神之良知者说:“试想想吧,用手指掩一掩你的鼻孔!这里没有什么违反你的良知么?你的精神于这种祷告,这班信徒的香烟,不是太纯洁了么?

“有点点,”良知者回答说,按了一按鼻孔,“有点点东西在这幕戏里面,于我的良知甚且是颇有益的。

也许是我不敢相信上帝么:但实在是,上帝在这种形态里使我觉得最为可信。

上帝应该是永久的,根据最虔诚者的明证:谁有那么许多时间的,自然会有时间。尽可能的延宕,笨拙:以此这种人可以支持到很久远。

有谁心智过于丰富的,这人可愿以愚蠢与傻气变为痴骇的。想想你自己吧,苏鲁支呵!

你自己——真的!你很可能因丰饶与智慧转化为一头驴子。

一个完全底智者岂不是喜欢走最盘曲底道路么?是这证见教示的,呵哟,苏鲁支,——你的证见!”

——“而终于你自己呢,”苏鲁支转向最丑恶底人说,那人还是跪在地上,举手向驴子(因为他捧给它酒喝。)“说吧,你这不可说者,你干的什么事呢!

我看你仿佛改变了,你的眼睛发光,伟大者之外衣笼罩了你的丑恶,你干了什么呢?

是真的么,如他们所说,你将他重新唤醒了?为了什么呢?他岂不是为了或种理由被杀死,被除掉了么?

我看你自己也醒来了:你干了什么?你为什么转背的?你为

什么改教的？说吧，你不可说者？”

“呵哟苏鲁支，”最丑恶底人回答说，“你是一个痞子！

或其犹生，或其重生，或实已永死，——我们二人中谁知道的最清楚呢？我问你。

但我只知道一事，——是从前和你学到的，苏鲁支：有谁要最彻底杀戮的，他笑。

‘不以忿怒而杀，却以笑乐而杀，’——你曾这么说过的。呵哟，苏鲁支，你这隐秘者，无忿怒的毁灭者，你这危险底圣人，——你是一个痞子！”

二

于是乎，苏鲁支惊奇自己皆遇到这种痞徒答复，跳回到他的洞口，转向他一切客人，大声叫道：

“呵哟，你们皆是痞徒蠢子，丑角！你们欲在我面前隐藏什么，装什么假样呢？

你们每个人的心如何因高兴与邪恶而震动呵，因你们重复化为小孩了，便是说，变虔敬了，——

——因你们重新做像小孩做的事了，便是祷告，合掌叫“亲爱的上帝”了！

但现在请离开这小孩住室吧，我自己的洞穴，今天在里面玩了许多小孩把戏的。到这外边来清凉清凉你们热烈底孩子气，与内心的喧嚣！

自然：你们如不化为小孩，你们不能进那天国。（于是苏鲁支用手指向上面。）

但我们根本不要进天国：我们已成为大人，——所以我们要地上的国土。”

三

苏鲁支更说了下去。“呵哟，我的新朋友们，”他说：“你们高等人，奇人，你们现在多么合我的意，——

——自从你们重新变为快乐了！你们皆重新开花了：我以为像你们这样的佳花，新底庆贺节是需要的，——

——一点勇敢底荒谬，任何一祭礼与驴子节，任何一位老而快乐底苏鲁支的傻子，一阵烈风，将你们的灵魂吹的明朗。

不要忘记这晚和驴子节吧，你们高等人！这是在我这里你们方想出的，这我以为是好象征，——只有恢复健康者方发明这套玩意的！

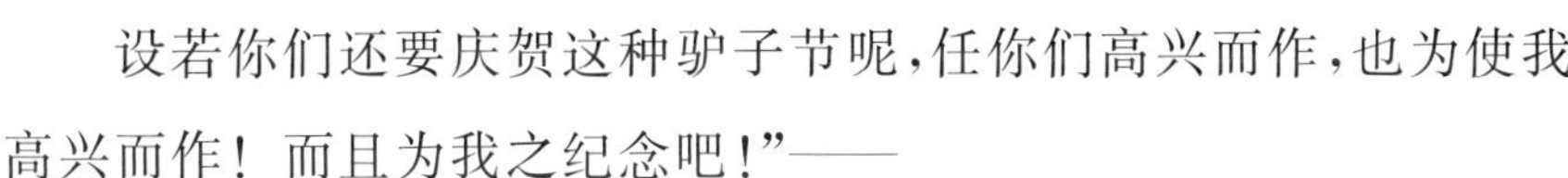

设若你们还要庆贺这种驴子节呢，任你们高兴而作，也为使我高兴而作！而且为我之纪念吧！”——

苏鲁支如是说。

醉　歌

一

其时客人一一走到外边，到清凉而且深沉底夜气里，苏鲁支却牵着最丑恶者的手，引他看这夜的世界，大的圆月，与他崖穴边银色底飞泉。终于他们皆排着静立了，皆是老年人，但有安恬勇猛底心，也自奇怪，在世间如此安乐；而夜间之秘密，也渐近渐迫于他们的内心了。重新苏鲁支自思："呵哟，他们多么合我的意，这班高等人！"——但这话他没有说出，因为他敬仰他们的幸福，和他们的沉默。——

于是，发生了这奇离底长日里最可惊奇之事了：那最丑恶底人更作一度也即最末一度的哽嗌与呜咽，当其终于成为文辞后，看哪，一个问题简简洁洁从他口里发出，一个深沉明净底佳问，使凡听到他的人，内心皆跳动了。

"我的一切朋友们，"最丑恶底人说，"你们以为怎样呢？为了这日的缘故——我是第一次感到心满意足于我活了这一生了。

我见了许多事，还觉不足。然这么在世上生活是值得的了：一天，与苏鲁支为一庆贺节，教示我爱好世间了。

'这——便是人生么？'我将向死神如此说。'好吧！再来一次！'

朋友们，你们觉得怎样呢？你们愿不愿像我一样向死神说：这——便是人生么？为了苏鲁支的缘故，好吧！再来一次！"——

最丑恶底人如是说：时已近午夜不远了。你们相信这后来怎样了呢？高等人们一听到了这话，立即感觉到他们的改变和恢复健康了，而且是谁使他们这样的：于是他们皆跑近苏鲁支，感谢着，敬仰着，安慰着，吻着他的手，各按照自己的态度：有的笑，有的哭。老说预言者却快乐的跳舞，虽然，如有些记事者所云，他那时是喝醉了甜酒，然一定也是更充满了甜美底生命，祛却了一切疲劳。竟还有逸史氏记叙那时驴子也曾跳舞：因为最丑恶的人非徒然给它酒喝的。真史事如或是这样或是那样，即算那晚上驴子未曾跳舞吧,那时也发生过更伟大更希奇之事,有甚于一驴之跳舞者。总之,如苏鲁支的格言所云:“这有什么关系!”

二

最丑恶底人这话说后,苏鲁支兀立如醉人:眼光呆滞,口舌格格,足膝摇摇。有谁能猜透什么思想正驰过苏鲁支的心灵呢?他的精神显然是退避了,久已逃到远方,如记载上所说的,“至于高山之脊,两海之间,

——如垂垂之云,移游于过去与未来之际。”但渐渐的,当高等人抱住了他后,微微回到自己的神识了,用手拒却崇拜者与担心的众人的拥挤,然不说话。突然,他回过头去,仿佛听到了什么:于是用一手指按着嘴唇,说:“来了!”

立时周围显得寂静,神秘,遥遥从深谷下,缓缓传来了钟声。苏鲁支同高等人一样静听,更将一手指按在嘴上说:“来了!来了!近于午夜了!”——他的声调已经改变,但他没有移动原来站立的地方:于是周围更寂静,更神秘了,一切皆在倾听,并那驴子,与苏鲁支的爱畜,苍鹰与长蛇,同样是苏鲁支的崖穴,大底凉月,与静夜本身。苏鲁支第三次将手按在嘴上,说:

“来了!来了!来了!我们现在走吧!是时候了,让我们走入深夜!”

三

你们高等人呵,时候已近于午夜了:我欲向你们耳畔有所告语,如那古钟在我耳畔说的,——

——如此秘密，如此可惊，如此称心，如那午夜钟声向我所说的，那饱阅沧桑的古钟，

——它曾数过你们的父祖的痛苦之心搏的——呵呀！呵呀！它如何叹息！它如何在梦中发笑！这老底深沉而又深沉底午夜！

静！静！许多在白日不敢发声的，在此时已经可听，但现在，在凉冷底空气里，当你们内心的一切喧嚣皆已平息后，——

——现在它说话了，现在已经可听，现在它潜过夜间的过于清醒底灵魂，呵呀！呵呀！它如何叹息！它如何在梦中发笑！

——你没有听到么，它多么秘密，多么可骇，多么称心地和你说话，这老底深沉而又深沉底午夜？

人呵，留心吧！

四

我可苦呵！时间到何处去了？我不是堕入了深渊里么？世界入睡了——

呵呀！呵呀！犬正吠，月正明！我宁肯逝去，逝去，不想向你们说我午夜的心正想着什么。

我已死去了。长逝！蜘蛛，你在我身边织着什么？你要吸血么？呵呀！白露下，时辰到了——

——这时辰，我冷冻而且霜凝，它问又问又问道："谁于此足够有心？

——谁当为地球之主？谁欲说，你们大大小小的潮流，你们应该这么行驶！"

——这时辰近了：人呵，你们高等人，留心吧！这话是说给精

深底听觉的，说给你们的耳朵里——深沉底午夜说的什么呢？

五

这将我载去了，我的灵魂跳舞了。日间的工作！日间的工作！谁当为地球之主？

圆月如此凉幽，清风如此静穆。呵呀！呵呀！你们已飞翔的够高么？你们跳舞，但一条腿不是飞翼呵。

你们善于跳舞者，现在一切欢乐皆已过去了：酒成苦沥，杯成脆坏，坟墓凄然吃吃语。

你们飞得不够高，坟墓凄然说："救赎去陈死人吧！为何是如此荒荒底长夜？月亮岂不是使我们昏然沉醉？"

你们高等人，解救坟墓吧，唤醒陈死人！呵呀，虫蚁如何还在发掘？近了，近了那时辰，——

——洪钟之声轰然，更其惊心动魄，木虫，心虫，也还在发掘。呵呀！呵呀！世界是深沉的！

六

美妙底弦弹！美妙底弦琴！我爱你的声音，你的凄迷醉心底声音！——你的声音来的多么悠长，多么遥远，远来自情爱的溪水！

你古老底洪钟，你美妙底弦琴！每种痛苦深入你的心，父祖的痛苦，远祖的痛苦；你的言词成熟了。——

——成熟如黄金底秋天与下午，成熟如我隐者的心——现在你说：世界本身已经成熟，葡萄色已紫赭，

——今兹这将死了，因快乐而死。你们高等人，嗅到了么？已

潜密的有幽香流溢，

——一种“永久”之芳馨与气息，一种古之欢乐的金光之酒气，馥如玫瑰花，色绀碧，

——是陶醉底午夜的“死之快乐”的芬馥，如诉如歌的：这世界是深沉，深沉过于白日之所思议！

七

让我去吧！让我去吧！我于你太纯洁了。请不要触我！我的世界方刚不是完成了吗？

于你的手，我的皮肤太洁净了。让我去吧，你这愚暗阴沉底白日！午夜不是比较明朗么？

最纯洁者应该是地球之主人，最不著名者，最强有力者，午夜的灵魂，较任何白天更明朗更深沉的。

呵哟，白天，你摸索我么？你摸索我的幸福么？我于你为富足，为寂寞，为宝藏，为金室么？

呵哟，世界，你要我么？我于你为世间底么？为精神底么？为神圣底么？但白日与世界，你们皆太粗糙，——

——要有娴熟底手，请把捉更深沉底幸福，把捉更深沉底不幸，抓住任何一个天神，不必抓住我：

——我的不幸，我的幸福皆是深沉的，你奇巧底白天，但我还不是天神，不是天神的地狱：它们的痛苦是深沉的。

八

天神的痛苦更深沉，你这奇幻底世界！请抓住天神的痛苦，但

不必抓住我！我是什么！一张陶醉底甜蜜底弦琴，——

——一张午夜的弦琴，一大钟蟾蜍，无人能理解的，但必在聋者之前发声，你们高等人！因为你们不了解我！

去矣！去矣！呵青春！呵正午！呵午后！于兹来了黄昏，与暮夜，与午夜，——犬吠，风：

——风不是一只狗么？它低嗥，它狂吠，它咆哮。呵呀！呵呀！她如此太息，如此大笑，如此呜咽，如此叱咤，这午夜！

她如此清醒的说话，这陶醉底女诗人！她过沉迷于其陶醉么？她过于清醒么？她回味么？

——她回味她的痛苦，在梦里，这年老深沉底午夜，也更回味她的快乐。因为快乐，即算是痛苦深沉，快乐比心忧更其深穆。

九

你葡萄藤！你为何赞扬我？我割了你！我狠恶，你流出液汁：——你对于我之沉酣底残忍称赞什么？

你说："凡完满的，一切成熟的——要死掉！"幸福呀，可贺呀，刈酒树的镰刀！然而一切不成熟者得生存：可苦了！

痛苦说："过去吧！去！痛苦！"但一切在痛苦的，欲生存，以至于成熟，欢喜，远怀，

——长怀更远者，更高者，更光明者。凡一切在痛苦者皆说："我要有承继者，我要有小孩，我不要自己"。——

然而快乐不要承继者，不要小孩，——快乐只要自己，要永久，要回环，要万物永远如此。

痛苦说："破裂吧，流血吧，心！游走吧，腿！高飞吧，翼！前去

吧,上去吧,痛苦!"好吧!起来!我老了的心呵,痛苦说"过去!"的。

十

你们高等人呵,以为怎样呢?我是预言者么?幻梦者么?沉醉者么?解梦者么?午夜的钟么?

或是一滴露珠?一派"永久"之烟薰和香气?你们不听到么?你们不嗅到么?我的世界方刚不是完成了么,午夜也是午昼的,——

痛苦也是一种快乐,咒诅也是一种祝福,黑夜也是一种日光,——去吧,或则你们学到,一位智者也是一个傻子。

你们曾向一种快乐说"是"么?呵哟,我友,也不妨向一切痛苦说"是"吧。万事万物皆相联,相引,相纠缠,——

——你们曾要"一次"再来,曾说:"我喜欢你,快乐!疾急!顷刻!"于是你们愿一切回来!

——一切从新再生,一切永久,一切相联,相引,相纠缠,呵哟,于是你们便爱好世界,——

——你们永久者,常时而且永久爱世界吧,而且也向痛苦说:去吧,但回来!因为一切快乐须要——永久!

十一

一切快乐须有万事万物之永久,须要蜜,要酵母,要沉醉底午夜,要坟墓,要坟墓的眼泪之安慰,要镶金的晚霞——

——快乐有什么不要呢?它比一切痛苦更焦渴,心急,饥

饿，恐怖，神秘，它要自己，它啮入自己，圆环的意志在其本体中周转，

——它要爱，它要憎，它是过于丰富，它赠予，抛弃，乞求有人取之，感谢取之者，愿望被憎恨，——

——快乐是如此丰饶，以致渴欲痛苦，地狱，憎恨，羞辱，蹇足，或世界，——因为这世界，呵哟，你们识得的！

你们高等人，它向你们怀想，这快乐，无拘束的，幸福的，——怀想你们的痛苦，你们失败者！一切永远底快乐皆怀想失败者的！

因为一切快乐皆须要自体，因此它也要心忧！哦幸福，哦痛苦！呵哟，破裂，心！你们高等人，学这个吧，快乐要永久，

——快乐须要一切事物之永久，要深沉底，深沉底永久！

十二

你们现在学到了我的歌曲么？猜出它要什么？好吧！起来！你辈高等人，请唱我的回环曲！

请你们自己为我唱这歌，其名为“再来一次”，其义为“至一切永久”！——唱吧，你们高等人，苏鲁支的回环曲！

“人呵！留心！

“深深底午夜说的什么？

“我睡了，我睡了——，

“从深深底梦里亦又醒悟：

“世界如此深沉。

“深过白昼之所思虑，

“它的痛苦深沉——，

"快乐——比心忧更其深邃，

"痛苦说：过去！

"但一切快乐愿望永住——，

"——愿望深深底深深底永住！"

象　　征

早上，过了这夜后，苏鲁支从他的卧榻上跳起，束了腰带，走出了他的崖穴，鲜健而且灿然，如旭日，出于黑暗的千山底。

"你这伟大底星球，"他说，像他有次这么说过，"你这深沉底幸福之眼睛，倘若你未曾有你所照耀的东西，你的幸福还算什么！

当他们尚在室中，而你已经醒来，走来了，赠予了，分布了：你的高傲底羞耻心当如何忿怒！

好吧！他们还睡了，这班高等人，而我已经醒了，这皆不是我正当底伴侣！我在这山间不是等待他们。

我要进向我的工作，进向我的白日：但他们不懂到我的清晨之象征，我的步履声——不足将其惊醒。

他们还在我的崖穴里睡着呢，他们的梦还沉醉于我浓醇的歌曲。但那耳朵，听我的，——服从的耳识不存于其身体。"

——当旭日上升之时，苏鲁支向内心如是说：他疑惑地向高处瞻望，因为他听到了他的飞鹰尖锐底唳声。"好呀！"他向高空大呼："这么和我相称，合我的意。我的禽畜醒了，因为我醒了。

我的飞鹰醒了，和我一样敬太阳。用鹰爪攫住新底光。你们皆是我正当底禽畜，我爱你们。

但于我还缺乏正当底人!”——

苏鲁支如是说，忽然他仿佛自己为无数底飞禽所环绕，摩拍，——飞禽的嘤鸣如此繁喧，头脑边的拥挤非常紧迫，于是他闭住了眼睛。而且诚然，这如一阵浓云笼罩了他，好像向一新仇敌射去的蔽空之羽箭。但看呵，这是一阵爱乐之云，盖于一新朋友头上的。

“我怎样了。”苏鲁支惊奇底内心自度，缓缓坐于他的洞口一大石上。但当其用手上上下下四周摸抚，驱开温柔底鸟群，看哪，更发生希奇底事了：他不知不觉抚到一手浓密温暖底鬈毛；同时听到一声长吼，——一声柔和底悠长底狮子吼。

“象征到了，”苏鲁支说，顿时改变了心情。而实际，当其睁开眼睛，看到脚边是蹲伏一头庞大底黄毛狮子，用头倚着他的膝，因爱恋不欲离开，如同一只重逢旧主的狗。而鸽子，以其爱恋也不下于狮子的热情，每当一只鸽子掠过狮子的鼻端，狮子摇摇头，惊奇地笑。

对这一切苏鲁支只说了一句话：“我的孩子近了，我的小孩”——，于是他完全沉默。他的心却已消融，从他的眼中滴下泪珠，点点落在手上。它不更注意什么了，凝坐不动，更不驱拂他身畔的翔禽。鸽子来往飞翻，或止于他的肩上，轻摩他的白发，不自疲倦于其欢乐与温柔。那强大狮子却舐去他的眼泪，落到手上的，呆然长吼，呜呜。这班禽畜所做的，如是。——

这一切经过了一长时间，或者一短时间：因为，正常的说，于这些事地球上没有时间的——。其间一班高等人在苏鲁支的崖穴里

醒来了，排成了长队，要出迎苏鲁支，向其道晨安：因为他们醒后，发现他不在他们中间了。当其走到门边，足音及于门外，那狮子蹶然跳起，离开了苏鲁支，狂吼一声，直向洞门扑去；而高等人们，听到了狮子吼，发一声喊，若出自一口，逃退了，顷刻间无影无踪。

这时苏鲁支自己，耳朵微微震聋，有些惶惑，起于座，四周望了一望，兀兀然立，叩着自心，自省，而且孤寂了。终于迟迟说："我方才听到了什么呢？方才在我发生了什么事？"

而立刻他又记起了，一眼便恍然于昨日与今日之经过。"这里便是那石头，"他说，捋着长须，"我昨日早上坐过的；在这里那预言者走向我，这里我最初听到方才这样的呼喊，大声痛苦的呼号。

呵哟，你们高等人，是因你们的痛苦，那老预言者昨日早上向我预言的，——

——他要引诱我，试探我，趋于你们的痛苦：呵哟，苏鲁支，他向我说，我来，正引诱你犯你最后底罪恶。

趋向我的最后底罪恶么？"苏鲁支大声说，而且怒笑自己这话："还有什么留为我最后的罪恶的呢？"

——苏鲁支更一度沉思，重复坐在那大石上，潜搜冥想。突然他跳起了，——

"同情呀！向高等人的同情！"他高叫，面容闪闪化为紫铜色。"好吧！这——自有其时！

我的苦辛与我的同情——有什么关系！我尽力追求幸福么？我尽力追求我的工作！

好吧！狮子来了，我的孩子们近了，苏鲁支成熟了，我的时辰到了：——

这是我的早晨，我的日子开始了，现在上升吧，上升吧，你伟大底正午！”——

苏鲁支如是说，离开了他的崖穴，鲜健而且灿然，如出自黑暗千山底之旭日。

著述年谱

尼采生平，初无事功可述。仅有哲学著作，传世不朽。兹亦将其生卒并著述年月，简录如下：

全名原为 Friedrich Wilhelm Nietzsche，——简称（音译）尼采。

生于一八四四年十月十五日，于莱比锡城（Leipzig）附近之洛耳铿村（Röcken）。

父名 Karl Ludwig Nietzsche，为牧师。卒于一八四九年七月。

母名 Franziska Nietzsche，亦牧师家之女。

尼采为长子，五岁而孤。仅有一妹，名伊丽莎白（Elisabeth），后为弗耳斯特夫人（Förster-Nietzsche），生于一八四六年。

一八五〇年，其母携一子一女移居劳博格（Naumburg）。

一八五四年，尼采入劳博格中学。

一八五八年，入普弗达（Pforta）乡村高级中学。其间得识格斯多夫（Carlron Gersdorff）与杜森（Paul Deussen），后皆名人，为毕生之交。

一八六四年，尼采二十岁，九月，入波恩大学（Bonn）。听梨辄（F. Ritschl）教授之语文学，阿扬（O. Jahn）教授之语文学与考古学，施勃令厄（A. Springer）之艺术史诸课。次年冬，随梨辄入莱比锡大学。

在莱比锡大学时，始读叔本华之重要著作，如《世界为意志与想象》等。始知舒曼（Schumann）之音乐。交友颇广，又爱独游。在一八六六与一八六七年之间，识乐德（Erwin Rohde），交谊甚笃。后其人撰尼采生活甚详。

一八六七至一八六八，服兵役，在劳博格为炮兵一年。骑马坠伤，久治始愈，遂于六八年秋回莱比锡，是冬，始识瓦格纳（Richard Wagner）。瓦格纳以歌剧名世，尼采访之于屈俾申（Tribschen），并见其后夫人科沁玛（Cosima）。志趣相得，欲借音乐造成德国之文艺复兴。其后瓦格纳作风渐变，音乐中之宗教情绪增多，其 Parsifal 一剧享盛名，而尼采评之为最劣。后瓦格纳亦有讥评尼采之文，然未指名(见于 Bayreuther Blätter, 1878)，二人交谊以是不终。

一八六九年，尚未得博士学位，已被聘为巴塞尔(Basel)大学客座教授，讲经典语文学。巴塞尔乃瑞士名城，为欧洲宗教改革运动之中枢(Reformation)。该大学创始于十五世纪(一四六〇)，至今其图书馆，仍藏有路德(M. Luther)、耶那司穆士(Erasmus)诸人之手稿甚多。尼采讲学其中，至次年(一八七〇)乃任主座教授。然讲学之外，尚在该城中学，每周教课八小时。值普、法战争初开，此时因教职已隶籍瑞士，故为志愿伤兵救护士，秋间归巴塞尔，健康已觉稍损。

此一时期，工作繁重，然得交诸名学者(如 J. J. Bachofen; F. Overbeck; 及 J. Burckhardt，固彼所曾识者)。

一八七二年，撰《悲剧之产生》一书，此为平生第一著作，侪辈不以为然。

一八七三年，始病。

尼采除自年轻时已患近视外，体格强健。此际时有偏头风痛及腹痛，时发时已。此后竟不可治。(参阅 Podach 撰：《尼采之疯狂》[*The madness of Nietzsche*]，一九三一年出版。其于一八八九年在耶拿 Jena 大学精神病院之医案，久经失落，后又发现。其妹亦著有《尼采之生平》一书，凡二卷。第一卷叙其少年时代，第二卷叙其孤独生活。)

一八七三至一八七六年之间，撰《非时代性底观察》一书(Unzeitgemässe Betrachtungen)。颇推崇叔本华，然斥日耳曼文化之虚伪。一八七六年八月间，仍参加拜鲁特(Bayreuth)节庆剧，甚感失望，他去，然仍返观其终场(Nibelungenring)。十月，始从大学请假一年养病。是冬，始识梅森博女士(von Meysenburg)，及列以博士(Rée)于意大利之梭连多(Sorrento)。一八七七年冬，头目之痛复作。仍在巴塞尔讲学，又一年，至一八七九年春，始决意辞职。由是得请，受养济金每月三千瑞士法郎，盖辛勤教学者十年，然后得此。

一八七八年撰《人间的，太人间的》(*Menschliches, Allzumenschliches*)。

一八七九年撰《思想语句杂集》(*Vermischte Meinungen und Sprülche*)。

自解教职而后，常游瑞士与意大利诸地(如 Engadin, Recoaro, Venezia, Rcm, Geneva, Nizza, Zurich, Firenzia, Turin)，亦间常返德(居 Naumburg, Tautenburg, Leipzig)，往往仅作数月之留，气候一变即行，而一地亦数数住。亦尝拟于一八八三年秋往莱比锡大学自由讲课，其时健康稍佳，冀稍解其寂寞，或遇可传其学之人，然被谢绝，值家中又有诟纷，故又远游意大利之几努亚。其乖忤于时也如此。

一八八〇年著《旅人与其影》(*Der Wanderer und sein Schatten*)。

一八八一年著《朝霞》(*Morgenröte*)。

一八八二年著《快乐的知识》(*Die fröhliche Wissenschaft*)。

一八八三年著《苏鲁支语录》(*Also Sprach Zarathustra*)初部成于二月十三日,是日值瓦格纳逝于威尼斯。是年暑季,完成第二部(在 Sils Maria)。

一八八四年二月,完成《苏鲁支语录》第三部。(在 Nizza)。是年冬季至一八八五年春,完成《苏鲁支语录》第四部。(在 Mentone,又居 Nizza)。

是年,《权力的意志》(*Wille zur Macht*)创稿。

一八八六年,撰《早期著作序言》(*Vorreden zu den früheren Schriften*)。

是年著《善恶之彼面》(*Jenseits von Gut und Böse*)。

一八八七著《道德谱志》(*Genealogie der Moral*)。

一八八八著《瓦格纳之堕落》(*Der Fall Wagner*)。

《偶像的黄昏》(*Götzendämmerung*)。

盖自退休以后,几于年著一书,其最后著述之年,一八八八,春间已有勃兰兑斯(G. Brandes 著《十九世纪文学主潮》一书,甚有名)公开讲尼采哲学于哥本哈根大学(Kopenhagen)。是秋,尼采居都灵(Turin),天气清佳,身体畅适。次年正月初,忽于都灵街上猝倒,其时疯病已著,当书条示与友人,自署名曰狄阿力梭士(Dionysos,古希腊酒神名),或署"被钉十字架者"(Der Gekreuzigte)。友人阿维贝克(Overbeck)扶之,护之往巴塞尔,由其母调治。母携之住耶拿,入大学之精神病院,稍愈,其母于次年(一八九〇)五月,携之往劳博格。母卒于一八九七,遂由其妹看护,而移居魏玛(Weimar)。又三年而尼采卒,在一九〇〇年八月二十五日。葬于洛耳铿村之家茔。遗著尚有《反基督教者》(*Der Antichrist*)及自传(*Eccehomo*),二种。

附　　录

语录	旧约
道德讲座： “我将作假见证么？”	出埃及记： 廿，　14； 16； 17。
道德讲座： “引羊群到茂草者，……”	诗篇： 廿三，　1； 2。
死的说教者： “地上也充满了应该教之以……只若其速离去这人间！”	诗篇： 九十，　10。
爱邻人： “我也不爱你们的节庆。”	阿摩司书： 五，　21。 以赛亚书： 一，　13； 14。
小孩和镜子： “我的不能忍的慈爱奔赴如……”	诗篇： 五十，　1。
痞徒： “苍鹰将啄来……”	列王记（上）： 十七，　6。
文化之城： “诚然有个上帝，当我睡熟的时候，……”	创世记： 二，　21； 22。
寂静的时辰： “我回答说：‘发命令我还欠缺……’”	出埃及记： 四，　10。
幻象与迷疑：	创世记：

“他狠狠地一咬，很远的他将蛇头一下唾出……”	三，15。
变节者：	约拿书：
“难道他们心伤，为了寂寞像一条鲸鱼……”	一，2，
“有一句最无神底话，‘只有一个真神上帝’……”	出埃及记：廿，3。
新旧标榜(一)：	出埃及记：
“我坐在这儿等待，周围是破碎底旧标榜……”	卅二 15；19。
新旧标榜(三)：	以西结书：
“我的兄弟哪里去了，和我将其搬入溪谷与肉心中去的……	卅六，26。
新旧标榜(十二)：	出埃及记：
“在儿童身上你们应该补救……”	廿，5。
新旧标榜(十)：	出埃及记：
“你不应当偷盗，你不应当杀人。”	廿，13；15。
新旧标榜(十三)：	申命记：
“人应该封住……”	廿五，4。
新旧标榜(十三)：	传道书：
“一切皆是空虚的！……”	一，2。
病愈者(二)：	列王记(上)：
“他的禽畜昼夜不离地守护他，除了那只……”	十七，6。
病愈者：	诗篇：
“因为他正与他的魂灵交谈……”	四十二，6。一〇三，1。
驴子节：	出埃及记：卅二，
沙漠女儿：	约拿书：
“祝福那鲸鱼，祝福它的大腹。”	一，17。
高人(五)：	以赛亚书：
“……而且负担人类的罪恶。……”	五十三，4。

语录	新约	
前言(八):	马太福音:	
“凡给饥者粮食的,他自己的灵魂也得苏息。”	十,	42。
前言(九):	约翰福音:	
“一切皆已成熟……”	四,	35。
	马太福音:	
	九,	37。
精神三变:	马太福音:	
“登高山,试探其试探者。”	四,	1。
		8。
道德讲座:	马太福音:	
“我也喜欢精神贫弱的人,尤其是……	五,	3—10,
“有福了,因为他们将随即入睡。”		
来生论者:	马太福音:	
“……因之发明着天国与赎罪的血滴,……	廿六,	27。
		28。
“……小计与血之微小饮料。”	彼得前书:	
	一,	19。
蔑视肉体者:	约翰福音:	
“肉体是一大理智,是一多者,……是牧群与一牧者。”	十,	16。
新底偶像:	马太福音:	
“它将给你们一切,倘若你崇拜它……,”	四,	9。
贞洁:	马太福音:	
“不乏要驱走其魔鬼的人……。”	八,	32。
蛇螫:	马太福音:	
“设若你们有个仇敌,却不应该以德报怨……”	五,	44。
赠予的道德:	马太福音:	
“医生,医好你自己。”	廿七,	42。
“于精微的耳识……”	路加福音:	
	二,	10。
“从你们……将生出选民。”	彼得前书:	

	二，　9。
小孩和镜子：	马太福音：
“像一位播种者，……”	十三，　3。
“因为他还有许多东西要给他们	约翰福音：
	十六，　2。
“时候已到，我应寻回我	路加福音：
的迷失者……”	十五，　4。
同情者：	马太福音：
“我不喜欢慈善者流，在其怜悯中有福者。	五，　2。
著名的智者：	哥林多前书：
“智识者将学建造高山，精神之移山……”	十三，　3。
	马太福音：
	十七，　20。
“我觉得你们是温泉……”	启示录：
	三，　16。
墓歌：	约翰福音：
“……坟墓之墟，有重苏之升起。”	十二，　24。
诗人：	路加福音：
“信仰使我不幸福。……”	七，　50。
“大海便是给一石头……”	马太福音：
	七，　9。
救赎：	马太福音：
“为群丐和瘸子所包围……”	十五，　30。
“而且你们也时常自问：	马太福音：
‘苏鲁支是谁？’……”	十六，　15。
寂静的时辰：	马太福音：
“我正待较高贵者，……也还不配。”	三，　11。
渺小化之道德(三)：	马太福音：
“最近有一妇人，抓去了	十九，　13。
走向我的一小孩……”	
“凡给自己以意志而抛弃一切顺逊者，皆是……”	十二，　50。
“只是爱邻人一如爱己——，但先得……”	廿二，　39。

“在这民族中我还是自我的先驱……”	十一，　10。
在橄榄山上：	马太福音：
“……让‘偶然’到我这里来吧，它是天真的，如同一个小孩。……”	十九，　14。
走过：	马太福音：
“宁可在城门上吐唾沫，——转回去。	十，　14。
“望着那大城长叹，沉默久之……”	路加福音：
	十九，　41。
变节者：	马太福音：
“让我们重新变作小孩叫‘亲爱的上帝’吧！……”	十八，　3。
沉重的精灵(二)：	马太福音：
“因此人让小孩到自己这里来，有时也禁止其自爱。”	十九，　14。
沉重的精灵(二)：	马可福音：
“在这种人中我当然不会盖起房子……”	九，　5。
新旧标榜(六)：	马太福音：
“而我也爱那班不愿保存自己的人。”	十六，　25。
新旧标榜(十二)：	哥林多前：
“一切树中最坏的一种——十字架——生长之处。”	一，　8。
新旧标榜(二十)：	约翰福音：
“照我的模样做去吧!”	十三，　15。
新旧标榜(二十六)：	马太福音；
“有人曾看透正人和善人的心，说：‘这皆是法利赛人’。　但旁人不懂他”。	六，　23。
	路加福音：
	七，　36。
	十五　1……。
	十八，　9。
病愈者：	约翰福音：
“因为你的动物皆甚明白的，呵！苏鲁支，你是谁而且必将是谁。看呵！你是‘永远的回还’的说教者”……	六，　69。
	马太福音：
	十六，15……

七个图印(一)：	哥林多前：
“设若我是一个说预言的人，充满了……”	十三，　2。
七个图印(六)：	启示录：
“而且，设若这是我的原始与终极……”	一，　1；8。
蜜的供奉：	马太福音：
“世界如此丰多奇物……人海，——于此我投下我的金钓钩。”	四，　19。
“我仍然等待那象征，诏示我是堕落的时候了。……	马太福音：廿四，　4。加拉太书：四，　4。
“一千年的苏鲁支的封疆。……”	启示录：二十，　4;5;6;7。
退职者：	罗马书：
“这陶泥匠技艺没有学成，……	九，　21。
最丑恶的人：	约翰福音：
“小人……‘我——便是真理！’……”	十四，　6。
“除非我们改变过来像一条牛……”	马太福音：十八，　3。
“贫穷人有福已不是真话。”	路加福音：六，　20。
晚餐：	马太福音：
“但人是不单靠面包生活的，也靠……	四，　4。
高人(十八)：	马太福音：
“这玫瑰花冠，我自己将其戴上。”	廿七，　29。
醒痞(二)：	启示录：
“阿门！而且颂赞与……	七，　12。
“他担去我们的负担，他作为奴隶的形状，他内心是忍耐的。”	腓力比书：二，　7。8。

驴子节(二):	马太福音:
“你们如不化为小孩……”	十九，　14。
驴子节(二):	哥林多前书:
“……而且为我之纪念吧!”	十一，　24。
醉歌(一):	
“说预言者,……他那时是喝醉了甜酒。”	使徒行传:
	二，　13。

(以上乃据《新旧约全书》,一册。似是旧译本,无译者姓名。题“圣经公会印发”。附有英语 Kuoyü Bible Shen Ed. 372

China Bible House

B. & F. B. S.

A. B. S.

Printed in China

1941.

末附大、小地图凡十六帧。校其章节,大致与 Hans Weichelt 所引德文本无误。此表乃 Hans Weichelt 在《苏鲁支疏释》(Zarathustra-Kommentar)一书中所出者。——译者附注)。

图书在版编目(CIP)数据

苏鲁支语录/(德)尼采著;徐梵澄译.—北京:商务印书馆,2017
(汉译世界学术名著丛书:120年纪念版:珍藏本)
ISBN 978-7-100-14622-7

Ⅰ.①苏… Ⅱ.①尼… ②徐… Ⅲ.①超人哲学 Ⅳ.①B516.47

中国版本图书馆CIP数据核字(2017)第152329号

汉译世界学术名著丛书
(120年纪念版·珍藏本)
苏鲁支语录
〔德〕尼采 著
徐梵澄 译

商 务 印 书 馆 出 版
(北京王府井大街36号 邮政编码100710)
商 务 印 书 馆 发 行
北 京 冠 中 印 刷 厂 印 刷
ISBN 978-7-100-14622-7

2017年12月第1版　　开本710×1000 1/16
2017年12月北京第1次印刷　　印张24
定价:120.00元